침묵하는 지성

우치다 타츠루 · 히라카와 카츠미 지음 ｜ 박동섭 옮김

서커스

차례

침묵하는 지성

한국어판 저자 서문

여러분 안녕하세요. 우치다 타츠루입니다.

이 책은 히라카와 카츠미平川克美 군과의 대담집입니다.

히라카와 군은 저와 초등학교 시절부터의 친구입니다. 그와 알게 되고 60년 가까이 시간이 흘렀습니다. 대학생 때는 함께 동인지를 만들기도 했습니다. 그 후 히라카와 군이 창업한 번역 회사에 저도 참여해서 20대가 끝나갈 무렵에는 함께 사업을 했습니다. 그 후 저는 대학원 박사 과정에 진학한 것을 기점으로 회사를 그만두었습니다만 친구로서의 만남은 오늘까지 쭉 이어지고 있습니다.

히라카와 군은 80년대와 90년대에는 유럽과 미국에서 사업을 전개하거나 젊은 창업가들을 지원하는 '인큐베이션 비즈니스'를 하면서 국내외에서 대활약을 했습니다. 어느 시기부터 갑자기 그런 일로부터 손을 떼고 '주식회사론'과 '경영론'의 역사적 의미를 깊게 탐구하거나 시적인 에세이를 쓰는 자기 자신을 돌아보는 작가가 되었고 대학에서 가르치는 일도 하게 되었습니다.

제가 대학의 프랑스어 선생이고 그가 글로벌 비즈니스맨이었던 시기는 활동 영역이 꽤 떨어져 있었습니다만 두 사람 모두 오십을 넘기고 나서부터 문득 깨닫고 보니 '동업자'가 되어 있었습니다. 그러고서 왕복 서신을 책으로 내거나 대담집을 출간하거나 제가 편저자가 된 앤솔로지에 히라카와 군이 기고하거나 역으로 히라카와 군이 편저자를 맡은 매체에 제가 기고하는 등 다양한 협업을 했습니다.

여하튼 초등학교 시절부터 60년 가까이 쭉 사이좋게 지내면서 다양한 일을 함께 해왔는데요. 그런데도 한 번도 의견이 대립하는 일 없이 게다가 한 번도 언쟁을 벌인 적조차도 없었던 아주 드문 관계입니다.

우리 두 사람이 쭉 사이좋게 지낼 수 있었던 원동력은 '원칙적으로 상대방이 말하는 것을 부정하지 않는다'는 암묵의 규칙을 지켜왔기 때문이라고 생각합니다. 상대가 예상도 하지 못한 '이상한 이야기'를 한 경우라도 일단 이야기를 끊지 않고 끝까지 듣는 것을 원칙으로 삼았습니다. 의미를 잘 모를 때는 몇 가지 질문을 하기도 합니다만 두 사람 모두 '무엇을 말하는지 잘 모르는 것'은 일단 보류해 두기 위해 '공유지common'에

놓아둡니다. 이 '상대방의 이야기 중에서 잘 이해할 수 없는 것
은 잠정적으로 공유지에 둔다'는 규칙을 채용한 것이 우리 두
사람이 오랫동안 사이좋게 지낼 수 있었던 이유가 아닌가 생
각합니다.

'common'은 과거 영국에 있었던 '공유지共有地'를 의미합
니다. 마을 사람들이 숲과 초원과 호수와 늪을 공동으로 소유
하고 공동으로 관리합니다. 마을 사람들은 'common'에서 자
유롭게 새와 물고기를 잡거나 과일과 버섯을 따거나 가축을
방목했습니다. 그런데 그런 일을 할 수 있으려면 '우리 마을'이
라는 공동체에 제대로 된 리얼리티가 있어야 합니다. '우리 마
을'이라는 확고한 공동체를 유지하기 위해서 마을 사람들은
의례와 제사를 지키고 식문화를 전승하고 고유의 언어와 풍습
을 지켰습니다.

'common'은 단지 '모두가 사용할 수 있는 공유 재산'이
라는 의미에 머물지 않습니다. '모두가 사용할 수 있는 공유
재산'을 유지 관리하기 위해서는 확고히 결속된 촌락공동체
가 존재하지 않으면 안 됩니다. 'common'이 존재한 것은 공
유 재산을 마을 사람 모두가 공동적으로 관리 운영하는 활동
을 통해서 촌락공동체 그 자체를 기초 짓는 것에 있었습니다.
'우리'라는 일인칭 복수형에 '실체'를 부여하기 위해서 'com-
mon'은 존재했습니다. 그런데 안타깝게도 그 후 인클로저

enclosure(개방 경지제였던 토지를, 영주나 지주가 농장이나 목양지로 만들기 위해 돌담, 울타리 등으로 둘러싸서 사유지화한 것)에 의해서 'common'은 사유지로 분할되어서 소멸되고 동시에 영국의 촌락공동체도 붕괴하고 말았습니다.

저와 히라카와 군은 상대방이 말하는 것 중에서 '잘 모르는 것'은 'common'으로서 공유하는 것을 쭉 해왔다고 생각합니다. 그러므로 가끔 'common'을 둘러보면 거기에는 '전에 히라카와 군이 말한 것 중에서 그때는 내가 잘 몰랐던 것'이 굴러다니고 있습니다. 그런 '정리되지 않은 것'을 멀거니 쳐다보고 있으면 '아 맞아. 그런 말을 하고 싶었던 거군' 하고 이해하게 됩니다. 그리고 '그런 것'이라고 내가 안 것은 'common'으로부터 나의 지적 저장소에 전송되어서 '내 생각'이라는 태그가 붙습니다.

원래는 히라카와 군의 생각이었습니다만 'common'에 굴러다니다가 어느 날 어쩐지 '내 생각'이었다는 느낌이 들기 때문에 뭐 그렇게 생각해도 괜찮은 거죠.

그래서 처음에 히라카와 군이 말한 것을 '내 생각'으로서 발표한 적도 자주 있습니다(전에 리처드 호프스태터가 쓴 『미국의 반지성주의』를 읽고 매우 재미가 있어서 '히라카와, 이 책 읽어 봤어?'라고 묻자 '그것은 내가 자네한테 추천한 책이잖아'라는 말을 들은 적이 있습니다). 아마도 그 역도 있을 거라 생각합니다.

우리가 사이좋게 지내 올 수 있었던 것은 '지금 여기서

100퍼센트'의 상호 이해를 추구하지 않았던 것이 크다고 생각합니다. '무엇을 말하는지 모르겠지만 때가 되면 알 수 있지 않을까(물론 모를 수도 있겠지만 또 그것은 그것이고)와 같은 '느슨한' 합의 속에 우리는 머물러 왔습니다.

그러므로 읽어보시면 아시겠지만 이 대담에서는 한쪽이 어떤 '테제'를 제시하고 두 사람이 그것의 옳고 그름에 관해서 논의하는 일은 거의 없습니다. 한쪽이 어떤 테제를 제시하면 그것을 들은 쪽이 '음…… 그런가. 그런데 지금 자네 이야기를 듣다가 생각난 건데……'라는 식으로 이야기가 딴 곳으로 흘러갑니다. 또 그 말을 들은 쪽이 '음…… 그런가. 그런데 지금 자네 이야기를 듣다가 생각난 건데' 하고 이야기를 굴려 나갑니다.

마음이 맞는 사람끼리 하는 테니스의 랠리처럼 이야기가 탕탕하고 코트 안을 왔다 갔다 하는 것과 다릅니다. 테니스의 경우는 코트 바깥에 볼은 나가지 않습니다만 우리 대화에서는 볼이 바로 '코트 바깥'으로 흘러가 버리기 때문이지요.

그런데 리시브를 하는 쪽도 그런 것 신경 쓰지 않고 이쪽저쪽으로 볼을 막 보냅니다. 그렇게 해서 두 사람이 랠리를 계속하면서 코트를 나와서 구릉을 넘어 강을 넘어 계곡을 넘어 점점 멀리 갑니다. 그러다 보면 이야기가 시작점과는 전혀 다른 경치가 있는 곳까지 오게 되고 '좀 피곤하니까 오늘은 여기까지' 하고 헤어집니다.

이야기하는 사람이 그런 '느슨한' 규칙으로 진행하고 있어서 독자 여러분도 '느슨하게' 읽어주시면 고맙겠습니다. 적당한 페이지를 휘리릭 펼쳐서 몇 페이지 정도 읽고 적당히 멈추고 밥을 먹거나 다른 책을 읽거나 일을 하다가 또 마음이 내키면 한 손에는 와인잔을 들고 적당한 페이지를 펼쳐서⋯⋯ 이런 식으로 이 책을 읽어주신다면 고맙겠습니다.

꼭 그렇게 해주세요.

우치다 타츠루

들어가며

이전에 『일본의 반反지성주의』라는 책을 냈을 때 집중포화를 맞은 적이 있다. 특히 내가 '반지성주의'라는 말을 일의적—義的으로 정의하지 않았다는 점이 질책의 대상이 되었다. 키워드를 일의적으로 정의도 하지 않은 채 자의적인 '꼬리표 붙이기'를 하는 것이야말로 '반지성주의'가 아니냐고 말이다.

그런데 미안하지만 나는 '키워드를 일의적으로 정의하고 나서 이야기를 시작하자'는 유형의 이의 제기에는 원칙적으로 응하지 않기로 하고 있다. 우리가 나름 진지하게 논의를 하고 있을 때 논의 참가자들 각자의 '키워드'에 대한 이해는 전원 간에 일치하지 않는 것이 보통이기 때문이다. 아니 그것보다도 그 문자열文字列을 접했을 때 그것에 관해서 다른 누구도 말하지 않는 것을 자신도 모르게 말하고 싶어지는 것이 키워드의 생성적인 기능이다. 그렇다고 한다면 '그 말에 관해서 전원이 동의하는 일의적인 정의를 먼저 제시하라'고 요구하는 것은 무리한 일이다. '지금부터 시간을 충분히 할애해서 전원이라고는 말하기 어렵다 하더라도 어느 정도의 독자들에게 동의를 얻을 수 있을 것 같은 개념 규정을 하고자 합니다'라고 말하는 사람에게 '먼저 전원으로부터 일치를 얻어내라'고 말하는 것은 '이야기를 시작하기 전에 이야기를 끝내'라는 말과 같은 것이다.

애당초 중요한 논건에 관해서는 우리는 대개 자신이 지금부터 무엇을 이야기할 것인지 모른 상태로 이야기를 시작해서 이야기가 끝난 시점에서 자신이 무엇을 생각하고 있었는지를 회고적으로 알게 된다. 그러니 나의 이런 말하기 전략을 당치 않다고 말해도 곤란하다. 창발적인 아이디어는 그런 식으로 태어나는 것이기 때문에 어쩔 수가 없다.

'반지성주의'라는 문자열에 실로 많은 사람이 과민하게 반응해서 내 나름의 생각을 말해주었다. 그런데 이런 다양한 생각이 나올 수 있다는 것이 바로 키워드의 '공덕'이었다고 생각한다. 나 자신도 이 말에 개인적인 정의를 부여하려고 시도했지만, 잠정적인 것밖에 떠오르지 않았고 그러다 보니 나 자신 스스로 그것을 납득한 것도 아니다.

그리고 이 책의 공저자로서 일을 마치고 난 후 '반지성주의'라는 개념은 일의적인 정의를 부여해서 결론을 내리기보다도

'대답이 없는 열린 물음open question'으로 두는 것이 지적으로 생산적일 것이라는 생각이 들었다.

이번, 이 대담에 편집자인 이노우에 군이 〈침묵하는 지성〉이라는 제목을 붙여 주었기 때문에 '지성'이란 무엇인가, 그에 관해서 다시 한 번 열린 물음의 창을 열어 보기로 했다. 우리를 향해 비판의 말을 던진 사람 중 많은 수가 '너는 나를 반지성주의자라고 생각하고 꼬리표를 붙인 거지'라는 몇 걸음 앞서 나간 피해자 의식을 드러냈다. 이것은 반지성주의자라는 꼬리표는 단적으로 불명예스러운 것이라는 관념을 사람들이 갖고 있기 때문일 것이다. 그 점에 관해서는 이론의 여지가 없다는 전제로부터 사람들은 이야기를 시작했다(실은 나도 그랬다).

그런데 정말로 그런 '전제'를 채용해도 괜찮은 걸까? 그것과는 다른 생각도 있지 않을까? 그렇게 생각한 것은 미시마 유키오三島由紀夫가 스스로를 '반지성주의자'라고 칭한 어떤 문장을 읽었기 때문이다. 1969년 5월 도쿄대학에서 미시마 유키오와 도쿄대학 전공투全共鬪 간에 토론의 장이 열렸다. 지금부터 반세기 전의 일이다. 신기하게도 최근 그때의 영상 자료가 발굴되었다. 내년은 미시마 유키오 사후 반세기가 된다. 그때가 되면 아마도 여러 형태로 미시마 유키오론이 나올 터인데 나에게도 그 토론의 역사적 의의에 관해서 논평을 해 달라는 부탁이 들어왔다. 그 토론의 기록을 다시 읽다가 거기에서 '반지성주의'라는 말을 발견하고 깜짝 놀랐다. 나는 이런 중요한 이야기를 놓치고 있었다.

미시마는 토론의 모두에서 이렇게 선언했다.

나는 지금까지 아무래도 일본의 지식인들이라는 게 사상이라
는 것에 힘이 있고 지식이라는 것이 힘을 갖고 있다고 생각해, 그
것만으로 사람들 위에 군림하고 있는 모습이 너무 싫어서 참을
수가 없었다…… 이것은 나 자신에게 지식과 사상이 없어서 그럴
지도 모르겠지만 어쨌든 도쿄대学이라는 학교 전체에서 나는 언
제나 그런 냄새를 맡고 있었기 때문에 전학련全學聯의 제군들이
한 것도 전부 긍정하지는 않지만, 일본의 다이쇼大正 교양주의로
부터 온 지식인의 자만에 가득찬 콧대를 부숴버린 공적은 절대적
으로 인정한다. (……) 나는 그런 반지성주의라는 것이 실제로 지
성의 극치에서 오는지 혹은 가장 낮은 지성으로부터 나오는지 그
점에 관해서는 잘 모르겠다. (……) 만약 마루야마 마사오丸山眞
男 선생이 스스로 모든 것을 벗어버리고 반지성주의를 외쳤다면
이것은 세상을 납득시켰을지 모르겠지만 마루야마 선생은 언제
까지고 지성주의의 입장에 서 있었기 때문에 두들겨 맞았다. 그
리고 반지성주의라는 것이 도대체 인간 정신의 어느 부분에서 나
오고, 어떤 인간이 반지성주의의 진정한 자격자인지 이것이 나에
게는 오랫동안 의문이었다.'(『미와 공동체와 도쿄대 투쟁』 미시마
유키오 · 도쿄대 전공투 공저).

여기서 미시마는 도쿄대 전공투와 자신 중 어느 쪽이 '반지성주의의 유자격자'인지 도발적으로 묻고 있다. 전공투 운동 참가자들의 그 후의 체제 지향적 경력과 미시마의 장절壯絕한 죽음, 양쪽 모두를 알고 있는 후세 사람의 눈으로 보면 진정한 의미에서 '지식인의 자만'의 콧대를 부숴버린 것이 어느 쪽인지 답은 명확할 것이다.

미시마가 만년에 긴급하게 해결해야 했던 사상적 과제는 '일본의 역사와 전통에 뿌리를 내리고 일본인의 심층 의식에 뿌리를 내린 혁명 이념을 제대로 파악하는 것'에 있었다.

요약하자면 내가 생각하는 혁신이란 철저한 논리성을 정치에 대해서 엄격하게 요구하는 동시에, 한편 민족적 심성Gemüt의 비논리성, 비합리성은 문화의 모태이기 때문에, (……) 이 비논리성, 비합리성의 원천을 천황 개념에 집중하는 것이었다. 이리하여 국가에서 로고스와 에토스는 확실히 양분되어, 후자 즉 문화적 개념으로서의 천황이 혁신의 원리가 된다.

미시마가 표방한 반지성주의자는 철저한 논리성 합리성과 똑같이 철저한 비논리성 비합리성을 동시에 포섭할 수 있는 풍부한 생명력이 넘치는 피와 살을 가진 인간 존재의 양상을 가리키고 있다. 이 '반지성주의자'의 모습은 나에게는 매력적으로 느껴졌다. 알아차린 사람도 있겠지만 이 아이디어는 부분적으로는 니체의 '귀족' 개념에서 유래한다. 니체의 귀족은 '자신을 자신의 힘으로 근거 지을 수 있는 인간'이라는 가설이다. '귀족'은 '외부 세계가 필요하지 않고' '행동을 일으키기 위해서 외적 자극을 필요로 하지 않는다.' '귀족'은 깊게 생각하지 않고, 간단명료하게, 자연발생적으로 그 자신의 '진실한 내부'로부터 올라오는 충동에 몸을 맡기고 행동한다.

기사적, 귀족적인 가치 판단의 전제를 이루는 것은 강력한 육체, 젊고 풍부하고 거품이 넘쳐나는 건강 및 그것들을 유지하는 데 필요한 다양한 조건, 즉 전쟁, 탐험, 수렵, 무도舞蹈, 투기鬪技 그 밖에 일반적으로 강하고 자유롭고 쾌활한 활동을 포함하는 모든 것이다…… 모든 귀족의 도덕은 승리로 의기양양한 자기 긍정으로부터 나온다.(『도덕의 계보』)

니체가 그것의 구체적인 실례로서 이름을 든 존재는 '로마와 아라비아와 게르만과 일본의 귀족, 호메로스의 영웅, 스칸디나비아의 해적'들이다. 그들의 공통성은 '걸어온 모든 발자취에 '야만인'의 개념을 남겼다'는 것이었다. 이 야만인들은 '위험을 향해서' '적을 향해서' '무분별하게 돌진'해서 '분노, 사랑 외경, 감사, 복수의 열광적인 격발'에 의해서 자신의 동류同類를 인지했다.

니체적인 '귀족'은 틀림없이 훌륭한 '반지성주의'적인 생명체이다. 그런데 니체가 그 수사적 역량을 구사해서 묘사한 '귀족' 예찬의 언어가 수십 년 뒤에 나치스의 '게르만 민족' 예찬 프로파간다에 거의 그대로 인용되었다는 것을 우리는 알고 있다.

확실히 그들은 주관적으로는 유쾌한 야만인이었을지도 모르겠지만, 그들에게 '원숭이'라든지 '짐승'이라는 꼬리표가 붙여져서 배제당하고 감금당하고 살해당한 자들에게는 비도한 살인자 이상도 그 이하도 아니었다. 미시마는 니체의 전철을 밟을 마음은 없었다. 그래서 '고귀한 야만인'의 '고귀'성을 담보하는 것으로서 단순한 '혈통에 관한 자기 신고' 이상의 것을 요구했다. 그리고 '천황'이라는 개념을 만났다. 미시마의 반지성주의의 독창성은 '천황'을 이성과 비이성의 교차점에 둔 그 궁리에 있다. 이러한 아이디어는 '지성의 극치'를 경유하고 난 후에 애써 반지성을 받아들이는 각오 없이는 말할 수 없는 것이다.

미시마가 목표로 한 것은 '천황'이라는 정치적 개념의 자의적인 변경도 아니었고 더군다나 그것에 관해 일의적인 정의를 내리는 것도 아니었다. 그것이 아니라 미시마는 그 문자열을 보고 들으면 사람들이 '그때까지 한 번도 입에 담지 않았던 언어'를 발하게 되는 수행적인 작용에 착안한 것이다.

그래서 미시마는 이 토론을 할 때에 그 후 널리 인구에 회자

된 경악할 만한 발언을 했다.

이것은 진지하게 하는 말하지만, 예를 들면 야스다安田 강당에서 전학련의 제군들이 농성할 때, 천황이라는 말을 한마디 그들이 꺼내면 나는 기꺼이 함께 농성하고, 기꺼이 함께했을 것이다.

도쿄대 전공투의 정치적 어휘 안에 '천황'이라는 말은 들어 있지 않았다. 그것은 이 토론이 있었던 1년 후에 같은 캠퍼스의 공기를 들이마신 사람으로서 알고 있다. 그런데 이날의 미시마와 전공투의 토론은 오로지 천황을 둘러싸고 전개되었다. 그리고 토론을 마치고 마지막 한마디를 해달라고 부탁받았을 때 미시마는 만족스러운 얼굴로 이렇게 말했다.

지금, 천황이라는 말을 입에 담은 것만으로도 함께 싸운다共鬪고 말했다. 이것은 '말속에 깃든 영력言靈'이라는 것의 작용이라고 생각한다. 그렇지 않으면 천황이라는 말을 입에 담는 것도 불결하다고 생각하는 사람이, 이 두 시간 반에 걸친 심포지엄 동안, 이만큼이나 많은 사람들이 설령 그것이 욕일지언정, 천황 같은 말을 입에 담을 리가 없다. 말은 말을 부르고 날개를 달고 이 방 안을 날아다녔다. 이 말이 어딘가에 어떤 식으로 남을지는 모르겠지만, 내가 그 말을, 언령言靈을 여하튼 여기에 남기고 나는 사라지겠다.'

미시마는 과격파 학생들에게 '천황'에 관해서 합의 형성을 요구한 것이 아니다. '한마디 하면' 된다고 말했다. 이것은 말에 대한 자세로서 매우 중요한 것이라고 나는 생각한다. '한마디' 하면 '말은 말을 부르고 날개를 달고 날아다니기' 때문이다.

미시마는 도쿄대 학생들을 향해서 '천황'에 대한 정의를 공유할 것을 요구한 것도 아니고 그것에 기초해서 정치 강령을 정리하거나 정치 조직을 발기하는 것을 목표로 한 것은 더더구나 아니다. '천황'이라는 말이 가져오는 운동성, 개방성, 풍요성에 불을 붙이는 것을 미시마는 무엇보다도 중요하게 봤던 것이다.

그 말이 방아쇠가 되어서 사람들의 입에서 '지금까지 한 번도 입에 담은 적이 없는 언어'가 계속해서 분출되어 나온다고 하면 자신은 그 자리를 함께하고 싶다고 말한 것이다. 새로운 사념思念, 새로운 감정이 생성되는 자리에 함께하고 싶다고 말한 것이다.

만약 지식이나 사상 그 자체보다도 그것에 생기를 불어넣어주는 '힘'을 중시하는 태도를 미시마가 반지성주의라고 불렀다고 한다면 나는 그러한 반지성주의에 한 표를 던지고 싶다. 나 자신 스스로 반지성주의라는 이름을 내걸어도 좋다. 명칭은 아무래도 상관없다. 지성이라는 것은 형태가 있는 것이 아니다. 형태를 존재케 하는 '것'이다. 형성된 '것'이 아니라 형성시키는 '힘'이다.

만약 현대 일본이 많은 사람들에게 '지성이 침묵하고 있는 시대'처럼 느껴진다고 하면 그것은 지식과 정보가 부족해서가 아니다. 말 그 자체는 질릴 정도로 대량으로 날아다니고 있다. 그러나 그것에 생기를 불어넣어 주는 '힘'이 없다. 입장을 달리하는 사람들, 생각을 달리하는 사람들이, 그럼에도 불구하고 '함께 있을' 수 있는 장場을 구축하는 것이 '언어의 힘'이라는 미시마의 통찰을 이해하지 못하고 있다.

이 서문을 쓰고 있을 때 '표현의 자유'라는 말이 반복해서 언론의 논점으로 다뤄졌다. 다양한 의견이 나오긴 했지만, '표현의 자유는 한층 더 표현의 풍부함, 다양성, 개방성을 목표로 하는 수행적 작용이다'라는 생각을 말한 사람은 내가 아는 한 없었다.

하지만 표현의 자유는 정지되어 있고 고정되어 있는 원칙일 리가 없다. 표현의 자유는 늘 한층 더 표현의 자유를 지향하는 것이지 않으면 안 된다. 표현의 가능성을 넓히고 다종다양한 작품을 만들어내는 생성력에 의해서 생기가 불어넣어지기 때문에 표현의 자유는 존중되지 않으면 안 된다. 그것은 사문화死文化된 규칙이 아니라 지금 여기서 생생하게 활동하고 있는 프로세스를 가리킨다.

인종차별 발언hate speech을 하는 사람들 또한 '표현의 자유'를 입에 담는다. 그들이 자기 생각을 말하는 것을 멈추게 할 권리는 나에게 없다. 그런데 나는 그들이 표현의 자유라는 명목 하에 말할 권리는 인정하지 않는다. 그 간판만은 떼어주면 좋겠다. '인간에게는 사악해질 권리, 우둔해질 권리가 있다'는 간판을 내세우고 그렇게 한다면 상관없다. 그런데 다른 사람을 향해서 '여기서 나가라!'라든지 '너는 잠자코 있어' 같은 말을 '표현의 자유'의 원리 아래 입에 담는 것은 허용할 수 없다.

그것은 '더욱 확장된 표현의 자유'를 지향하고 있지 않기 때문이다. 한 명이라도 더 많은 사람들과 '함께 있는' 장을 구축하는 것을 목표로 하고 있지 않기 때문이다.

저자 서문을 너무 길게 썼기 때문에 이쯤에서 마무리하도록 하겠다.

이 대담을 읽는 분, 특히 젊은 분들이 알아주었으면 하는 것은 히라카와 군과 내가 거의 체계적으로 상대방의 언명에 '일단 동의하는 것'부터 자신의 이야기를 시작하는 점이다. 물론 때때로 '음…… 그럴까?' 같은 회의를 입에 담는 일도 있지만 그것은 꽤 예외적인 경우이다.

그렇게 하는 것은 '일단 이의를 제기하는' 것보다도 '먼저 동의를 하는 것'부터 이야기를 시작하는 것이 대개 이야기가 재미있어지기 때문이다.

먼저 동의하기. 스스로 그렇게 생각한 적이 없었던 이야기라도 일단 동의한다. 그렇게 하면 '동의한 이상 그 근거를 제시하지 않으면 안 되게' 된다. 그렇게 해서 자신의 기억 저장고를 스캔하면 거기에 '걸리는 것'이 발견된다. 그것이 과연 '동의한 것의 근거'가 되는지 아닌지는 모르겠지만 내가 동의한 덕분에 기억의 심연에서 떠오른 것임은 틀림없다. 그래서 일단 그것을 히라카와 군을 상대로 두런두런 이야기한다.

그러면 확실히 자신 안에 연원을 가진 것이긴 한데 '오 내가 이런 것을 생각하고 있었던 말인가……' 하고 나 스스로는 처음으로 알게 된 '자기 생각'이 입 바깥으로 나온다. 나는 그렇게 해서 히라카와 군과의 대화를 통해서 '자신 안에서 분출된 것이긴 한데 나 자신은 처음으로 듣는 말'과 반복해서 만나왔다. 그렇게 해서 나의 아이디어의 '레퍼토리'를 풍부하게 만들어 준 것에 관해서 히라카와 군에게 감사하고 싶다.

젊은 분들, 앞으로 '대화의 예의'를 익히게 되는 사람들에게는 일단 그것만큼은 말해두고 싶다.

먼저 동의한다.

아시겠습니까?

나의 이 충고의 옳고 그름에 관해서 사고할 때도 '먼저 동의하는' 것부터 시작해주었으면 한다.

그리고 '아 그 말을 들으니 이런 이야기가 생각이 났다'라고 이야기를 계속 이어주기 바란다.

That reminds me of a story.

지성은 이 말과 함께 기동한다.

그레고리 베이트슨의 『정신과 자연』이라는 책에 그렇게 쓰여 있다. 반세기 정도 전 이 말을 읽었을 때의 마음의 떨림과 흥분을 지금도 기억하고 있다. 이 문장을 읽자마자 '아 그러고 보니'라는 이야기가 강물의 흐름이 둑을 부수고 흘러넘치는 것처럼 내 안에서 분출했기 때문이다. 그래서 가능한 한 많은 독자가 이 책을 읽고 '이런 이야기'를 떠올리기를 진심으로 바란다.

마지막으로 늘 변치 않는 인내를 갖고 편집의 수고를 해준 출판사 야간비행의 이노우에 군의 인내와 관용에 진심으로 감사드린다.

공저자인 히라카와 군에게는 '어떻게 해도 상관없으니 부디 오래 살게나' 이외의 말은 없다.

우치다 타츠루

제0장

귀를 기울일 만한 말은
어디에 **있는가**

'자신이 굳이 말 안 해도 누군가가 말할 것 같은 말'만을
선택적으로 계속한다는 것은 말하는 이에게는 매우 위
험하다고 생각해(우치다)

그 말이 '여론'과 같은 것을 담보로 해서 말했다고 하면
그것은 저널리스틱한 풍미를 갖고 있을지 모르겠지만
얄팍한 화법밖에 될 수 없어. 자신이 살아온 실감, 삶
의 무게, 그러한 것들밖에 그 말의 올바름을 담보해주
는 것은 없어(히라카와)

20세기에는 〈제4의 권력〉이라는 말까지 들었던 언론. 그 권위가 최근 수십 년 동안 실추되어 왔다. 티브이의 시청자 수, 신문 혹은 잡지의 발행 부수의 감소 경향에는 제동이 걸리지 않는다. 게다가 거듭되는 오보와 특정한 입장에 치우친 보도만을 일삼다 보니 믿는 구석이었던 '신뢰성'도 훼손된 듯하다.

대중 매체를 신뢰할 수 없게 된 현대에 우리가 귀를 기울일 만한 '말'은 어디에 있는 것일까?

___ 자신이 굳이 말하지 않아도 되는 말만 하는 사람들

우치다: 여러 매체에서 근무하는 기자들이 취재를 하러 오는 데 말이지. 최근에 그들의 접근 방식이 어쩐지 '정형적'이 되었다는 느낌이 들어. 일전에도 신문기자가 취재하러 왔는데, 나에게 하는 질문도 그들이 말하는 의견도 너무나도 정형적이라서 왠지 슬픈 느낌이 들었어.

'지금 자네가 이야기하고 있는 것, 다른 사람이 얼마든지 말하고 있는 거잖아. 자네가 굳이 말 안 해도 누군가가 대신해서 말해주는 것이잖아. 그러면 굳이 여기서 말할 필요가 없잖아. 그런 말만 하면 허무하지 않아?' 같은 말이 목

구멍까지 올라왔어.

내가 늘 하는 말이긴 한데 '자신이 굳이 말 안 해도 누군가가 말할 것 같은 말'만을 선택적으로 계속한다는 것은 말하는 이에게는 매우 위험하다고 생각해.

'자신이 말 안 해도 누군가가 말하는 것'이라고 하면 굳이 그 자리에서 이 상대방에 대해서 정성을 다해서 말할 필요가 없는 거지. 그런 말에는 상대방을 여기서 설득하지 않으면 안 된다는 절박감도 없어. 자신이 평소에 말하고 있는 것을 자신보다도 훨씬 논리적으로 자신보다도 훨씬 정확하게 근거로 삼아야 할 증거evidence까지 제시하면서 말할 수 있는 사람이 반드시 어딘가에 있으니까.

'자신이 말하지 않아도 누군가가 대신해서 말해 줄 것 같은 것'을 말할 때 사람은 얼마든지 겉날리는 화법으로 말을 하지.

그런데 이것과는 반대로 말을 할 때 필사적이 되는 경우는 '자신이 여기서 말하지 않으면 누구도 말할 사람이 없는 내용'일 때뿐이야. 지금 여기서 상대방에게 제대로 전달되어서 이해를 얻지 못하면 그 아이디어는 거기서 끝나서 이 세계에 뿌리를 내릴 수 없다고 생각하기 때문에 사람은 필사적이 되는 거지.

'다른 누군가가 말할 것 같은' 내용이라고 하면 그렇게 진지하게 전하려고 노력할 필요가 없어. 일단 말하고 싶은 것만 말해버리고 나면 상대방에게 그것이 전해질지 이해를 얻을지 그런 것은 어떻게 되든 상관없는 거야.

그러다 보면 당연한 결과로 말이 난폭해지고 논리가 파탄이 나고 자신이 한 말의 논거를 제시하는 일도 없게 되는 거지. 그것이 '여론'의 실체라고 생각해. 다른 누군가가 자신을 대신해서 똑같은 말을 할 것이라는 생각과 감정을 일컬어 여론이라고 말하지. 그렇게 나는 내 나름으로 여론을 정의하고 있어. 그래서 여론을 말할 때 사람의 말은 조잡해지고 공격적이 되고 감정적이 되는 거야. 자신이 다하지 못한 말, 혹은 역으로 말이 지나친 것 모두 반드시 누군가가 바로잡아 줄 것으로 생각하고 있기 때문에 그런 거지.

'모두가 전부 당연하다는 듯이 말하고 있는 것'이 실은 잘 살펴보면 어떤 근거도 없는 얼토당토않은 거짓이었다는 일도 곧잘 있잖아. 왜 그런 일이 일어나는가 하면 똑같은 말을 하는 사람이 일정 수를 넘으면 누구도 자신에게 그 말에 대한 검증 책임이 있다고 생각하지 않게 되기 때문이지. 자신 이외에 자신과 똑같은 생각을 하는 사람이 많이 있다고 생각하면 인간은 그 생각을 존립시키고자 하는 지적 긴장감을 잃고 말아.

최근 미디어를 통해서 나오는 여론이 종종 근거 없는 망언이고 그것이 순식간에 퍼져서 폭주하고 마는 것은 이러한 여론의 구조 때문이라고 생각해.

미디어의 언어가 이 정도까지 저열해진 것은 발신하고 있는 사람들이 말을 할 때 '두 번 다시 올 수 없는 기회'라고 생각하지 않기 때문이지. 그들은 얼마든지 다시 말할 기회가 있다고 생각하고 있어. 혹은 누군가가 자신을 대신해서 다시 말해 줄 거라고 생각하고 있는 거야. 자신이 지금 발신하고 있는 말은 '무한한 수정'에 열려 있다고 생각하고 있는 거지.

그런데 그렇게 되면 인간의 화법은 한없이 조잡해져.

지금 언론인들은 '세상 사람들을 대변해서 여론을 말하는 것'이 자신들의 의무라고 생각하고 있어. 그러다 보니 독창적인 의견을 말하는 것이 자기 일이라고는 생각하지 않는 거지.

독창적인 의견은 여하튼 독창적이기 때문에 보통 사람들은 '그런 이상한 이야기는 들어 본 적도 없어'라는 반응을 하는 게 당연해. 그렇다 보니 그런 생각을 독자와 시청자가 받아들이기 위해서는 궁리가 필요해. 의견이 이상하면 이상할수록 논리적으로 말하고 논거를 제시하고 다채로운 비유를 사용하고 울림이 좋은, 알기 쉬운 말로 말할 필요가 있어. 그렇게 하지 않으면 아무도 귀 기울이지 않으니까.

그러니 여론을 말하는 것은 편해. 그런 노력이 일절 필요치 않으니까 말이야.

언론인들은 정형적인 말을 토해냄으로써 세상 사람들의 생각을 대변해주고 있다고 생각하고 있을지 모르겠지만 나는 아니라고 생각해. 그들은 단지 그런 화법으로 말하는 것이 편하니까 '여론'의 대변자로 자임하는 거야. 누구라도 할 듯한 말을 하는 것은 가장 편한 일이야. 지적인 부하負荷도 적고, 발언에 대해 문책당할 일도 없으니까.

물론 그들도 주관적으로는 '애써 자신의 개인적 의견을 봉인하고 여론의 대변자의 역할에 만전을 기하고 있다'는 변명을 준비하고 있다고 생각해. 그런데 진실을 말하자면 자신의 개인적 의견을 사람들에게 전하는 노력을 어딘가에서 그만두게 되어버렸다고 생각해. 이것은 인터넷상의 익명 발언과도 비슷하지. 아무리 티브이에서 방영되었다고 해도 혹은 전국지에 게재되었다고 해도 자신의 얼굴과 이름을 밝히고 말했다고 해도 '여론의 대변자'는 인터넷의 익명 발언과 똑같은 멘털리티를 갖고 있어. 결국 '자신의 의견에는 수만 명, 수십만 명의 찬성자가 있다'는 것을 전제로 해서 말하거나 쓰는 점에서 똑같은 거지.

히라카와: 그러니까 현재 언론에서 발신하고 있는 말은 아무 생각 없이 세상에 유통하고 있는 말을 단지 그대로 반복하는 것에 불과하다고 해도 과언이 아냐. 예를 들면 신문이 기자가 발로 뛰어서 수집한 정보에 자신들의 해석을 첨

가해서 독자들에게 전해야 하는, 가장 기본적인 일을 소홀히 하게 되다 보니 뭔가 문제가 있으면 의견을 말해줄 것 같은 전문가들을 찾아서 의견을 듣는 것으로 끝내고 말아. 전문가라고 불리는 사람들이 각각 무엇을 말할 건지도 이미 알고 있어. 그래서 전문가라는 직함이 필요한 것일 뿐 아무도 말하지 않는 독창적인 아이디어가 필요한 것은 아니야.

즉 발신하는 말이 자신들의 말도 아닐뿐더러 그 말을 전하고 싶은 독자의 얼굴을 떠올릴 수도 없어. 자신의 말이 아니다 보니까 책임을 질 것도 없고. 그래서 언론의 말이 이만큼 퇴락해오게 된 거지.

이전에 자네가 블로그에서 시라카와 시즈카白川靜 선생의 '사상은 부귀한 신분으로부터는 나오지 않는다'는 말을 인용했지. 즉 처세에 능해서 부를 축적하고 그것을 통해 만족하고 있는 상태에서는 사상은 나올 수 없다는 그 말에 나도 감명을 받았어. 자신의 실존을 걸고 자신의 언어로 말하는 게 중요한 거지. 만약 누군가가 어떤 말을 했을 때 그 말이 '여론'과 같은 것을 담보로 해서 말했다고 하면 그것은 저널리스틱한 풍미를 갖고 있을지 모르겠지만 얄팍한 화법밖에 될 수 없어.

자신이 살아온 실감, 삶의 무게, 그러한 것들밖에 그 말의 올바름을 담보해주는 것은 없어.

그런데 말이야, 좀 전에 말한 것과 모순이 될 것 같긴 한데 '인간의 표현은 모두 누군가가 한 말을 풀어쓴 것이다'라고 말할 수도 있어. 온갖 말들이 이미 선인들이 의해 말해졌어. 실제로 깊게 책을 읽다 보면 '아 이런 것까지 그들은 이미 말했구나' 하고 생각하게끔 만드는 것이 많이 있거든.

그런 의미에서는 언론은 말할 필요도 없고 뭔가를 말하려고 하는 사람은 모두 '자신이 발신하고 있는 말은 누군가의 말을 바꿔 말하는 것에 불과할지도 모른다'는 사실을 자각할 필요가 있다고도 말할 수 있을 거야.

그런 자각이 없으니까 자신들의 사고가 패턴화된 사고의 틀을 모방하고 있을 것뿐이라는 자각도 없고 역으로 쉽게 오만하고 공격적인 말을 발신할 수 있다고도 말할 수 있지 않을까. 뭔가 약간은 자신이 내뱉는 말에 대해서 두려움과 각오 같은 것이 있어도 좋을 텐데 말이야.

___ 자신이 하는 말의 보증인은 자신밖에 없다

우치다: 중요한 것은 그 사람이 말하고 있는 내용이 '옳은가, 옳지 않은가'가 아니야. 그 사람이 말한 것이 옳았는지 혹은 옳지 않았는지는 대부분은 나중이 되지 않으면 알 수 없으니까. 그렇게 간단히 '진리' 같은 것은 말할 수 있는

게 아니거든. 뭔가를 말하려고 할 때 가장 중요한 것은 자신이 말하는 언명의 보증인은 자신밖에 없다고 각오하고, 그런 각오 하에 말하는 것이라고 생각해.

자신의 언명의 보증인은 자기 혼자밖에 없어도 괜찮아. 혼자면 충분해. 그 사람이 몸을 내던져 자신의 말의 진리성을 담보하는 한 그것만으로 그 언명은 일정한, 물론 어디까지나 '일정한'이긴 하지만 진리성을 지닐 수 있다고 나는 생각해. '나는 내 말에 나 자신의 실존을 겁니다'라고 말하는 개인이 있는 한, 그 말은 그것만으로도 충분히 경청할 만하지.

실제로 그 자리에서 문득 생각난 말이라도, 아무리 이상야릇한 아이디어라도 무심코 귀를 기울이게 되는 말이라는 게 있잖아. 그것은 그 말을 발신한 개인이 자신의 실존을 걸고서 하는 말인 거지.

히라카와: 다무라 류이치田村隆一라는 시인이 어떤 '머리 좋은 평론가'와 대담한 적이 있어. 상대방이 누구였는지는 까맣게 잊어버렸지만, 그 대담을 보고 다무라 류이치의 설득력의 원천에 닿았다는 느낌만큼은 잘 기억하고 있어.

다무라 류이치는 세상 사정에 대해서 잘 알지 못하기 때문에 전문적인 이야기가 나오면 아마추어 수준에서 논의하는 것에서 그치고 말아. 그런데 '존재의 무게'라고 해야 할

까, 그가 내뱉는 말의 무게가 대담 상대인 머리 좋은 평론
가와는 전혀 달라.

머리가 좋고 지식이 풍부한 사람의 이야기는 확실히 일정
한 진실성도 있고 논리적이고 머리를 끄덕이게 하는 내용
이 많아. 그런데 아무리 머리가 좋고 지식이 있어도 그 사
람의 말이 '가벼운' 경우가 있어. 그리고 그런 말은 아무리
읽고 들어도 가슴에 스며들지 않아.

반대로 인생의 쓴맛 단맛을 다 맛 본 다무라 씨 같은 사람
이 말하면 말이 신체의 깊숙한 곳에서 발화되기 때문에 틈
이 없어. 거기에 있는 것은 논리의 정치함이라든지 논증의
옳음이 아니야. 그것이 아니라 살아 있는 각오와 같은 거
지.

그것은 일반적인 것이 아니라 어디까지나 이 시인 개인의
신체에 깃들어 있어. 그는 아주 개인적인 것만을 계속 말
하고 있는 셈인데, 그것을 '편견'이라든지 '독단'이라고 말
해버리면 그뿐이겠지만, 나는 거기에서 어쩐지 시인의 말
의 강한 힘을 봤다는 느낌이 들었어.

우치다: 그렇지. '여론'도 그렇고 인터넷상에서 돌아다니는
'정론'도 그렇고, '익히 알고 있는 바'를 표현하는 언어는
가벼워. 아무리 옳아도 가벼워. 왜 가벼운가 하면 그 사람
이 말하지 않더라도 그 말의 진리성은 바뀌지 않는다는 것

을 전제로 말해지기 때문이지. 그런 게 진리라는 것이니까. 한 명의 인간이 입을 다문다 해도 흔들릴 일이 없어. 그래서 '저기 잠깐만, 너 입 닫아!'라고 위압적인 말을 들으면 곧바로 입을 다물지.

자신이 발신하고 있는 언명의 진실성은 자신이 말하든 혹은 잠자코 있든 변하지 않는다고 생각하고 있는 사람은 곧바로 입을 다물어. 얄궂기는 한데 그런 거야.

그러니 정말로 역설적인 이야기이긴 한데 '진리는 반드시 현실화된다'고 믿고 있는 사람일수록 진리를 위해서 손가락 하나도 움직이지 않는 일이 일어나지. 자신이 몸을 내던져서 보증하지 않는 한 자신의 생각은 현실화할 기회가 없다고 생각하는 사람만이 '잠자코 있어'라는 말을 들었을 때 잠자코 있지 않아.

무라카미 하루키가 쓴 에세이 중에 이것과 관련된 재미있는 이야기가 하나 있어.

하루키가 예전에 재즈 바를 운영했잖아. 어느 날 하루키가 운영하는 바에 문단 관계자 A와 B가 와서 그 자리에 없던 C의 악담을 계속하고 있었어. 그런데 거기에 당사자인 C가 합류를 했어. 그러자 '요전에 쓴 작품 그거 좋았어.' '자넨 역시 천재야'와 같은 이야기로 세 명은 분위기가 달아올랐지. 조금 있다가 A가 바를 떠나고 B와 C가 남았어. 그러자 무슨 일이 일어났는가 하면 이번에는 '저 작자는 글렀어' '재능이 없지' 하고 A에 대한 악담이 시작된 거야.

그것을 카운터 안쪽에서 듣고 있었던 하루키가 '참 잘도 저렇게 손바닥 뒤집듯이 사람이 바뀔 수가 있구나' 하고 생각했다는 뭐 그런 이야기인데 나는 이것이 '여론'이라는 것의 실상이라고 생각해.

여론이라는 것은 콘텐츠의 진위와는 다른 레벨에 있어. 이 이야기의 경우에도 '재능이 없다'는 것은 아마도 진실일 거야. A도 C도 재능이 없어. 틀림없이 B도 재능이 없어. 다만 본인을 앞에 두고 '너 재능이 없어'라고 대놓고 말할 수는 없는 노릇이지. 그렇게 하면 서로 꼴사납게 욕만 주고받는 일이 벌어질지도 모르고, 서로 치고받을지도 모르고, 원한을 사서 보복을 당할지도 모르지.

'그 작자는 재능이 없어'라는 말은 틀림없이 진실이겠지만 개인적인 위험 부담을 안으면서까지 말할 정도의 진실은 아닌 거야. 게다가 '이 작자는 재능이 없어'라는 말은 진실이기 때문에 내가 여기서 잠자코 있어도 '이 작자에게는 재능이 없어'라는 사실은 흔들리지 않고, 언젠가는 세상 사람들이 다 알게 되겠지. 그래서 본인을 앞에 두고 굳이 위험을 무릅쓰면서까지 말해야 할 정도의 진실은 아니지.

상황에 따라서 자기 생각을 손바닥 뒤집듯이 바꾸는 사람은 말하고 싶은 것을 여러 번 바꾸거나 뒤집는 게 아니야. 그게 아니라 바로 일반적인 진리이기 때문에 인간은 간단하게 자기 생각을 거둬들일 수 있는 거지. 개인이 그 언명의 진실성을 담보할 필요가 없으니까 말을 여러 번 바꾸거나 뒤집는 거야. 그래서 '옳은 것'을 말하는 사람의 언어는 한없이 가벼워져.

여론이 폭주하는 것은 그것 때문이야. 그럴 때는 정말로 눈 깜짝할 사이에 수십만, 수백만이 똑같은 말을 하게 되지. 그런데 자신보다 강한 사람과 무서운 사람이 '입 다물어!'라고 일갈하면 전원이 일제히 입을 다물어버려.

여론에는 '최후의 한 명으로 남더라도 나는 이 말을 계속하겠다'고 하는 개인이 없어. 나는 여론을 그렇게 정의해. 그리고 지금 언론은 '여론'을 말하는 장치가 되었다고 생각해.

한편으로는 아무리 강압적인 말투로 '입 다물어!'라는 말을 들어도 사라지지 않는 말이 있어. 그것은 '최종적으로 그 말에 관한 문책文責은 내가 진다'는 개인이 있어서 그 개인이 그 말의 보증인이 되어 말하는 경우야. 재미있는 것은 그런 '자신이 내뱉은 말의 책임은 자신이 지는 수밖에 없다'고 생각하는 사람은, 자신이 말하는 것에는 일반성이 없다고 생각하는 사람이야.

'내가 잠자코 있으면 이런 말을 하는 사람은 아무도 없어'라고 생각하고 있는 사람만이 자신의 한계를 걸고 버틸 수 있는 거지. 그 사람이 없으면 결국 말해지지 않는 말은 무

거워. 말의 무겁고 가벼움은 언명의 진위와는 레벨이 다르
다는 것은 그런 의미야.

히라카와: 알렉시스 드 토크빌의 『미국의 민주주의』라는 책
에 '미국인은 일반적 개념이라는 것에 대한 집착이 강하
다'는 내용이 나와. 인간이라는 존재는 개별적인 사고 형
태만 갖고는 살아갈 수 없으므로 누구든지 반드시 일반적
인 개념에 매달리게 되는데 미국인은 특히 그런 경향이 강
하다고 나와 있어.

나는 말이야, 이 '인간은 일반적인 개념에 의존하고 만다'
는 것과 민주주의는 깊은 관련이 있다고 생각해. 그런 의
미에서 말하자면 신문기자는 데모크라시인 거지. 단 문제
는 지금은 그 데모크라시가 제대로 기능하지 않는 시대로
접어든 것 같아. 데모크라시라는 것은 한 명이 신체를 걸
고 싸우는 시스템이 아니기 때문에, 늘 위태롭고 빈약하다
보니 때로는 폭력적이 될 위험성을 동시에 가진 시스템이
야. 그래서 늘 손질을 해야 하고 물을 주지 않으면 곧바로
목소리가 크고 강권적인 자에 의해 이용되고 말아. 바이마
르 헌법하의 데모크라시의 예를 굳이 들지 않더라도 말이
야.

민주주의 이전은 어떤 시대였는가 하면 독재자의 시대 혹
은 귀족정치의 시대였지. 그 시대로부터 빠져나오는 원동

력으로서 데모크라시는 발전해온 거야. 거기까지는 좋았어. 그런데 이제는 데모크라시가 '무책임의 원흉'이라고 해야 할까, '무책임의 체계 그 자체'처럼 되어버렸어. 데모크라시로부터 나오는 말이 여하튼 가벼워지고 만 거지.

우리는 데모크라시 '이후의 뭔가'를 발견하지 않으면 안 되는데 아직 발견하지 못했다고 생각해. 그리고 그런 절호의 시스템은 아직 없을지도 몰라.

그래도 데모크라시라는 것에 가능성을 건다고 한다면, 그 취약한 부분을 어떻게 보강할 수 있을까를 생각하지 않으면 안 돼. 그렇지 않으면 오르테가 이 가세트가 말한 것처럼 데모크라시는 언제라도 중우衆愚적인 시스템으로 바뀌고 말아. 그래서 처칠이 '데모크라시는 최악의 시스템'이라고 말한 것은 역설적으로 데모크라시 옹호를 위한 각오였던 거야.

우치다: 장 자크 루소는 '일반 의지'라는 개념을 제시했는데. 그것은 '일반 의지'가 그 정도로 중량감 있는 말이었던 시대가 있었다는 거야. 그 말이 나왔을 때는 국민 한 명 한 명의 생명과 국민국가의 생명이 동기화同期化된 시대였던 거지. 그런 공동환상이 리얼리티를 가졌던 시대가 있었어. 그런 시대에는 '일반 의지'가 시민들 안에 내면화되어 있었어. 예를 들면 프랑스 혁명 시기에는 의용군이 지원한

시민들에 의해 편성되었는데 그들 한 명 한 명이 프랑스 혁명의 대의를 개인의 신체에 내면화시켰지. 그래서 단 한 명이 남더라도 '프랑스 혁명 만세!'라고 외치고 적진으로 돌진했어.

그때까지의 전쟁은 왕조들과 영주들 간의 왕위 계승이라든지 영토 나눠 먹기라든지 아주 실리적인 동기에 기초한 전쟁이어서, 전쟁에 나가 싸우는 것도 용병이 주체였어. 용병들은 전쟁의 프로니까 전쟁의 기술 면에서 탁월했지만 무리는 하지 않았어. 자기 진영의 피해가 30퍼센트 정도가 되면 곧바로 백기 투항을 했지. 그 이상 전투를 계속해도 열세를 만회할 수 없다는 것이 확실하니까 '헛된 죽음'을 애써 자초할 필요가 없었던 거지.

그런데 의용병은 달랐어. 그들은 프랑스 혁명의 대의를 위해서 싸웠기 때문에 마지막 한 명만 남아도 싸웠어. '쇼비니즘'이라는 말의 기원이 된 니콜라 쇼뱅Nicolas Chauvin이라는 전설적인 병사가 있었는데, 나폴레옹 군대에서 싸우고 있었을 때 전황이 불리해져서 지휘관이 그때까지 그래 왔듯이 백기를 들려고 하자 '프랑스군에 항복이라는 글자는 없다'고 갑자기 외쳤어.

전장에서의 승패가 아니라 대의를 위해 죽음을 각오한 병사가 있는지 없는지로 전쟁을 판단하는 새로운 '총력전'의 아이디어가 등장한 것은 19세기 초기였지. 니콜라 쇼뱅이라는 인물이 실제로 존재했는지 아닌지는 좀 미심쩍은 면이 있긴 하지만 그런 '이야기'가 당시의 프랑스인에게 딱 들어맞았다는 것은 틀림없어.

그래서 실제로 프랑스의 의용군은 굉장히 강했어. 전선에서 부상을 당해 한쪽 다리를 절단한 장교가 수술이 끝나자 그대로 말을 타고 전선으로 돌아갔다는 일화가 있을 정도니까. 이런 일은 국가로부터 명령을 받고 마지못해 전쟁에 나간 사람은 할 수 없어. '내가 프랑스 혁명 그 자체다. 내가 쓰러지면 프랑스 혁명의 대의가 쓰러지는 것'이라고 말할 정도로 강렬한 집단과의 일체감이 없으면 그런 일은 할 수 없는 거지.

루소가 '일반 의지'라는 말을 꺼낸 것은 그런 시대였어. 그것은 새로운 용어를 발명하지 않으면 주제화할 수 없는 정치 상황이 그때 출현했다는 의미지. 일반 의지와 비슷한 개념은 루소 이전에는 없었어. 국가의 의지는 그때까지는 국왕 개인의 의지를 의미했는데 '공동체 성원의 총체로서의 의지'와 같은 개념은 존재하지 않았지. 그래서 프랑스 혁명 시기에 그때 출현한 새로운 사태를 표현하기 위해서 일반 의지라는 말이 발명된 거야. 시민 한 명 한 명의 판단과 행동의 기준이 되었던 건 개별 의지가 아니었으니까.

근대의 데모크라시라는 것은 '그러한 특수한 시대의 산물'이라고 생각해. 그래서 데모크라시가 적절한 정치 원리이기 위해서는 '개인이 일반 의지를 내면화해야 한다'는 조건이 필요하지. 그 조건이 데모크라시를 작동시키고 유지되게 해. 그런데 이미 이제는 그러한 조건은 성립하지 않잖아.

지금의 민주 국가에서는 국가의 '일반 의지'와 '국민 한 명한 명의 특수 의지'가 괴리되어 있어. '자신이 자신이기 위해서는 조국이 이러이러한 나라이지 않으면 안 된다. 조국이 이러이러한 나라가 아니면 자신은 자신으로 있을 수 없다'고 생각하는 사람은 소수파라고 해야 하나 멸종 위기종이라고 해야겠지.

일본의 데모크라시가 파탄이 나서 독재적인 정치 체제가 된다면 '나는 일본을 떠나겠다'고 아무렇지 않게 말하는 사람이 꽤 있어. 국적 이탈은 확실히 법적으로도 가능하고 때에 따라서는 영리한 선택이라고 생각하지만, 그렇게 말해버리면 실은 데모크라시라는 건 성립하지 않는 거지. 데모크라시라는 것은 '나는 국가와 삶과 죽음을 함께 한다'는 꽤 특수한 정치 환상을 내면화한 시민을 디폴트로 해서 제도적으로 설계되어 있으니까. 그러므로 '나라가 어떻게 되든 알 바 없어. 나는 혼자서라도 살아남을 테야'와 같은 유형의 삶의 방식이 시민의 디폴트인 나라에서 데모크라시가 살아남는다는 것은 솔직히 말하면 상당히 어렵다고 생각해.

히라카와: 그 말이 맞아. 분명히 지금 이 시대는 개인에 대해서 '국가의 일반 의지를 개인의 의지가 담보하는 것'을 요구하지 않게 되었지. 그런데 그건 언제부터였을까. 신문이 '제4의 권력'이라는 말을 들었던 무렵부터였을까. 신문에 뭔가 좀 해달라고 부탁했던 거야. 그 무렵부터는, 오히려 '일반 의지'가 개인의 의지의 상위에 군림하는 권력 그 자체가 되어 버렸어.

처음에 데모크라시가 발견되었을 때는 데모크라시는 '권력의 무화無化'를 위해서 작동하는 것으로 생각했지. 실제로 시민 한 명 한 명이 '자립한 자'가 되어 가는 여정은 다름 아닌 민주주의의 도정이었어. 그런데 시민 한 명 한 명으로부터 '나 자신이야말로 이 의지를 담보하는 연대보증인이다!!'라는 긴장감이 사라지고 나서부터 데모크라시라는 것이 '권력을 무화하기 위한 것'이 아니라 반대로 '권력을 형성하기 위한 것'이 되고 만 거지.

___ 이것을 쓴 것은 누구인가!

우치다: '아사히신문 기자는 전부 아사히신문에 대해 욕을 한다'는 말이 있잖아. 정말로 그래. 모두 정말로 아사히신문에 대해서 예리하게 비판을 해. 그 비판하는 걸 보면 감탄이 나올 정도야. 정말로 고개가 절로 끄덕여지거든. 그

런데, 잘 생각해 보면 좀 이상하지 않아? 자 그러면 당신이 그렇게 날카로운 말로 비판하고 있는 아사히신문의 기사는 누가 쓰는 거냐는 거지.

그렇지 아무도 쓰고 있지 않아!

아사히신문의 기사를 쓰고 있는 것은 '아사히신문'이야. 개인으로서의 기자가 아니라. 그래서 개인으로서 그만큼이나 철저하게 매도할 수 있는 거라고 생각해. 이전에 나를 담당했던 여성 편집자가 아저씨들이 주독자인 주간지로 인사 이동을 한 적이 있었어. 20대 여성이라서 아저씨들을 위한 기사를 쓰지 않으면 안 되기 때문에 '예사일이 아니죠?'라고 동정 어린 말을 좀 했어. 그런데 그 여성 편집자는 대수롭지 않다는 표정을 지으면서 '아니, 별거 아니에요'라는 거야. '그런 글을 쓰는 건 간단해요. 정형적인 문구가 있으니까요'라고 말하더군. 아저씨 계열 주간지에는 고유의 글투가 있어서 그 '상투적 문구'를 가져와서 쓰면 젊은 여성이라도 빈정대는 아저씨 같은 문장을 술술 쓸 수 있다고.

그 말을 듣고 한편으로는 놀랐지만 동시에 '아 그렇구나' 하고 납득이 가더군. 아저씨들을 위한 언론은 아저씨들이 세상을 걱정하고 그런 세상을 비꼬는 기사를 쓰는 게 아닐까 하고 우리는 생각하고 있었지만 그런 게 아니야. 그런 '아저씨스러운 정형'에 맞추어서 아저씨가 아닌 사람들이

기계적으로 기사를 양산하고 있는 거야. 실제로는 '이것은 나의 양보할 수 없는 의견이다. 그래서 아무리 비판의 화살이 날아와도 나의 실존을 걸고 주장을 계속할 것이다'는 살아 있는 인간이 그 텍스트의 배후에는 없는 거야.

그래서 설령 독자로부터 항의가 제기되어서 '이것을 쓴 게 누구야?' 같은 소동이 일어나도 글을 쓴 기자는 '쓴 사람은 확실히 제가 맞습니다만 제 의견은 아닙니다. 정형화된 패턴대로 쓴 것뿐인데 책임을 지라고 말씀하시면 곤란하죠'라고 불평할 거라고 생각해. 발신한 말의 최종 책임을 지는 사람이 어디에도 없는 말이 언론을 잠식하고 있는 거지.

히라카와: 그 아저씨 계열의 주간지도 원래는 전후 좌익운동이 한창일 때 그것에 대치하는 교두보로 삼으려는 의도가 있었다고 생각해. 혹은 보수의 사상을 지키려는 기개가 있었을 거야. 내가 약간 호의적으로 보는 것 같기는 한데 그래도 그러한 말 속에는 경청해야 할 내용이 포함되어 있었다고 생각하거든. 〈문예춘추〉 같은 잡지는 그런 균형 감각으로 자신들의 정체성을 구축하고 있었지. 그런데 지금은 단지 권위를 야유하거나 조소하는 것이 멋지다는, 이른바 패션 감각으로만 그런 일을 하는 것 같아.

그런 일만 계속한 결과, 그들이 사용하는 냉소적인 언어 사용이 세상에 정착해 버렸어. 최근 인터넷에서 사용되는 말은 아저씨 계열 주간지의 화법이 만연해 생긴 결과가 아닐까.

우치다: 출판사 계열의 주간지가 나온 것은 50년대 말이었는데, 그 시점에서 주간지 저널리즘에는 확실히 뭔가 해보겠다는 의지 같은 것이 있었다고 생각해. 신문과는 다른 비평적인 시점으로 인간의 어두운 부분을 파고들었으니까. '현장으로부터 인간의 진실을 말한다'는 기개가 있었지. 저널리스트 개인의 확실한 얼굴과 목소리의 결까지 포함한, 자르면 피가 나올 것 같은 문장을 읽을 수 있었어. 그것이 어느 단계에서 정형화되고 그 말을 담보하는 살아 있는 사람의 신체를 잃어버리고 주간지 특유의 에크리튀르가 탬플릿template화되고 좀비처럼 살아남은 거야.

히라카와: 주간지의 문체가 '위에서 내려다보는 시선'이라는 부분도 나는 좋아하지 않아. 나도 '히라카와는 위에서 내려다보는 시선'이라는 말을 많이 듣긴 하지만. 그런데 내가 '위에서 내려다보는 시선'을 전략적으로 사용한 적은 없는 것 같아. 애당초 뼛속까지 '위에서 내려다보는 시선'일 뿐이지(웃음).

지금 주간지 특유의 문체는 아주 전략적이고 여하튼 상대방에게 상처를 줘도 자신들만큼은 상처를 받지 않는 장소에 자신들의 포지셔닝을 취하는 게 눈에 보여. 뭔가를 발언할 때에는 그 나름의 각오를 하고 발언하는 것이기 때문에 이것은 '같은 높이의 시선'으로부터의 발언이지 않으면 안 돼.

위에서 내려다보는 시선의 발언이라는 것은 감시탑에서의 감시와 똑같아서 보여지는 대상이 되는 측에서 본다면 시선이 어디서 나오는지 알 수 없는 것에 포인트가 있는 거야. 즉 위에서 내려다보는 시선이라는 것은 단지 '위로부터의' 시선이 아니라 '감시탑으로부터의 시선'인 거지.

우치다: 맞아. 미셸 푸코가 말한 대로 '파놉티콘'은 간수가 있든 없든 기능해. 간수가 보고 있을지도 모른다고 생각하는 것만으로도 죄수들은 행동의 자유를 잃어버리고 말기 때문에 간수가 24시간 감시할 필요가 전혀 없는 거지. 간수의 모습이 죄수로부터 보이지 않으면 간수가 낮잠을 자든 감시탑이 텅 비어 있든 파놉티콘은 기능해.

지금의 주간지 미디어가 '감시탑적'이라고 하면 그것은 '위에서 보고 있는' 것에 의해서라기보다는 오히려 '간수가 없는데도 감시 기능만은 작동하고 있다'는 점일지도 모르겠어.

히라카와: '자주 규제'라든지 '손타쿠忖度'*가 횡행하는 것은 다름 아닌 파놉티콘이 기능하고 있는 증거라고 할 수 있지.

우치다: 역시 푸코의 통찰력은 깊군.

그래서 내가 말하고 싶은 것은 언론의 비평성은 어딘가에서 '유효 기간'이 끝난다는 거야. 비평적인 장치를 창조한 창안자가 그 장치를 사용하고 있을 때는 괜찮았어. 그런데 2대째 3대째로 대가 넘어갈수록 어딘가에서 장치를 처음에 만든 목적과 현실의 기능 사이에 괴리가 생기기 시작해.

지금 언론도 그래. 처음에 신문이라든지 주간지든지 그런 것들이 고유한 문화를 만들어 냈을 때는 저널리스트들은 거기에 자신의 심혈을 기울여서 문체에 생명을 부여했지. 그런데 지금 남아 있는 것은 물기가 빠진 죽은 탬플릿이야. 그것을 실제로 조작해서 문서를 쓰고 있는 사람들이 그 장치에 자신의 피와 땀과 눈물을 쏟아 부어서 생명을 부여하지 않는 한 신문과 주간지의 문체가 정형의 감옥을 부수고 소생하는 일은 없지 않을까 싶어.

---

* 손타쿠는 힘 있는 윗사람의 뜻을 헤아려 아랫사람이 일을 알아서 짐작해 처리하는 것을 부정적 의미로 일컫는 말이다.

___ 고바야시 히데오의 서명성

히라카와: 오해받을 가능성도 있다고 생각하는데 지금 우리가 이야기하고 있는 것은 경험주의와는 다른 이야기야. 우리가 초점을 맞추는 것은 '자신이 어떻게 느꼈는가'가 아니라 자신이 발신한 말에 '자신이 서명했는지 안 했는지' 그 이야기야. 고바야시 히데오小林秀雄가 쓴 글에 힘이 있었던 것은 그 부분이라고 생각해.

우치다: 고바야시 히데오는 그렇지.

히라카와: 타자에 관해서 말할 때도 고바야시 히데오의 서명성은 바뀌지 않았어. 미시마 유키오가 죽었을 때 이런저런 사람들이 다양한 이야기를 했는데 고바야시 히데오는 이런 말을 했지.

'의사pseudo 쿠데타로 자위대에 진입해서 결국 할복자살로 죽었다. 이런저런 이야기를 사람들이 했는데 아무도 미시마 유키오의 정신까지 내려가서 발언하지 않았다.' 그런 취지의 말을 고바야시가 했는데 고바야시 히데오가 뭘 말하려고 했는지는 알 것 같았어.

타자에 관해서 말할 때 자신이 서명한다는 것은 자신도 똑같은 장소까지 가서 거기서 어떤 행동을 했을지를 실감하는 것이라고 생각해. 이러한 태도야말로 '비평성이 있는지 없는지'를 나누는 분기점이라고 생각해.

지금 시대의 문제는 '비평성'이 결여되어 있다는 거야. 비평성이 결여되어 있다 보니까 비평이 만연하고마는 역설 paradox이 벌어지고 있어.

우치다: '1억 총비평가 시대'인가.

히라카와: 그리고 이러한 시대를 만드는 데 인터넷은 힘을 빌려줬지. 인터넷의 익명성이라는 것은 애당초부터 비평의 서명성이라는 것으로부터 도피한 포지션이잖아. '무례한 녀석, 이름을 밝혀'라고 말하고 싶어질 때가 있어.

우치다: 지금만큼이나 비평이 세속화되었다고 해야 할까 공소空疎해진 시대는 과거에 없었던 것 같아. 애당초 '범용凡庸한 비평'이라는 말은 형용 모순이거든. 그렇지만 현재의 비평은 골고루 범용하잖아.

세상에 돌아다니는 비평적인 작문을 읽어 봐도 나는 그것들을 제대로 개체 식별을 할 수가 없어. 쓴 것을 봐도 이름을 감추고 보면 도대체 누가 쓴 것인지 알 수가 없어. 한번 읽고서 '오오 이런 이상한 이야기를 이런 이상한 문체로 쓸 수 있는 것은 그 작자밖에 없지'라고 말할 수 있는 두드러진 개성을 만나는 일은 거의 없어.

히라카와: 요전에 AV 감독인 무라니시 토오루 씨와 이야기를
할 기회가 있었는데 그게 아주 재미있더군. 그에게는 정체
를 알 수 없는 박력이 있어. 그와 같은 특이한 환경에 있다
보면 자신의 의사와 관계없이 자신의 발언에 서명하지 않
고서는 있을 수가 없는 모양이야. 그의 입에서 나오는 말
은 물론 저속한 말뿐이지만. 그런데도 자연스럽게 '이 사
람은 진짜 이야기를 하고 있구나' 하고 느끼게 하는 힘이
있었어.

그 말이 옳은지 옳지 않은지가 아니라(별로 옳다고는 생각
하지 않았지만) 자신의 말에 신체를 걸고 있다는 느낌만큼
은 잘 알 수 있었지. 그 점만 갖고 말하자면 야쿠자와 똑같
아. 본심을 말하기 위해서는 목숨을 걸지 않으면 안 되니
까.

'진짜' 이야기라는 것은 '내가 진실을 말하면 세계가 얼어
붙는다'고 요시모토 다카아키가 말한 의미의 '진실'을 의
미해. 무라니시 씨는 대담에서 여하튼 오자와 이치로 씨,
하토야마 유키오 씨, 강상중 씨에 대해서 격한 말로 비난
을 했어. 왜 무라니시 씨가 그들에 대해서 격하게 비난을
했는가 하면, 간단히 얘기해서, 조악한 거짓말쟁이들이라
는 게 이유였던 것 같아.

그런데 그것은 논리적으로 설명할 수 있는 종류의 비판은 아니지. 자신의 신체가 발신하고 있는 혐오감을 그대로 말로 하는 것일 뿐. 이야기 내용은 상당히 저속한 수준이었어. '여편네가 도망갔다'든가 '부모로부터 돈을 받고 있다'든가. 그런 이야기뿐이었지만 무라니시 씨가 격하게 지적하고 싶었던 것은 '그들이 말하고 있는 것과 그들의 신체성이 괴리되어 있는 것은 아닌가'였다고 생각해.

그리고 그것은 다름 아닌 지금까지 우리가 이야기해 온 '서명성의 결여'의 문제와 다름없다는 생각이 들어. 오해가 없도록 말해 두자면, 그의 비판 대부분에 대해서 나는 동의하지 않아. 그러나 신체성으로부터 괴리된 말에 설득력이 없다는 것만큼은 동의할 수 있었어.

제1장

지식인은 왜
침묵하는가?

'표현의 자유'나 '기본적 인권'은 추상도가 높아서 보편적인 진리라고 간주하지만 현실의 정치적 행위라는 문맥에서 사용될 때는 종종 각자 입맛에 맞게 이용되는 면이 있단 말이야(히라카와)

견문이 좁은 인간은 눈앞에서 펼쳐지는 현실을 보고 곧바로, '이것은 전대미문의 사태'라고 안절부절못하거나 역으로 너무 기뻐서 어찌할 바를 모르게 되는 일도 있지. 그런데 지식인은 역으로 무엇을 봐도 '이것은 어딘가에서 본 적이 있는 게 아닐까' 하는 점부터 음미해(우치다)

역사수정주의, 페이크뉴스, 헤이트 스피치…… 사실에 기반하지 않은 언론이나 인종, 종교 차별의 언어가 범람하고 있다. 이러한 언설을 규제해야 한다는 논의가 높아지고 있는 한편 '표현의 자유'의 관점에서 어떠한 언론도 규제되는 것은 바람직하지 않다는 견해도 쉽사리 바뀌지 않는다.

글로벌한 네크워크를 통해서 전 세계가 연결되어 있는 현대에 우리는 무엇에 의지하여 정보를 발신하고 받아들여야 할까.

___ 모두가 감정적이 되었을 때는
   발언하고 싶지 않다

히라카와: 2015년 1월 7일 프랑스 파리에서 풍자 주간지를 발행하고 있는 샤를리 에브도Charlie Hebdo 사가 복면을 한 무장 집단에 의해 습격을 당한 사건이 있었지. 이 습격 사건으로 풍자 기사의 담당자와 편집장, 경관 등을 포함해서 12명이 살해당했는데 프랑스 전역에서 370만 명이 희생자를 추도하기 위한 행진에 참여해서 '표현의 자유'를 호소하는 집회가 각지에서 열렸어.

나는 이 사건에 관해서는 사건의 개요를 신문에서 읽은 정도의 지식밖에 없어. 단, 그런데도 '이거 정말로 무서운 일이 일어났구나' 하는 느낌이 들었어. 거기에는 일종의 '동조 압력' 같은 것이 작동하고 있어서 '발언해야 할 사람이 발언하지 못하고 있다는 느낌'이 들었기 때문이야. 그래서 프랑스의 지식인인 토마 피케티와 에마뉘엘 토드는 어떤 반응을 보였는지 알고 싶어져서 찾아보니 요미우리신문이 토드와 인터뷰를 한 게 있었어. 거기서 토드는 다음과 같이 이야기를 했더군.

먼저 '지금은 감정에 휩쓸리고 싶지 않다'라고. 그러고 나서 '표현의 자유라는 것은 대전제로서 다루지 않으면 안 되는 것이긴 한데, 이 불신의 시대에 그런 종류의 풍자는 유효하지 않다'라고 말했어. 그리고 또 하나 '지금 만약 프랑스에서 이런 말을 하면 자신은 뭇매를 맞게 될 것이다. 그래서 지금 프랑스에서는 취재를 수락할 수가 없다'고 말하더군.

나는 이 토드의 발언에서 내가 느끼고 있었던 문제의식과 부합하는 점이 있다고 생각했어. 이 건에 관해서는 티브이 뉴스에서도 방송되었는데 '반드시'라고 말해도 좋을 정도로 각국 수뇌가 시위대의 제일 앞에 서서 스크럼을 짜고 있는 모습이 나왔어. 일본에서도 아베 신조 수상이 거기에 합류했어야 한다는 이야기도 나왔지. 그런데 미국의 오바마 대통령은 그 자리에 없었어.

왜 오바마 대통령은 그 자리에 없었던 걸까? 토드의 '지금 프랑스에서는 취재를 수락할 수가 없다'는 발언과 함께 이것은 좀 차분히 생각해야 할 문제라고 생각해.

자네는 이 문제에 관해서 어떤 감상을 갖고 있어?

우치다: 이런 복잡한 문제에 관해서 한마디로 뭔가를 말하려고 하는 것은 좋지 않다고 생각해. 복합적인 요소가 얽혀 있기 때문에 어떤 층에서 잘라보면 '이런 이야기'로 보여도 또 한층 껍질을 벗겨 보면 '다른 이야기'가 나오고, 또 한층 껍질을 벗기면 '처음에 보였던 것과는 정반대 이야기'가 되기도 하지. 표면적으로는 한 가지 문제이지만 그 내실은 몇 개의 층으로 나누어져 있어서 어떤 레벨에서 논하는가에 따라서 사태의 보이는 방식이 전혀 달라지는 거야.

이 샤를리 에브도 사 습격 사건은 다름 아닌 그런 문제라고 생각해. 그래서 나도 일단은 '모두가 감정적이 되었을 때는 발언하고 싶지 않다'는 것이 솔직한 심정이야.

히라카와: 그러고 보면 자네는 이 사건에 관해서는 아직 발언을 안 했지.

우치다: 발언하지 않았어. 내가 발언하면 모두가 화를 낼 테니까. 뭐 원래 나는 '모두가 화를 낼 것 같은' 말밖에 안 하

긴 하지만. 그런데도 지금처럼 세상이 감정적으로 되어 있는 타이밍에 뭔가를 발언하면 감정적으로 시비를 거는 사람이 나오게 마련이거든. 그런 사람을 상대한다는 것은 솔직히 말해서 피곤해. 상대가 선의를 가진 사람일수록 더 그래.

히라카와: 자 그러면 이 이야기가 나왔으니까 자네한테서 그 복잡한 층들을 풀어주는 이야기를 듣고 싶군. 먼저 샤를리 에브도는 발행 부수 3만 부 정도인 주간지라며. 오랫동안 이런저런 문제에 대해서 어떤 의미에서는 '저속한' 풍자를 계속해 왔지.

우치다: 샤를리 에브도는, 악취미적으로, 매우 모멸적인 풍자화를 계속 게재해왔던 매체야. 그래서 발행 부수 3만 부는 내용에 걸맞은 부수라고 생각해. 프랑스 인구가 6000만 명이라는 사실을 생각해 보면 정말로 작은 미디어야. 3만 부 정도의 주간지가 무엇을 게재하든 일반 시민은 그 매체를 접할 기회조차 없는 거지. 2005년에 일어난 덴마크의 무함마드 풍자 사건도 그랬지만 시민들 대부분은 사건이 일어나고서야 비로소 '아 이런 매체가 있었구나' 하고 알게 되지 않았을까.

히라카와: 그런 풍자가 프랑스 문화의 일익을 담당한다고 하는데 실제로는 어때?

우치다: 그것은 자네가 말한 그대로야. 그런 야비한 풍자는 프랑스의 전통 문화니까. 일종의 고전 예능이지.

히라카와: 그런 일종의 '고전 예능'을 한 매체가 테러를 당했다. 게다가 테러범은 알카에다와 같은 테러 조직이 아니라 프랑스인들이었다. 습격범들의 신원에 대해서는 밝혀지지 않은 점이 있는 것 같기는 하고. 그리고 최근에는 풍자라기보다도 모멸에 가까운 수준 낮은 작업을 대대적으로 벌였다는 것도 있지 않아. 우리가 '풍자'라는 말을 들었을 때 상상하는 것과는 달랐다든지.

우치다: 그것은 풍자의 '질'의 문제가 아니라 '정도'의 문제가 아니었을까 하고 생각해. 풍자를 한다고 해도 '단발'에 그쳤다든지 발행 부수가 좀 더 작은 동인지 정도의 마이너 매체였다고 하면 아마도 테러는 일어나지 않았을 거야. 샤를리 에브도의 경우는 이슬람 차별이 인내의 한계를 넘어섰다는 점과 사회적 영향력이 어느 정도는 있는 매체라는 점에서 표적의 대상이 되었던 게 아닐까.

___ '나는 샤를리다'의 의미

히라카와: 모멸적인 표현이라는 것은 받아들이는 측에 따라서 다양한 '수용 방식'이 있기는 하지. 전에 일본에서도 〈주간 아사히〉에서 카투니스트인 야마후지 쇼지山藤章二 씨가 〈싸우는 국민연합·바람風의 회〉를 '이風의 회'라고 써서 우익인 노무라 슈스케가 항의하러 간 일이 있었어. 받아들이는 측의 '받아들이는 방식'에 따라서는 큰일로 발전할 수가 있다는 것은 별도로 논의할 필요가 있다고 생각해.

다만 이번 사건은 쌍방의 커뮤니케이션 문제를 넘어서 '표현의 자유에 대한 침해'라는 또 하나의 다른 국면의 문제로 발전을 했지. 그것이 엄청난 규모의 데모로 발전한 셈인데 거기서 사용된 것이 'Je suis Charlie(나는 샤를리다)'라는 말이었어.

우치다: 그것은 68년 5월 혁명 때의 'Nous sommes tour des juifs allemands(우리는 모두 독일의 유대인이다)'라는 슬로건을 비튼 거야.

히라카와: 아 그랬군. 그 말은 '우리를 공격해 봐, 덤벼 봐'와 같은 의미도 포함된 것일까? '할 수 있으면 한 번 해봐'라

고.

우치다: 그건 아닐 거야. '내가 샤를리다'라는 말에 내포된 것은 '이것은 강 건너 불구경하듯 할 일이 아니다. 나 자신도 언제 테러의 피해자가 될지 모른다. 이번 테러는 남의 일이 아니라 우리 자신과 연결된 문제다'와 같은 의견 표명이라고 생각해. 이슬람을 차별하는 풍자화에는 공감도 동의도 할 수 없지만, 자신들 또한 사소한 일이 계기가 되어서 테러에 말려들 위험을 안고 있다고. 그래서 이 테러는 당사자로서 자신들의 문제로서 생각하자고. 그러한 결의를 말하고 있다고 생각해. '언제든지 승부를 겨뤄 줄 테니까 덤벼'라는 공격적인 의미는 아닐 거야.

히라카와: 나의 경우는, '나는 샤를리다'라는 슬로건은 '데모에 참여하고 있는 우리를 너희들은 적으로 돌렸다'와 같은 메시지를 발신한다고 보았어. 이것은 테러와의 전쟁이라고. 올랑드 대통령도 '테러와의 전쟁'이라고 말했는데 그것은 조지 부시가 9. 11 테러에 대한 보복을 개시할 때에 기자회견에서 말한 '덤벼봐'라는 말과 멘탈리티 면에서 비슷한 게 아닌가 생각했어.

우치다: 그런데 이 '나는 샤를리다'라는 표어는 원래 좌익의

표어였으니까. 유대인이 아닌 프랑스인이 '우리는 모두 독일의 유대인이다'라고 말한 것은 '강제수용소에 끌려가는 인간들과 그것을 잠자코 지켜본 인간은 다른 인간이 아니다. 우리도 독일이 유대인을 죽인 것과 똑같은 시스템에 의해서 죽임을 당할 가능성이 있다. 그래서 독일의 유대인과 연대한다'는 의미 표시야. '자신이 아닌 자'와 연대하는 것을 통해서 자신들을 함께 억지로 없애려고 하는 거대한 시스템에 대해서 저항하는 의지를 표현하고 있는 거지.

히라카와: 그렇군. 연대의 표명이었군. 뭐 그게 보통의 관점이겠지만 말이야.

우치다: 당연히 자네가 말한 것처럼 '덤벼!!!'와 같은 감각으로 참가하는 사람도 그중에는 있었겠지. 그런데 이 강령의 원래의 의미는 '자신에게는 곧바로 누가 끼치지 않은 위험에 관해서도 애써 연대 피해자가 되겠다'는 의사 표시이지. 그래서 그 말은 손에 닿는 감촉이 부드럽고 따뜻한 말이라고 생각해.

히라카와: 아 그렇구나. 그건 내가 오해를 한 거군.

우치다: 아니 충분히 오해의 여지가 있어. 왜 370만 명이나

모였는가 하면 '표현의 자유'를 추구하고 있는 사람들은 두 종류가 있기 때문이지.

___ 양 진영에서 들고 나온 '표현의 자유'

우치다: 하나는 우리처럼 '시민적인 권리로서 표현의 자유를 지키지 않으면 안 된다'고 생각하는 사람들. 그리고 또 하나, 자신들의 주장을 관철하기 위해서는 역사적인 사실도 바꾸는 것을 주저하지 않는 역사수정주의들도 또한 똑같이 표현의 자유를 들고 나오지.

벌써 30년 정도 전의 이야기인데. 프랑스에 로베르 포리송이라는 자칭 역사가가 있었는데 '아우슈비츠에 가스실은 없었다'고 말한 적이 있었어. 강제수용소에서 유대인들이 죽은 것은 병 때문에 그렇게 된 거라고 주장했지.

이런 망언을 하는 사람은 독일에도 프랑스에도 있었어. 1980년대 종반이라는 시기는 전쟁을 현장에서 경험한 사람들이 언론 무대에서 퇴장한 무렵이었는데 일본에서도 프랑스에서도 독일에서도 그 시기에 역사수정주의자들이 등장하기 시작했지.

그들 자신은 물론 전쟁의 현장에 있지 않았어. 그런데 어디서 가져왔는지 모를 수상한 '역사 자료'를 가지고 나와서 지금까지 전쟁 체험자들이 자신들이 실제로 보고 들어왔기 때문에 그야말로 증명이 필요 없는, '당연한 사실'로서 전제로 두었던 역사적 사실을 계속 부정해 나간 거야.

포리송도 그런 흐름에서 나온 사람인데 그의 '아우슈비츠에 가스실은 없었다'는 내용의 책에 놀랍게도 노엄 촘스키가 서문을 기고해서 포리송을 옹호하고 있는 거야. '나는 이 책에 쓰여 있는 내용에 관해서는 전혀 동의하지 않지만 그들이 자신이 의견을 말할 권리를 옹호하고 싶다. 아무리 사람들을 불쾌하게 만드는 내용이라 할지라도 그것을 표현할 자유는 지키지 않으면 안 된다'고.

히라카와: 볼테르적인 말투군.

우치다: 나는 촘스키의 이 발언에 관해서는 아무래도 계속 마음이 걸렸어. 왜냐하면, 아무리 생각해도 이 책은 너무 심하니까. 어디서 찾아왔는지도 모르는 역사 자료 같은 것을 자의적으로 해석해서 나치의 전쟁 범죄를 면책하고 유대인의 홀로코스트는 '없었다'는 결론을 끌어냈으니까 말이야.

히라카와: '반대 의견의 표현의 자유도 인정한다'는 것이 아니라 이것은 말 그대로 선동demagogue이잖아. 반대 의견과 같은 생산적인 것은 어디를 찾아봐도 존재하지 않는

'저주의 말'이지. 혹은 두 가지 다른 의견을 양론 병기하는 전략을 사용함으로써 전혀 차원이 다른, 혼란을 유발하는 데만 혈안이 되어 있는 정치적 선동 같은 건가.

우치다: 맞아. '인간에게는 선동을 할 권리가 있다'는 촘스키의 발언에 나는 화가 난 거야. '촘스키 씨 당신이 주장하고 싶은 말은 논리적으로는 옳을지 모르겠지만 조금 비상식적이오'라고.

'말하는 게 정합성이 있는 것 같기는 한데 비상식적이다'라는 비판은 있을 수 있다고 생각해. 말하는 것은 틀리지 않았어. 그런데 좀 비상식적이다. 그래서 받아들이기 힘들다는 말이라는 게 있잖아. '표현의 자유'는 확실히 중요한 원리이긴 하지만 그렇다고 해서 모든 언명言明이 표현의 자유라는 명분으로 옹호되어야 한다고는 생각하지 않아. 그 경우 판단 기준이 되는 것은 신체 감각밖에 없다고 생각해.

'여기까지는 표현의 자유에 기초해서 옹호할 수 있지만, 여기부터는 피부에 거부 반응이 일어나니까 옹호하기 힘들다'는 선 긋기는 어른이라면 할 수 있다고 생각해. 어디까지나 '원리'의 문제가 아니라 '정도'의 문제로서 말이야. 그런 선 긋기는 법률로 정할 수 있는 것도 아니고 정해야 할 성질의 것도 아니지. 한 명 한 명의 시민이 '이것은 너무나도 비상식적이야. 제대로 된 어른은 이런 글을 쓰지 않고 읽지도 않아'와 같은 판단을 내리고 자신의 주위 사람들에게 '이런 글을 써서는 안 돼. 읽지 마'라고 말하면서 다니는 것만으로 충분해. 그런 일 이상의 것은 가능하지도 않고 해서도 안 돼.

어디까지나 정도의 문제이기 때문에 내 주장은 '발매를 금지하라'라든지 '저자를 입 다물게 만들어라'라든지 '투옥시켜라'와 같은 원리의 문제를 논하는 것이 아니야. 그런 변변치도 않은 책의 사회적 영향력을 최소한으로 억누르는 것은 법률이 아니라 상식과 인지상정이라고 생각해.

히라카와: 품성이 너무 떨어진다든지, 저열한 것에 대해서는 그저 살짝 거리를 두면 좋다는 거군.

우치다: 맞아. 그래서 상식인이라면 그런 책이 나도는 것에 가담하는 일은 결코 하지 않을 거라고 생각해. 그런데도 촘스키는 독일의 전쟁 범죄를 은폐하고 면책하는 책의 유포에 적극적으로 가담했어. 그런 책이 나도는 것이 가져올 해독과 '표현의 자유'라는 원리의 무게를 같은 차원에 놓고 비교해서는 안 되지. 변변치 않은 책은 변변치 않은 책이고 표현의 자유는 표현의 자유인 거야. 이야기의 레벨이 다른 거지. 변변치 않은 책에 관해서는 '나는 그런 책을 출

판하는 인간의 지성과 견식을 의심한다. 그런 인간이 쓰는 것은 읽지 않고 그런 책을 내는 출판사 책도 두 번 다시 읽지 않는다'는 발언은 조금도 표현의 자유를 훼손하는 것이 아니거든.

법적 강제력을 행사하는 것도 아니고 저자에게 테러를 가하는 것도 아니지만 '그런 비상식적인 일은 그만둬!'라는 말만큼은 하지. 변변치 않은 책의 출판과 배포를 정당화하려고 호들갑스럽게 표현의 자유 같은 말을 들고 나오지 말라는 거야.

히라카와: '표현의 자유'나 '기본적 인권'은 추상도가 높아서 보편적인 진리라고 간주하지만 현실의 정치적 행위라는 문맥에서 사용될 때는 종종 각자 입맛에 맞게 이용되는 면이 있단 말이야. 만약 표현의 자유라는 정치적 올바름에만 매달리면 비상식적인 선동도 인정하지 않을 수 없게 되어버려. 이른바 보편주의의 딜레마지. 선동은 그 틈을 뚫고 들어오지. 비상식 이전에 비겁한 방식이야.

우치다: 데모에 참여한 370만 명 중에는 '표현의 자유를 지켜야 한다'고 생각하고 있는 상식적인 사람들도 있었다고 생각하는데, 한편으로는 '자신들은 무엇이든지 말하고 싶은 것을 말할 권리가 있다. 그것이 타인의 존엄을 얼마만

큼 손상하든 다른 문화권에 사는 시민들이 소중하게 생각하고 있는 것을 손상하든 그렇게 할 권리가 자신들에게는 있다'고 주장하는 '표현의 자유원리주의자'도 상당수 섞여 있었다고 생각해. 나는 이런 원리주의자가 싫어.

일본에서도 그렇잖아. '조선인을 죽이자'와 같은 인종 차별 발언을 하는 사람들은 표현의 자유라는 원리를 들고 나와. 표현의 자유는 시민 사회의 기간基幹이 되는 원리이기 때문에 이것을 거기에 대항하는 원리로 부정할 수는 없어. 우리가 할 수 있는 것은 '이런 상황에서 그런 것을 들고 나오지 마. 그것은 원리의 문제가 아니라 정도의 문제이니까'라고 말하는 것까지라고 생각해. '어이 잠깐, 아무리 그렇다고 해도 그것은 좀 심하잖아. 좀 절제해'라는 말이 현실적으로 억제력을 가질 수 있다고 하면 표현의 자유 같은 큰 도구를 굳이 들고 나올 필요 따위는 없으니까 말이야.

___ 프랑스 국민에게 쌓인 불만

히라카와: 아무리 그렇다고 해도 370만 명이나 되는 사람들이 길거리에 나와서 구호를 외친 것은 자못 심상치 않은 상황이야. 거기에는 역시 감정적인 것이 있어. 실제로 지독한 무차별 테러 같은 것에 의해 친구, 지인, 동포가 살해당했다고 하면 누구든지 감정적이 되겠지. 하지만 이럴 때

지식인의 역할이라는 것도 있는 거 아니겠어. 감정으로부터 분리된 곳에서 사태를 넓은 시야, 역사적인 시야로 냉정하게 분석하는 자세 말이야. 그런데 그런 냉정함은 끓어오르는 감정 앞에서는 오히려 불에 기름을 붓게 되는 일도 있어. '너는 어느 편이냐?' 하고 공격의 대상이 되기도 하니까.

싸움을 중재하려고 한 중재인이 양쪽 모두로부터 적으로 인식되어서 뭇매를 맞는 경우도 드물지 않거든. 그래서 그들의 감정을 부추길 수는 없는 노릇이니 침묵하고 말지. 봐도 못 본 척하는 거야. 이것은 정상에서 상당히 벗어난 사태라고 생각해. 370만이라는 것은 그저 숫자에 불과하지만, 누구도 그것을 방해할 수 없게 될 정도의 열광에는 우려가 되는 면도 있어. 이렇게 되면 절대 누구도 멈출 수가 없게 되어버려. 그 주장이 옳은지 아니면 옳지 않은지 하는 것은 다른 차원의 문제라고 해도, 이 감정의 비등이라는 것이 정상에서 벗어난 거야.

우치다: 이상異常하지. 테러범 중에 무슬림이 관여하지 않은 테러 사건이었다고 하면 이 정도의 규모는 되지 않았을 거라고 생각해. 상대가 이슬람이기 때문에 이런 사태가 되었을 거야.

히라카와: 그렇겠지. 그런데 물론 '상대가 이슬람이니까'도 이유일 수 있는데 이건 조금 신중하게 구분을 하고 싶어. 나는 말이지, 최근의 프랑스 국내에는 불만이라고 해야 하나 불안이라고 해야 하나 뭔가 명확하지 않은 것이 아주 많이 쌓여 있는 것처럼 보여. 그 이유 중에는 경제적인 면에서 독일에 추월을 당한 것도 있다고 생각해. 그런데 그것뿐만이 아니야. 글로벌 시대가 되어서 이민자들이 많이 유입되었고 그것을 받아들인 것은 프랑스 혁명에서 유래한 자유, 평등, 우애와 같은 정치 원리가 있었기 때문인데 그것이 너무 진행되어서 자신들의 아이덴티티가 흔들리고 말았어.

내셔널리즘이 발흥하는 정형적인 방법으로서, 외부에서 적을 찾아냄으로써 불만을 해소하는데 프랑스의 경우에는 국내에서 적을 찾은 것이 아닌가 싶어. 혹은 개인적인 부조不調와 불만을 이번 계기에 떨쳐버리려고 하는 마음도 작동했을지 몰라.

파시즘은 언제나 그러한 개인에게 쌓여 있는 불만을 이용하는 형태로 등장하는 것 같아. 프랑스라는 나라는 그런 일이 가장 일어나기 힘든 나라일 거라고 나는 생각하고 있었어. 프랑스라는 나라는 한 명 한 명이 각각 다른 가치관으로 움직이고 있어서 '심통 사나운 사람'이 많이 있는 나라의 이미지가 있잖아.

우치다: 별로 알려지지 않은 사실인데 프랑스는 파시즘과 근대 반유대주의 발상지야. 전통적으로 프랑스에는 두 가지 흐름이 있어. 하나는 시민혁명을 일으키거나 세계 최첨단의 학술적 창조를 담당하거나 전위적인 예술 운동을 이끄는 '이성적이고 밝은 프랑스'. 또 하나는 농경農耕적이고 왕당파적이고 중세적인 '깊은 프랑스La France profonde'라 불리는 프랑스의 심층의식.

히라카와: 프랑수아 케네 같은 중농주의자에게도 그런 면이 있었을까. 혹은 아시아적 사상이라고 볼 수 있는 일본의 농본주의 같은 것일까.

우치다: 역사는 좀 더 길지 않을까. 파시즘적인 것이 프랑스의 토착 문화 속에 깊게 뿌리를 내리고 있었거든. 모리스 블랑쇼는 전후에는 지속적으로 좌익적인 발언을 했기 때문에 그런 쪽에 서 있는 사람이라고 생각했는데, 1차, 2차 대전 사이의 기간에는 '과격왕당파'의 최선봉에 서 있었으니까 말이지. 동세대에서 타의 추종을 불허하는 으뜸가는 지식인으로, 에마뉘엘 레비나스로부터 '프랑스 문화의 최고의 것을 계승했던 지성'이라고 절찬을 받았던 청년의 정치적 신조가 '왕당파'였어. '부패한 민주제를 무너뜨리기 위해서는 테러밖에 없다'는 정치 전단을 갈겨썼던 사람이

지. 그런 일이 있을 수 있는 나라가 프랑스야.

모레스Morès 후작이 이끈 세계 최초의 파시스트 운동이 프랑스에서 등장한 것은 19세기 말이었는데 이 운동에는 모레스 후작과 같은 귀족과 대부르주아뿐만 아니라 파리 코뮌에서 살아남은 전설적인 아나키스트인 루이즈 미셸Louise Michel과 루이 오귀스트 블랑키Louis Auguste Blanqui와 불랑지스트Boulangist*와 체제에 불만을 가진 모든 사회적 계층이 공감을 보여줬어.

'파시즘'의 어원은 faisceau, 이것은 '다발'이라는 의미야. 귀족도 프롤레타리아도 왕당파도 사회주의자도 '사소한 차이는 있어도 큰 줄기에서 일치하면 서로 협력한다'는 마인드를 갖고 모두가 '한 다발'이 되어서 부패한 부르주아 민주제를 무너뜨린다는 아이디어가 그 시점에서는 아주 신선했던 거지.

히라카와: 그러고 보니 프랑스 사상사는 자네 연구 분야였지.

---

* 불랑지스트는 프랑스의 군인, 조르주 불랑제Georges Boulanger (1837~1891)를 추대해서 정권 탈취 쿠테타를 일으키려 한 제3공화정 치하의 정치 세력을 가리킨다. 극우, 군국주의, 반유대주의, 반사회주의적 경향이 강했고 이 쿠테타가 실패한 후에도 세계 대전 기간까지 프랑스 우익의 큰 세력이었다.

우치다: 대학원생 때와 조교 시절에는 근현대의 프랑스 극우 사상을 연구했으니까. 내가 쭉 연구했던 것은 이 '심층 프랑스'의 사상과 감성이었지. 프랑스 혁명 이후 이 '심층 프랑스'는 오랫동안 억압되어 있어서 정치적인 무대 전면에는 좀처럼 나올 수가 없었는데, 뭔 일이 생겨서 통치 기구에 대한 신뢰가 흔들리면 순식간에 그것이 분출하지. 예지적이고 진보주의적인 프랑스와 정서적이고 회고주의적인 프랑스라는 두 가지 흐름이 공수攻守를 바꾸면서 계속해서 길항拮抗함으로써 이른바 프랑스 사회는 유동성을 높이고 활기를 유지해 왔어.

19세기 말의 반유대주의 발흥勃興기는 '심층 프랑스'가 소생하고, 드레퓌스 사건으로 이성적인 프랑스가 '심층 프랑스'를 제압하고, 비시 정권 때에는 다시 '심층 프랑스'가 소생했지. 비시 정권은 '자유, 평등, 우애'라는 프랑스 혁명의 슬로건을 폐지하고 '노동, 가족, 조국'이라는 파시즘적인 슬로건으로 바꾸었는데 이 두 가지 이데올로기는 서로의 숨통에 들러붙어서 프랑스 정치 문화를 형성해왔어.

히라카와: 그렇군. 어떤 계기로 이성적인 것에 갇혀 있던 심층의 토착적인 것이 분출하는 거로군. 양방이 대치해서 지양止揚하는 상태를 유지할 수 있으면 괜찮은데, 일단 토착적인 것이 분출하면 적 아니면 우군과 같은 이항대립이 현

재화顯在化해서 섬멸전 같은 것이 되고 말지. 그런 형태로 역사의 과정에서 한쪽이 소멸해 버리는 것은 좋은 일이 아닐지도 몰라.

우치다: 양방이 적당히 힘을 갖고 길항하고 있을 때 프랑스 문화는 생산적으로 되는데, 그게 아니라 한쪽이 다른 한쪽을 압도하면 문화적인 생산력이 떨어져. 그런 관계라고 생각해. 갈등 속에서 문화가 깊이를 더해 가는 것은 세계 어디를 가도 똑같아. 프랑스의 경우는 19세기 말부터 1960년대까지 100년 가까이 두 개의 이데올로기가 격렬한 긴장 관계 속에 있었어. 그래서 문화적 생산력이 전 세계에서 압도적으로 높았지. 그런데 국내의 대립이 '예지'와 '정념', 지성주의와 반지성주의라는 축에서 다른 대립축으로 이동하고 말았어.

___ 구조화된 계층

우치다: 프랑스에서 '대립'이라고 하면 지금까지는 쭉 프랑스 국민 내부에서 일어나는 이야기를 가리키고 있었어. 지역적으로 말하자면 파리 분지 주변이 '리버럴'이고 남프랑스가 '우파'. 그런 지역 분포 안에서의 대립이었어. 그리고 유대인 문제가 얽히면서 '리버럴'과 '배외주의(제노포비

아)'의 대립이라는 틀이 자리 잡은 것은 19세기 말경부터 야. 그런데 1950년대가 되어서 알제리와 튀니지로부터 아랍계 이민들을 대량으로 받아들여서 국내에 거대한 무슬림 집단이 형성되었지. 이 정도로 많은 외국인과 공생한 경험이 프랑스에는 그동안 없었어. 그 결과 프랑스 혁명 이래의 '우파와 좌파'의 고전적인 대립의 도식이 무효가 되고 말았어.

히라카와: 프랑스는 알제리로부터의 이민은 받아들였는지 모르겠지만 동화 정책은 제대로 되었다고는 할 수 없지 않을까. 그런데 이것은 프랑스만 그런 것이 아니라. 영국은 파키스탄인 이민 문제를 해소하지 못했고 독일은 터키로부터의 이민과 게르만계 사람들이 뿌리 깊게 대립한 채로 거주지조차도 따로따로이지. 미국과 같은 이민 국가도 히스패닉의 거주 지역과 백인의 거주 지역은 거의 완전히 분단되어 있다는 것에 놀란 적이 있어.

사용하는 언어는 똑같을지 모르겠지만 경제적으로는 확연히 격차가 존재하고 있어. 미국의 서해안에서 맥도날드라든지 스타벅스에 가보면 계산대에 있는 것은 흑인과 히스패닉, 손님은 백인으로 나뉘어 있어서 외부인으로서는 복잡한 기분이 들었어. 그리고 당연한 말이지만 게르만계와 백인 내에서도 빈부 격차가 벌어져서, 그 원인으로서 찾기 쉬운 것이 이민자의 임금을 낮추고 있다는 것. 이건 정말로 복잡하고 다루기 힘든 문제로 글로벌리즘의 부정적인 측면이 여실히 드러났다고 생각해. 국민국가라는, 국민을 국가의 구성원으로서 동등하게 맞이해서 보호하는 국민국가적인 안전망safetynet이 작동하지 않게 되어 버렸어.

이민족이 국민으로서 피가 섞이는 것이 이상적인데 실제로는 한 나라 안에서 분단되고 말았지. 이 사실을 기뻐하는 것은 대기업뿐으로, 대기업은 국민국가의 틀을 가뿐히 밟고 넘어서서 거대 복합 기업conglomerate이 되어 가고 있지.

우치다: 혼혈이 진행되면 사회적 차별이 사라질 것이라고 말할 정도로 간단한 이야기는 아닐 것 같아. 미국을 보면 이미 순수 혈통의 아프리카계는 거의 없잖아. 백인과 아시아인과 네이티브와의 혼혈이 진행되었고 그러다 보니 '흑인'이라고 말은 해도 대부분 혼혈이야. 영화를 봐도 우리가 50년대 무렵 영화에서 본 흑인과는 얼굴도 피부색도 달라.

히라카와: 확실히 코 모양도 바뀌었어. 큰 차이가 없어지면 다음에는 작은 차이를 찾으려고 움직이지.

우치다: 250년 전부터 백인 농장주는 흑인 여성 노예에게 아

이를 낳게 했으니까. 그런데 혼혈이 진행되었다고 해서 사회적인 차별이 사라지는 것은 아니거든. 백인들은 흑인의 피가 섞인 사람들을 '컬러드Coloured'라고 차별하고 흑인끼리는 서로 형제brother라고 부르면서 동일성을 확인하고 있지. 프랑스의 경우도 아마 똑같은 일이 일어나고 있는 듯해. 파리 교외의 이른바 13구역banlieue은 1960년대에 만들어진 저소득자를 위한 거대 단지인데 이곳은 이민들을 가두어 두고 있는 게토지.

히라카와: 거기는 마그레브Maghreb*로부터의 이민자가 중심이 되어서 만들어진 건가?

우치다: 마그레브뿐만이 아니라 아시아계 이민들도 있는 것 같아. 13구역의 거대 단지를 무대로 한 영화는 여러 종류가 있는데 인종 집단마다 갱단을 만들어서 대립 항쟁하는 구조는 대체로 같으니까 실제로 그런 게 아닌가 싶어.

히라카와: 그런 사람들에 대해서 노골적인 차별이 벌어지는 건가? 예전에 〈초대받지 않은 손님Guess who's coming to

---

* 튀니지·알제리·모로코 등 아프리카 북서부 지역의 총칭.

dinner〉이라는 미국 영화가 있었는데 그 영화에서 공민권 운동을 지지하고 있는 가정의 딸이 흑인 남자 친구를 집에 데려오자 '초대받지 않은 손님' 취급을 받는 그런 이야기지. 그 딸의 아버지는 대학교수로 대학에서는 '차별은 해서는 안 된다'라고 가르치고 있었지만 막상 자신의 딸이 결혼 상대로서 흑인을 데리고 오자 곤혹스러움을 느끼는 거야.

이런 멘털리티는 일본의 지식인층에도 자주 보이는 이야기로 보편적인 정의는 자신을 제외한 장면에서는 말할 수 있지만, 막상 자신도 넣지 않으면 안 되는 장면이 되면 정의와는 별도의 인습적인 것으로부터 자유로워질 수 없지. 하지만 그렇다고 해서 자신을 계산에 넣지 않는 정의는 '거짓말'이라는 단순한 이야기도 아닌 거야. 관념으로서 자신이 획득해 온 정의와 신체에 달라붙어 있는 토착적인 가치관 사이에서 갈등하는 것이 매우 중요하다고 생각해. 그 갈등을 이 영화는 잘 그려냈어.

우치다: '총론에는 찬성 각론에는 반대' 같은 게 아닐까. 그 점에서는 세계 어디에도 지식인의 스탠스는 미국과 똑같다고 생각해. 단 말이지, 일본에 살고 있으면 유럽의 영국과 프랑스 같은 계층 사회의 구조는 좀처럼 이해하기가 어려워. 유럽의 계층 사회는 특정 계급에서 태어난 사람은

거기서부터 나올 수 없도록 구조화되어 있어. 자신이 소속하고 있는 계층에 강한 귀속의식을 안고 살아갈 수밖에 없으므로 거기서부터 이탈해서 사회적으로 상승하려고 하는 지향 그 자체가 억압되어 있지.

피에르 부르디외가 쓴 『구별짓기』라는 프랑스 계층사회의 역학을 분석한 연구가 있잖아. 부르디외는 문화자본의 많고 적음으로 사람들은 계층화된다는 가설을 검증했지. 태어난 곳은 중산계급인데 상승 지향이 강해서 후천적인 학습 노력에 의해서 문화자본을 익히려고 하는 사람이 있잖아. 그런데 그런 후발주자형의 '상층계급다움'은 금방 들통이 나버리지.

후천적으로 발돋움을 해서 그럴듯하게 행동하는 인간의 '꾸며낸 티가 나는' 것과 태어날 때부터 상류계급으로 문화자본이 깊게 신체화되어 있어서 전혀 학습할 필요가 없는 인간의 '무심한 듯한 행동' 사이에 계층 격차는 결정적인 방식으로 가시화된다는 것이 부르디외의 주장인데, 그렇다면 그의 이야기는 구원 같은 건 없다는 암울한 이야기잖아. 계층 상승을 함으로써 격차를 해소하려고 하는 '과잉의 몸짓' 그 자체가 그 사람을 출신 계층에 못 박아 버리는 것이니까.

마티외 카소비츠는 〈증오〉라든지 〈암살자들〉과 같은 다큐멘터리적인 영화를 찍었는데 이 감독은 '제13구역'에 사는 이민자 아이들의 구원 없는 생활을 그리고 있어. 예전에 〈증오〉의 촬영 현장이었던 중학교에 근무한 여성과 이야기할 기회가 있어서 그때 '13구역은 정말로 그 영화 같은 느낌입니까?'라고 물어보니 그렇다고 말하더군. '눈에 보이는 벽은 없지만, 눈에 보이지 않는 벽은 있다'고.

'13구역'의 거대 단지 안에는 여하튼 문화적인 것은 아무것도 없다고 해. 서점도 없고 도서관도 없고 미술관도 없고 콘서트홀도 없고. 아이들은 거기서 태어나면 문화적인 것을 접할 기회 그 자체를 박탈당하는 거지.

물론 거주하는 건물은 있어. 전기도 수도도 가스도 들어오고. 수세식 화장실도 있어. 공립학교도 있어. 그런데 거기까지인 거야. 프랑스는 일본처럼 동아리 활동 같은 것이 없어서 수업이 끝나면 학교 건물은 다 문을 닫아서 아이들은 학교로부터 내쫓기게 되어 있어. 그래서 길거리를 배회할 수밖에 없는 거지.

동아리 활동이 없다는 것은 교과 이외의 영역에서 자신에게 어떤 재능이 있는지 발견할 기회가 없다는 의미야. 설령 음악에 재능이 있어도, 미술에 재능이 있어도, 스포츠에 재능이 있어도 '자신에게 재능이 있다'는 사실 그 자체를 본인이 자각할 수가 없어. 겨우 해봤자 거리 음악이라든지 벽에 낙서하거나 광장에서 축구를 하는 정도밖에 '재능을 발견할' 기회가 없어. 클래식 음악의 재능과 발레의 재능과 문학의 재능이 있어도 자신이 그런 재능을 갖고 있다는 사실 그 자체를 알 수가 없지.

___ 프랑스 사회의 '보이지 않는' 계급

히라카와: 시민들의 계급을 고정화하는 어떤 '제도'와 같은 것이 확실히 보이는 형태로 있는 건 아니다, 하지만 '당신은 쭉 이 계급 상태로 있어야 해서 거기서부터 벗어날 수 없다'는 관념이 한 명 한 명의 인간 내부에 신체화되어 있는 것일까.

그것이 자네가 말하는 '구조화'라는 것이라고 생각하는데 이것은 좀처럼 일본인으로서는 이해할 수 없는 부분이겠지.

우치다: 맞아. 만약 13구역 출신의 아이들이라도 '주류 사회'에서 진짜로 출세하려고 하면 에콜 노르말école normale* 이나 ENA 같은 그랑제콜Grandes Écoles**에 진학할 수밖에

---

* 프랑스의 사범학교. 특히 엘리트를 육성하는 국립고등사범학교.

** 엄격한 선발을 통해 우수한 인재를 양성하는 프랑스의 고등교육 기관. '대학 위의 대학'으로 불림.최고의 인재들만 입학할 수 있는 기관으로 프랑스의 엘리트의 다수가 이곳 출신이다.

없어. 그런데 그런 곳에 가기 위해서는 프랑스 엘리트들의 에토스와 매너를 신체화해서 '다른 사람'이 되는 수밖에 없어. 복장부터 행동거지, 말투까지 전부 바꾸지 않으면 계급 상승이 안 돼. '13구역'의 말투와 매너를 그대로 유지한 채 엘리트가 될 수는 없는 노릇이니까.

그런데 그것은 자신의 출신 계급을 '배반하는' 거야. 가족과 과거의 놀이 친구와 절연하지 않고서는 사회적 상승을 이룰 수가 없어. '계급 간의 유동성이 없다'는 것은 실은 그런 거야. 물론 '출세'로 연결되는 파이프가 전혀 없는 것은 아니야. 그런데 꽤 예외적인 경력 쌓기를 거치지 않으면 안 되지.

엘리트 교육을 받아서 관료와 정치가가 되든지 비즈니스 세계에서 억척스러운 글로벌리스트가 되든지 그것 이외에는 출세길이 없어. 자신의 '모국어'로 말하려 하거나 자신이 자란 집단의 '삶의 방식'을 지키고 살려고 하면 거의 사회적 상승의 기회가 없어. 그리고 부르디외가 말한 대로 그런 노력을 아무리 해봐도 결국 '노력해서 경력을 쌓았다'는 사실 그 자체가 자신의 '출신의 비천함'을 드러내고 마는 거지.

알베르 카뮈가 파리의 엘리트 지식인들 사이에서 그렇게 고립되었던 것은 그가 주위의 부르주아 도련님과 아가씨들로부터 '알제리에서 온 불량배'로 취급을 받았고 카뮈 자신도 알제리 빈민가 사내의 에토스를 포기하지 않았기 때문이야.

지금 일본도 점점 프랑스와 같은 계층사회가 되어 가고 있다고 나는 생각하는데 그럼에도 일본은 아직 사회적 유동성은 높아. 화법 하나, 식사 예절 하나, 미술 작품과 음악에 대한 감상 태도 하나로 '아 이 작자는 계층이 다르다'고 알 수 있을 정도로 두드러진 계층 격차는 일본에서는 볼 수 없지.

히라카와: 일본에도 '출신이 다르다'라든지 '내력이 드러난다'라든지 그런 말은 있고 좀처럼 표면에는 나타나지 않는 계급 차이 같은 것은 있다고 생각하는데 프랑스의 경우는 국가적 규모에서 엄밀하게 구조화되어 있다는 거군.

우치다: '구별짓기'라는 것은 한마디로 '격차'라는 의미이니까. 프랑스 사회에서는 문학과 음악과 미술에 대한 조예의 깊이라든지 와인의 선택과 패션을 보는 안목이라든지 화법이라든지 어느 레스토랑에서 무엇을 주문하면 좋은지 알고 있다든지 그런 자질구레한 생활지生活知의 방대한 축적에 의해서 칼로 자른 듯 분명한 계층 차이가 형성되어 있어.

계층 간의 벽이 너무 높아서 그 벽을 넘어서서 '저쪽'에 가도 전혀 편하지 않고 불편한 마음이 들지. 그래서 계층마다 가는 레스토랑도 숙박하는 호텔도 휴가를 보내는 리조트도 달라. 자칫 자신이 가야 할 곳을 잘못 찾은 사람이 들어오면 심한 적대시의 대상이 되지.

히라카와: 그것은 외국인에게도 적용되는 걸까. 물론 국내적인 문제이겠지만 그 차별의 구조만큼은 프랑스인에게 깊게 내면화되어 있을 테니 말이야. 내가 말하고 싶은 것은 차별의 내실이 아니라 차별이라는 것에 대한 틀 같은 거야.

내가 서른 무렵에 프랑스의 가이드북을 쓸 일이 있어서 현지 취재를 한 적이 있었는데, 나와 같은 전형적인 일본인 체형으로 몸매도 별로 좋지 않은 사람이 파리의 별 세 개짜리 레스토랑을 취재하다가 확실한 차별대우를 받았어.

예를 들면 아무리 자리가 비어 있어도 나와 나의 동행인은 당연한 것처럼 화장실 옆 좌석으로 안내를 하더군. 동행인은 파리에 뼈를 묻을 생각으로 현지에 살고 있었던 사람이어서 웨이터에게 불만을 제기했는데. 뭔가 그때, 아 이것이 차별인가 하는 느낌이 들었어.

나는 그때까지 나 자신이 차별받는 실감을 가진 적이 없었기 때문에 그 경험이 신선했지(웃음). 아, 차별이라는 것은 프랑스와 같은 자유로운 국가에서도 깊게 내면화되어 있는 거구나 하고. 프랑스인 같으면 훨씬 더 그 차별을 실감하고 있을 테지.

우치다: 계층은 넘어서기가 불가능해. 프롤레타리아 상태를 유지하면서 부르주아가 될 수 없는 것처럼 부르주아가 되고 싶으면 부르주아처럼 사고하고 부르주아처럼 느끼고 부르주아처럼 이야기 하는 수밖에 없어. 그런데 그것은 계급을 재생산하고 계급을 강화하는 것일 뿐이고 조금도 계급을 해소한 것이 되지 않지.

에르메스라든지 루이뷔통 같은 것은 그것을 몸에 지님으로써 자신들의 소속 계층을 드러내는 기호지 그저 '고급품'이 아닌 거야. 그것은 '중상층upper middle'에의 귀속을 나타내는 기호야. 그래서 대부르주아는 그러한 것들을 몸에 지니지 않고 하층 중산계급low middle 이하도 몸에 지니지 않아.

양쪽 모두 그것을 몸에 지니면 계층 사칭이 되지. 그런데 일본인이라면 대학생이 아르바이트를 해 모은 돈을 갖고 에르메스 핸드백을 구입해. 그런데 그런 일은 프랑스 사람은 하지 않아. 아니 해서는 안 되는 거야.

히라카와: 아 그런 거였군. 차별이 내면화되어 있으니까 상품에도 차별의 심벌이라는 태그가 붙어버리는 거군.

그 당시 프랑스를 취재할 때 나는 샤넬 본점에도 갔었는데 그때 직원이 노골적으로, 여기는 당신 같은 사람이 올 데가 아니거든 하는 표정을 했던 게 떠올라. 상품을 만지지 마, 라는 느낌으로 갑자기 흰 장갑을 건네는 거야. 모든 손님에게 흰 장갑을 건넨 거는 아니었던 것 같아.

그런데 일본 여성들은 고급 브랜드 상품을 대량으로 사는 행위로 그 계층을 가볍게 뛰어넘고 있는 거지(웃음).

우치다: 맞아. 그런데 시급 750엔의 아르바이트를 해서 모은 돈으로 루이뷔통을 사는 것은 프랑스에서는 허용되지 않는, 일종의 규칙 위반이지. 그것이 일본에서는 허용된다는 것은 나는 단적으로 좋은 일이라고 생각해. 몸에 지니는 것이 전부 기호적으로 해석되어서 계층적으로 등급 매기기가 이루어진다는 건 답답하지 않아?

히라카와: 응, 그 말은 잘 이해가 가. 프랑스를 취재할 때 이런저런 장소에서 프랑스 계층사회의 냄새는 확실히 느꼈어. '너 같은 작자가 취재하러 오는 것 자체가 잘못이야!'와 같은 느낌을 받았던 장소와, 반대로 몹시 환영하면서, '일본에서 왔는가, 가라데를 할 수 있는가, 우리 집에서 묵고 가지 않겠는가'와 같은 느낌으로 받아들여 주는 장소도 있었어.

개선문이 있는 오랑주라든지 칼로 유명한 티에르라든지 남프랑스의 마을에서는 환대받았다는 느낌이 들었어. 그런데 파리에서는 전체적으로 벼락부자가 된 촌놈 취급을 받았던 것 같아. 샤넬, 루이뷔통 매장 같은 데서는 특히 그런 느낌을 강하게 받았어.

우치다: 그런 느낌은 있을 것 같아. 그런 브랜드는 특정 계급에 포커스를 맞춘 '특정 계급 전용' 가게이니까. 외국인이라고는 하지만 다른 계층 사람이 오면 '당신 번지수를 잘못 찾은 것 같은데'와 같은 대응을 하는 게 아닐까 싶어. '아니 루이뷔통 백을 왕창 구입할 테니까요'라고 말해도 접객 태도가 바뀌는 일은 없을 거라고 생각해.

___ '아무 말도 해서는 안 되는' 분위기

히라카와: 단 그런 계층이라는 관점에 기초해서 이번에 370만 명이 참가한 데모에 관해서 말해보자면 참가한 사람들은 여러 계층이 섞여 있는 것처럼 보이는데.

우치다: 그것은 조금 전에도 말한 것처럼 이번 데모에는 몇 가지 층layer이 있어서 참가한 사람들은 각자 동기가 달랐기 때문이었던 것 같아. 리버럴부터 극우까지 참가했으니

까 말이야. 그들의 동기에는 꽤 차이가 있었던 게 아닐까 싶어.

히라카와: 예를 들면 에마뉘엘 토드 같은 지식인은 이번 데모에 대해서도 '이런 움직임은 곤란하다'고 경종을 울렸지. 그런데 한편으로는 이런 그의 발언은 거의 외부에는 드러나지 않았던 것 같아. 이것은 역시 '아무것도 말할 수 없다' '아무 말도 해서는 안 돼'라는 분위기가 형성되어 있어서 그런 것이 아닐까.

우치다: 그렇다고 생각해.

히라카와: 뭐라고 해야 할까, 이런 상황은 상당히 곤란하지 않을까. 데모를 하고, 표면적으로는 감정을 폭발시키고 있는 것처럼 보여도 실은 그 무대 뒤에서는 울적한 감정이 아주 충만해지고 있기 때문이지. 곧바로 연상되는 것은 전쟁으로 향할 때의 대중적 열광이라는 게 다름 아닌 이런 것이 아닐까. 무솔리니가 등장했을 때의 다큐멘터리 영상을 본 적이 있는데 굉장하더군. 무기를 만드는 금속이 부족해지자 부인들이 앞을 다투어 반지와 목걸이를 내놓았고 러브레터까지 썼지. 히틀러가 정권을 잡았을 때도 마찬가지였다고 생각하는데 무솔리니의 경우는 단숨에 폭발했

다는 느낌이었어. 무솔리니는 섹슈얼한 매력도 있어서 그것을 이용하고 있었으니까. 그런데 그 똑같은 이탈리아인들이 밀라노 광장에 거꾸로 매달려 있던 무솔리니의 시체에 돌을 던졌다는 거야. 물론 그 당시의 파시즘과 이번의 데모가 결코 똑같은 것은 아니지만 아무래도 동질적인 면은 있는 것 같아.

우치다: 9. 11 후의 미국의 분위기와 약간 비슷하네.

히라카와: 100명 정도가 참가하고 있는 내가 주최하는 공부 모임이 있는데 거기서 9. 11 후에 '지금은 말하고 싶은 것을 말할 수 없는 상황이 되었다'고 내가 말한 적이 있어. 그러자 현지에 있던 비즈니스맨들이 불같이 화를 냈어. '내 지인이 몇 사람이나 거기서 죽었는데 너희들은 무슨 말을 하고 있는 거야!?' 하고 말이야. 그 분노에 나도 모르게 멈칫한 경험이 있어. 이번에도 그와 비슷한 일이 일어나고 있는 것 같아.

하지만, 자신의 지인이 살해당한 것과 이번 소동에는 역시 조금 거리가 있지 않을까. 이번 소동의 발단은 대부분의 사람들이 아는 사람은 아니야. 발행 부수 3만 정도의 잡지를 발행하고 있는 작은 출판사잖아. 그 사건에 이만큼이나 되는 사람들이 연대한 거지. 거기에는 역시 특별한 뭔가가 느껴져.

___ 지식인들의 고독

히라카와: 데모 자체의 특징을 보면 그다지 폭력적이지는 않았던 것 같아. 데모는 본질적으로는 시위 행동이기 때문에 메시지를 전할 상대방이 있고 그 상대방에게 전하고 싶은 것이 전해지면 무리해서 폭력적으로 될 필요도 없긴 하지만.

우치다: 이번 데모는 중국과 구소련에서 있었던 '관제 데모'와 어느 정도 통하는 구석이 있다고 느껴져. 토드는 거기에서 공포를 느꼈던 게 아닐까. 그런데 말이지 어떤 사태가 일어났을 때 잠자코 있는 것은 프랑스 지식인의 하나의 전통이라고도 할 수 있어. 68년 5월의 혁명이 있었을 때 레몽 아롱은 '시위대가 거리를 행진할 때 거리의 열기로부터 떨어진 베란다로부터 잠자코 내려다보는 사람이 있지 않으면 안 된다'고 말했는데, 나는 이 '좀 떨어져서 바라보는detachment' 자세도 지식인의 중요한 일 중 하나라고 생각해.

시위대에 참가하지도 않고 시위대에 덤벼들지도 않고 단지 냉정한 눈으로 베란다로부터 밑을 다니는 대중을 응시하고 '지금 여기서 일어나고 있는 것'을 기술하고 분석해서 그 역사적 의미를 해명하는 것, 보수계의 지식인에게는 그것이 중요한 사명이라고 아롱은 말하고 있는데 나는 그의 편을 들고 싶어.

레비나스도 그랬거든. 68년 5월 혁명 때 레비나스는 파리대학에서 철학을 가르치고 있었는데 학생들은 레비나스의 철학 수업 같은 것에 아무런 현실적 유효성도 인정하지 않은 거지. 레비나스는 온화한 사람인데도 학생들이 교실의 커튼에 불을 붙였을 때는 꽤 분노했어. 유럽의 유대인에게는 대학에서 배우는 것은 엄청난 노력의 성과로서 어렵게 손에 넣은 권리였기 때문에 그것을 스스로 내던지는 학생들의 행동을 이해할 수 없었을 거야.

그때그때의 정치적 상황에서 적절하게 방향감각이 있는 말을 발화發話하는 것은 지식인의 중요한 일이라고 생각하지만, 그것이 일의 전부는 아니라고 생각해. 좀 더 긴 시간의 축을 염두에 두고 지금 일어나고 있는 것을 해석하는 것도 지식인의 일이라고 생각해.

그래서 지금 프랑스 지식인들이 잠자코 있다고 한다면 그것은 지금 일어나고 있는 사건이 실은 몇백 년이라는 장기적인 시간 축 안에서 반복해서 일어난 사태 중 몇 번째 아바타로서 유럽 문화의 심층으로부터 분출한 현상이라는 것을 알고 있기 때문이 아닐까. '자, 이렇게 하면 해결됩니다'와 같은 대답을 내놓을 수 없다는 것을 알고 있으므로 떨떠름한 얼굴을 하고 잠자코 있는 게 아닐까 싶어.

히라카와: 시간 축을 길게 보고 생각하는 것은 매우 중요해. 감정적인 것의 최대의 특징은 그것이 장시간 지속하지 않는다는 것이니까. 그것이 화든 슬픔이든 시간의 경과와 함께 마모되어 가는 것이 인지상정이야. 그러다가 거기서 무엇이 이루어졌는지를 알았을 때는 이 감정은 반대 감정으로 쉽게 바뀌어 버리고 말아. 이런 현상은 전중, 전후에 세계 곳곳에서 일어난 일이기도 해. 그러나 시간 축을 길게 보고 현재 일어나고 있는 현상을 분석하는 것은 감정에 동요되어서 움직이고 있는 것 자체를 상대화시킬 수 있고 거기서 얻는 것은 시간이 지나도 닳지 않는 보편적인 가치를 내재하고 있을지도 몰라. 지식인에게 그러한 역할이 있다는 말은 절대적으로 동감해.

우치다: 뭔가를 봤을 때 어딘가에서 이것과 똑같은 광경을 본 적이 있는데 하고 느끼는 경우가 있잖아. 지식인은 그 '어딘가'의 범위가 넓은 사람이라고 생각해. 시간적으로도 공간적으로도 넓지. 이런 생각은 대체적으로는 책을 통해서 획득된 생각이긴 한데 그런데도 '어딘가'가 넓다는 것은 아주 중요하다고 생각해.

견문이 좁은 인간은 눈앞에서 펼쳐지는 현실을 보고 곧바로, '이것은 전대미문의 사태'라고 안절부절못하거나 역으로 너무 기뻐서 어찌할 바를 모르게 되는 일도 있지. 그런데 지식인은 역으로 무엇을 봐도 '이것은 어딘가에서 본 적이 있는 게 아닐까' 하는 점부터 음미해. 그리고 어떤 문맥에서 이런 일이 일어났는지, 과거의 사례를 참조하면서 이해하려고 하지.

그래서 토드가 잠자코 있는 것은 특별히 뭔가 억압된 결과라고 말할 수 없다고 생각해. '아 이건 어딘가에서 본 적이 있어'라고 생각하고 그 비극적인 귀결까지 상상할 수 있어서 우울해진 게 아닐까 싶어.

히라카와: 에마뉘엘 토드에 관해서는, 예전에 만났을 때 이런 말을 하더군. '왠지 이제 물려버렸다. 무슨 말을 해도 뭇매를 맞으니까'라고. 토드가 대립각을 세우고 있었던 것은 그의 설에 반대하는 지식인이 아니라 감정적으로 움직이고 있는 대중이었을지도 모르겠어. 혹은 지식인이 지식인으로 해야 할 역할을 내던지고 대중에 영합하고 있다는 점이었을까.

토드는 자신의 전공인 역사학, 인구학에 관해서도 초기에는 '그 누구도 제대로 상대해 주지 않았다'는 경험이 있었기 때문인지 상당히 절망이 깊은 사람이기도 하지.

우치다: 프랑스의 지식인은 기본적으로 깊은 절망을 안고 사는 사람들이야. 그것이 디폴트야. 낙관적인 지식인은 잘 떠오르지를 않아. 카뮈는 어둡고, 레비스트로스도 그렇고 푸코도 그렇고 레비나스도 모두 기본적으로는 어두워. 아무도 말하지 않을 것 같은 것을 말하는 바람에 뭇매를 맞은 경험이 있으니까 그런 것 같아.

히라카와: 일본의 우치다 타츠루는 어떨까?

우치다: 나 같은 사람은 뭇매를 맞고 있는 무리에는 들어가지 않지.

히라카와: 그래서 밝은 거군.

우치다: 맞아. 우리가 입에 담고 있는 이야기는 어디까지나 '정도의 문제'에 지나지 않으니까 말이지. 세상을 뒤집는 듯한 말을 하는 게 아니거든. 그래서 우리가 받는 반발도 억압도 프랑스 지식인들이 맛본 것과 비교해 보면 대수롭지 않아.

히라카와: 그러고 보면 유럽의 지식인에 대한 억압은 굉장했을 거야. 예를 들면 대중의 몰이해로부터 오는 억압 하나

를 들어도 그저 단순한 '몰이해'가 아니니까 말이지. 그 무대 뒤편에는 계급적으로 상위의 계층에 속하는 지식인에 대한 '너희 같은 놈들이 우리에 대해서 알면 뭘 안단 말이야!!!'와 같은 마음도 있을 테니까. 그 틈은 깊고 좀처럼 메워지지 않을 거야.

우치다: 맞아. 부르주아 지식인이 무엇을 말해도 그렇게 간단하게 '시원하게 잘 말해주었습니다' 하는 평가를 받지 못하는 거지. 이번 건에서도 이슬람 사람들은 '토드 씨 잘 말해주었습니다'라고는 생각하지 않았을 거야.

히라카와: 지식인은 고독한 사람들이니까.

우치다: 하지만. 고독한 사람들의 고독한 영위營爲가 미래를 개척하지.

제2장

사회의 쇠퇴를
멈추기 위해서는

어딘가에 모든 책임을 내가 지지 않으면 안 된다고 생각하는 사람이 존재하는 것이 공동체를 건전하게 유지하기 위해서는 절대로 필요해(히라카와)

아이를 가질지 말지 결정을 내리지 못하고 있는 사람이 가장 불안하게 생각하고 있는 것은 결혼해서 아이를 낳고 키워 나가는 과정에서 자신이 성숙해 나가는 것 그것 자체가 아닐까(우치다)

저출산 고령화 잃어버린 20년…… 일본 사회의 '쇠퇴'와 그것에 대한 처방전을 둘러싼 논의에는 출구가 보이지 않는다. 성장 중심의 경제 성장이 끝난 일본에서 지침으로 삼아야 할 것은 어디에 있는가?

___ 인생은 '나이를 먹은 사람들이 승자'

우치다: 2007년에 아사히신문이 '로스트 제너레이션'에 관해
서 특집을 기획한 적이 있었는데 혹시 기억해? 그로부터
10년 이상이 지났는데도 아직 사회문제를 세대 간 격차라
는 말로 설명하는 논의는 사라지지 않았어. '우리 세대는
손해를 보고 있다. 장년 세대는 거품경제 시절에 호사를
누린 것도 모자라서 기득권을 독점하고 있다. 그것을 탈환
하자'라고 말하지. 세대 간에 사회 모순을 집약시키는 논
법이 굉장한 세력을 떨치고 있다고 봐야 할 것 같아.

히라카와: '가진 자들로부터 벗겨 먹자'와 같은 감각이지. 그

런데 '나이를 먹은 자들이 승자'인 건 당연한 거잖아(웃음). 인생은 '나이를 먹은 사람이 승자'지. 나이를 먹었다는 것은 그만큼 경험을 쌓았다는 것이니까. 그래서 어떻게 하라고, 라는 말을 들으면 별로 대응할 말이 없긴 하지만 사회질서를 만들어 가는 원동력의 하나로서 장유유서長幼有序라는 규칙은 역시 유효하니까.

물론 거기에 반항하는 마음은 이해할 수 있어. 우리도 젊었을 때 반항을 했으니까 말이야. 다만 우리가 한 것은 세대 간 투쟁은 아니었다고 생각해. '우리 세대가 손해를 보고 있으니까 연장자 세대로부터 돈을 빼앗자'가 아니라 '우리보다 힘 있는 형과 아버지에게 대항하지 못하면 어떻게 할 거야' 같은 마음이 있었어. 즉 권위가 반항을 위해서 필요했던 거지. 여하튼 자신을 증명하기 위해서라도, 강대한 권위에 대해서 돈키호테처럼 맞서 나간다, 뭐 그런 마음이었다고 생각해.

그런 젊은이들의 보편적인 반항심이 '세대론'으로 정리되어 버리는 것은 왠지 좀 교묘하다고 생각해. 나는 젊은 사람들은 권위에 대해서 반항적이어야 한다고 생각하거든. 그것은 사상의 내용이 어떻다 하는 문제가 아니야. 권위라든지 권력과 같은 것에 대항할 수 있다는 것은 젊은이의 특권이지. 그 특권을 스스로 포기하고 권위와 권력에 따르다 보면 어느새 애늙은이 같은 대중의 한 명이 되는 것 이외에는 방법이 없어. 조반유리造反有理*라는 건, 마오쩌둥이 생전에 제멋대로 만든 슬로건이긴 하지만 혁신적인 것은 반역하는 것으로부터밖에 나오지 않는다고 고쳐 읽으면 그 말은 지금도 유효성을 갖고 있어. 예를 들면 '왜 세금을 내지 않으면 안 되는 거야?' '누가 세율을 정하는 거야?' 그리고 '그 사용처는 어떻게 되는 거야?'와 같은 말을 하는 것만으로도 추급해야 할 논점은 많이 있지.

우치다: 저기 말이야, 애당초 세금으로서 모은 것을 정치가와 관료가 재분배하는 시스템 그 자체가 비효율적인 것 아닐까? 먼저 세금을 모으기 위해서는 비용이 들잖아. 게다가 그것을 관리하기 위해서도 비용이 들고, 재분배 방법을 결정하기 위해서 비용이 들고 분배하기 위해서 비용이 들고 그것이 공정하게 이루어지고 있는지 아닌지, 적정한 분배였는지 아닌지를 검증하기 위해서도 비용이 들지.

행정이 재분배를 위해서 써버리는 자원의 반 이상은 '분배할 곳'에 전달하지 않고 분배 장치를 관리하기 위해서 사라지고 말아. 이 같은 경우는 내가 자주 사용하는 예인데 '여기에 있는 100만 엔의 예산을 어떻게 사용할까?'를 논

---

* 반역을 일으키는 측에도 일리가 있다는 뜻.

의하는 회의에서 도시락값으로 100만 엔을 다 쓰고 말았다와 같은 경우와 다르지 않다고 생각해. 이것은 정말로 아까운 일이지. 소득 이전移轉 그 자체는 확실히 절대로 필요한 거야. 그런데 좀 다른 방법도 있지 않을까.

그런 문제 때문에, 별로 현명하지 못한 사람은 '자 그러면 독재 체제로 가자'라고 주장해. 세금 사용 방식을 '논의하기' 때문에 손실이 생긴다. 그래서 독재자에게 맡겨 버리면 분배의 옳고 그름은 차치하더라도 결정할 때까지의 비용은 엄청나게 삭감할 수 있다. 일부 정치가와 논객이 말하는 '효율화'라는 것은 요컨대 그런 것이지. '논의부터 시작해서 합의 형성까지 드는 품'과 같은 비용을 제로에 가깝게 하면 할수록 자원을 낭비하지 않고 일을 끝낼 수 있다고.

하지만 나는 그것은 아니라고 생각해. '소득 이전'은 개인으로부터 개인에게 이동하는 것이 가장 효율이 높아. 지금 체제는 나라 전체로 다 걷고 모아서 사용처를 생각하고 그러고 나서 나눠주니까 말이지. 이런 과정은 송전선과 똑같아서 도중에 막대한 손실이 발생하기 마련이야. 그것보다도 '눈앞에 있는 곤란한 사람에게 불쑥 돈을 줘 버리는' 것이 가장 효율적이라고 생각해.

그런 의미에서는 젊은이보다도 나이 든 사람이 많은 돈을 가진 상황이 나쁘지 않다고 생각하거든. 나이 든 사람은 여생이 얼마 남지 않았으니까 돈을 갖고 있어도 무덤까지 갖고 갈 수 없는 노릇이니까 말이지. 노인에게 가장 살아 있는 돈의 사용 방식은 '누군가에게 주는' 것일 테니까. 고령자가 주위에 있는 젊은이들에게 '장래가 어려워 보이니까 지원하자' '취직 뒷바라지를 하자' '창업하겠다고 하면 출자를 하자'와 같은 형태로 소득을 이전해 가는 방식이 있을 거라 생각해. 이런 식이라면 재분배할 때의 중간 과정에서의 낭비는 없는 거지.

이건 로버트 오웬 등이 주창한 공상적 사회주의와 가까울 거야. 잘 생각해 보면 지금의 자원 배분 시스템은 레닌주의와 그다지 다르지 않아. '국가가 일원적으로 관리해서 톱다운 방식으로 분배한다'라는 것이니까. 한편 오웬 등 19세기의 공상적 사회주의는 시민이 자기 스스로 자산을 관리하는 방식을 생각했어. 오웬은 사재를 털어 공장이나 병원, 학교, 고아원을 만들어서, 2,500명의 시민을 포용하는 이상적인 커뮤니티를 만들었어. 하지만 엥겔스는 그것을 비판했지. '우연히 오웬 곁에 있었다고 하는 행운을 부여받은 2,500명만이 만족하고, 그 외의 프롤레타리아는 열악한 노동 환경을 감수하고 있다. 그것은 불공평하다'고 (웃음).

히라카와: 다수의 공상적인 사회주의자들은 귀족이거나 거

부E富였는데 일종의 사회 정의 같은 이념을 개인이 갖고 있어서 그것을 실제로 실천했지. 말하자면 노블레스 오블리주라고 할 수 있어. 그런 일을 하는 것이 부자의 품격이고 의무라고 말이야. 여기까지는 괜찮았다고 생각해. 그런데 그것을 시스템으로 만들려고 하는 순간에 이상해 져버린 거지. 이런 발상은 시스템이 될 수 없으니까.

우치다: 맞아. 그런데 시스템으로 해도 괜찮아, 물론. 하지만 시스템이 하는 것과 개인이 하는 것이 병행되지 않으면 안 된다고 생각해. 확실히 개인이 할 수 있는 것에는 한계가 있어. 분배할 수 있는 자원에도 한계가 있지. 사회 전체에 대해서 공평한 배분을 실현하려고 하면 공공적인 시스템에 자원을 맡기는 게 당연한 거지.

그런데 아무리 공평한 분배 시스템이 설계되었다고 해도 개인이 자신들의 손이 닿는 범위에서는 '로컬한 사회 정의를 실현해 나가려는' 노력을 그만두어서는 안 된다고 생각해. 개인이 사적 재산과 사적인 권리를 공공에 위탁함으로써 근대 시민 사회는 성립한 셈인데, 공공에 위탁한 후 '수중에 남은 것'에 관해서도 그 사적 재산과 사적인 권리를 '공공적으로 운영하는' 것은 가능할 거야. 사재는 사적인 목적만을 위해 사용하지 않으면 안 된다는 규칙 같은 것은 없으니까 말이야.

___ 뇌화된 지성과 신체적인 지성의 차이

히라카와: 일전에 츠루미 슌스케鶴見俊輔 씨와 세키가와 나츠 오關川夏央 씨가 대담한 것을 읽었는데 츠루미 씨가 '좋은 시절이 되었다'라고 말하더군. 왜 그런 말을 했냐 하면 '노 인이 노인을 위해서 일하는 시대가 왔다'는 거야. 그 결과 그 연령대에 고용이 많이 생겨서 이대로 가면 지금의 가 치관이 바뀌어 갈 거라고 말했어. '굉장하다!'고 생각했어. 역시 전쟁 세대戰中派의 의견은 들을 가치가 있다고 생각 해.

우치다: 전중파는 사회의 근저부터 일어난 변화를 경험했으 니까. 갑자기 문맥이 딱 끊겨서 새로운 상황에 던져지는 걸 몇 번이나 경험했잖아.

히라카와: 전중파와 비교했을 때 젊은 사람들의 논의는 논리 적이긴 하지만 이른바 '뇌화腦化된 논의'가 횡행하고 있다 는 느낌이 들어. '논리적이라는 것이 반드시 정답을 이끌 어내는 것은 아니다'라는 경험이 없는 것도 한몫하고 있을 지도 모르겠어.

논리적이라는 것의 배후에는 그것이 수량화 가능하다는 것과 밀접하게 연결되어 있어서 위세 등등한 금전 합리성으로 수렴되고 마는 것에 사람들이 아무런 자각도 하지 못하는 것 같아. '증거evidence'라는 말을 많이 하잖아. '당신이 말하고 있는 것의 증거를 대봐. 근거를 대봐'라고. 그런데 끝까지 파고들어 가보면 그것은 금전 합리성을 담보하는 증거라는 것과 거의 같은 말이야.

물론 선배라든지 조금 윗세대로부터 어처구니없는 심한 말을 듣거나 이유도 없이 맞거나 '내가 검다고 하면 검은 거야'와 같은 억지를 들었다거나, 별로 좋은 어른을 만나지 못했을지도 모르겠어. 그런 원체험이 분개로 변해서 아버지 세대의 비논리성에 대항하는 의미에서도 논리성과 합리성 같은 것을 과대평가하는 경향은 있다고 생각해.

물론 그런 것은 누구한테나 있지. 단 많은 사람은 그런 경험을 어른이 되는 과정에서 상대화하게 되지. '아 이런 어른도 있구나.' '그런데 한편으로는 이런 어른도 있었지' '왠지 비논리적인 단언처럼 들리는데, 그들의 경험의 축적에서 나온 것일까' 라는 식으로.

그런데 그런 늙다리의 말을 이해하려 하기보다는, 그 작자들은 자신들의 기득권만 지키려고 하는 거고 자신들은 부당하게 손실을 보고 있다고 생각하는 것이 간단하니까 말이지. 그것이 '로스트 제너레이션' 같은 논의에 빠져들게 되는 요인일 거라는 생각이 들어. 이런 일은 작금의 사람들이 책을 별로 읽지 않는 것과 관련이 있다고 생각해.

책을 읽다 보면 어느 시대든 실로 여러 가지 사고방식이 있어서 자신들이 얼마만큼 세상 물정을 모르는가를 자연스럽게 자각하게 되지. 자신의 매우 좁은 경험치만으로 판단하다 보니 '저 작자들은 자신들만 호사를 누리고 도망치려고 한다'든지 '비효율적이라서 도움이 안 된다'고 말하게 되는 것인데, 그런데 그렇게 말하는 것을 보면 세상 물정을 모르는 나이브함이 느껴져.

우치다: 나도 전적으로 같은 느낌이야. 인터넷 세상이 되어서 '세상의 수십억 사람들과 연결되어 있다'는 환상을 갖게 되었지. 그래서 세상 물정 모르는 아이도 '이미 세상일에 대해서는 대략 간파했다'라는 우쭐함을 가지게 되었어. '세상일에 대해서는 구석구석 다 알고 있다'라고 진심으로 생각하고 있는 아이가 이상할 정도로 증가했어.

히라카와: 무코다 쿠니코向田邦子가 '어른들은 중요한 이야기를 한마디도 하지 않고 세상을 떠나 버렸다'고 썼는데, 확실히 옛날에는 한마디도 하지 않는 어른이 많이 있었어. 우리는 거침없이 잘 말하고 있지만, 옛날 어른들은 그다지 말을 하지 않았어.

그런데 그 '말하지 않는 것'이 확실히 뭔가를 웅변했지. 우리에게 '뭔가 있다'고 생각하게 했어. 실제로 어른들의 침묵에는 뭔가가 있어. 뭔가를 삼키고 있기 때문에 침묵하는 거지. 그래서 어른들의 침묵 앞에서 '당신은 도대체 무엇을 속에 담고 있는 겁니까?' 하고 생각하지 않으면 안 돼. 어른들은 아이들은 가늠할 수 없는 괴로움이라든지 경험 같은 것을 이것저것 삼키고 있었어. 그리고 그것을 알아가는 것이 어른이 되어가는 과정이었어. 그런데 인터넷 사회에는 그런 감각이 없어. SNS상에서 잠자코 있는 사람은 '존재하지 않는' 것으로 취급받으니까 말이지. 실제로 살아 있는 사람을 만났을 때도 혹여 그 사람이 말하고 싶은 것을 삼키고 참고 있을지도 모르겠다고는 생각하지 않는 거지. 그냥 '말이 없는 사람'이라는 카테고리에 계속 넣어 버리고 마는 거야. 그런데 그게 아니거든.

___ 역할로서의 어른

히라카와: 요즘 우리는 자주 '어른론'에 관해서 말하거나 쓰고 있긴 한데 말이지. 실은 '어른' 같은 것은 없어. 요전에도 강연에서 말했지만 나 자신은 어떻게 해야 할 줄 모르는 '꼬마'라고 생각할 때가 자주 있어.

예를 들면 나츠메 소세키夏目漱石가 『풀베개』를 쓴 것은 삼십대 후반이었어. 정말 놀랄 일이지. '이지理智만을 따지면 타인과 충돌한다. 타인에게만 마음을 쓰면 자신의 발목이

잡힌다……'와 같은 말은 삼십대의 인간이 좀처럼 할 수 있는 게 아니거든. 그런, 저쪽을 세우면 이쪽이 서지 않는 것 같은 딜레마로 고생한 경험이 없으니까 말이지. 정답이 없는 문제를 설정하고 그 후를 생각해 나갈 수 있는 것이 어른이라고 생각해.

즉 이런 말이야. 지금은 진짜 어른 같은 존재는 없어. 어른이 어른이기 위해서는 아이가 아이일 필요가 있는데, 인터넷에 연결된 아이가 이상하게 노성老成하고 있으니 말이야. 그것은 외견상으로는 나이보다 많아 보이는 것뿐으로 실은 어른은 아니지.

반대로 아이가 아이이기 위해서는 어른이 있지 않으면 안 되는데 진짜 어른은 없어. 그래서 누군가가 '어른의 역할'을 하지 않으면 역시 세상은 제대로 안정이 되지 않는 게 아닐까.

우치다: 어른이라는 것은 역할 연기니까.

히라카와: 그런데 연기든 뭐든 어른이 없으면 아이는 아이가 될 수가 없어. 이래서는 곤란하지. 티브이에서 아역 탤런트를 보고 좀 이건 아니다 싶은 마음이 드는 것은 그 아이들은 '어떻게 하면 어른이 기뻐할까?' '어떻게 하면 자신의 상품 가치가 올라갈까?'를 알고 있어서 그것을 염두에

두고 '아이'를 연기하고 있는 게 보이기 때문이야.

아이를 연기할 수 있다는 것은 이미 어른이라는 얘기지. 그것도 아주 어중간한 어른. 아역 탤런트를 보면 아이가 아이가 아니게 되었다는 것을 느껴. 자 그러면 왜 그런 일이 일어나는가 하면 어른을 연기하는 어른이 없기 때문이야.

헤겔이 말하는 '왕과 가신의 관계'와 똑같은 건데, 어른이 없기 때문에 아이가 어른 역할을 하지 않으면 않게 된 거지. 그래서 '어른이 없다'는 것은 아이에게도 불행한 일이야. 아이가 아이일 수 없기 때문에. 그런데 이런 이야기를 강연에서 하다가 내가 깨달은 것은 '그러고 보면 나도 그런 아이였구나' 하는 사실이었지만(웃음).

우치다: 확실히 히라카와는 아이 흉내를 잘 냈지(웃음). 자네도 기억하고 있을 거로 생각하는데, 나는 어렸을 때 그림을 비교적 잘 그렸어. 데생도 잘했고 색칠을 하는 것도 그렇게 못하지 않았지. 그런데 공작에 대한 평점만은 낮았어. 한번은 다마多摩강에 가서 소방차와 구급차 사생대회를 한 적이 있잖아.

나는 구급차를 그렸는데 제대로 데생을 해서 수채화 물감으로 색을 칠하고 꽤 괜찮은 느낌으로 완성을 했어. 그런데 미술 선생님에게 그것을 제출했더니 수업 시간에 내 그림을 반 친구들에게 보여주면서 '이것은 잘못된 그림의 본보기다'라고 말하는 거야. 그 말을 듣고 깜짝 놀랐지. 그때 선생님은 내 그림을 보고 '어른에게 알랑거리고 있다'고 말한 거야. 그리고 그때 '훌륭한 그림'의 대표작으로 그 교사가 칭찬한 것은 자네의 그림이었어. 그런데 내 눈으로 보니까 데생은 꽤 비뚤어져 있고 색칠하는 방법도 이상했는데 뭔가 자신감 넘치듯 색이 칠해져 있는 느낌. 그것을 미술 교사가 절찬한 거지. '아이다운 자유로운 그림'이라고 말이야.

나는 꽤 상처를 받았어. 그래서 그 수업 후에 자네에게 물어봤어. '히라카와 왜 너의 그림은 그렇게 칭찬을 받는 거야?' 하고. 그러자 자네는 단호하게 '그런 식으로 그리면 선생님이 좋아하니까. 그 그림 일부러 데생을 비뚤비뚤하게 해서 그린 거야'라고 말했지. 나는 그 말을 듣고 또 놀랐지. '이 녀석은 어른이구나' 하고(웃음).

히라카와: 그거 지어낸 이야기지(웃음).

우치다: 아니 진짜 있었던 이야기야. 그런데 아이는 어느 시대에도 어딘가 비뚤어진 존재이기도 해. 그렇게 딱 이거다 싶은 '아이다운 아이' 같은 것 실은 존재하지 않아. '아이다운 아이'라는 것도 본인의 처지에서 보면 꽤 연기를 하

고 있다고 생각해. 나 자신의 경우를 생각해 봐도 아이 때는 역시 '아이다운 아이' 연기를 하고 있었으니까 말이야.

히라카와: 아니 그건 좀 아닌 것 같은데…… 내가 알고 있는 소년 시절의 우치다는 '어른 냄새가 나는 아이'를 목표로 하고 있는 것처럼 보였어.

우치다: 그것은 뭐 신경 써서 연기를 하고 있었던 건 아니었어. '어른 냄새가 나는 아이'를 연기하는 것 그 자체가 아이인 나에게는 아주 자연스러웠기 때문에. 그런 사정이 있다 보니 굳이 애까지 써가면서 무리한 건 아니었지.

히라카와: 우치다는 어렸을 때 어른을 아주 동경했던 것 같아. 초등학교 다닐 때 어느 친구 집에 놀러 갔을 때 자네는 골프 이야기를 했어. '여기는, 슬라이스를 하는 거야'라든지. 나는 자네가 무슨 말을 하고 있는지 전혀 알지 못했지만 어른 냄새가 나는 것을 동경하고 있다는 것만큼은 알수 있었어. 골프 같은 것 아무도 관심을 갖고 있지 않을 때에 그런 이야기를 한다는 것은 굉장히 어른에 대한 동경이 강하기 때문이라서 그런 거라는 인상을 받았어.

우치다: 그런 일이 있었던 말이지…… 틀림없이 나는 '어른'

을 동경하고 있었을 거야. 확실히 나는 뇌를 우선시했다고 생각해. 신체의 중요성을 알게 된 것은 어른이 되고 나서였으니까. 그러니 '뇌화한 사람'이라든지 '뇌화한 사회'와 말로 비판할 자격이 없는 인간이지, 실은.

히라카와: 나도 그래. 우리 자신이 완전히 뇌화하고 있었기 때문에 짐짓 잘난 체 말할 수는 없는 노릇이야.

우치다: 그러니까 젊은 세대가 '어른은 신용할 수 없다'라고 말할 때 '어른'은 다름 아닌 우리를 가리키는 말이지. 실제로 우리가 신용할 수 없는 일만 해왔으니까 신용을 받지 못하는 셈이니 이것은 자업자득인 거야.

___사회의 안정과 가정의 해체

히라카와: 나도 말이지, 진심으로 '어른을 존경하고 있는 아이' 같은 존재는 사실 개운치 않다고 생각해. 단, 한편으로는 장유유서라고 해야 할까 '한 번이라도 화장실을 더 많이 사용한 인간은 대단하다'와 같은 규범은 사회 질서를 유지하는 데 있어서 실천적인 '지知'로서 의미가 있다고 생각해. '있었다'고 과거형으로 말해도 좋아. 그것은 이른바 '생활의 지혜'라고도 할 수 있는 것이거든.

옛날에는 아이들도 '그런 것이 있다'는 것을 왠지 모르게 알고 있었어. 사회 전체가 그런 언어화되지 않는 어떤 종류의 질서를 아주 중요하게 여겼다는 느낌이 들어.

우치다: 그것은 아마도 우리가 태어나고 자란 시대가 가난했다는 것과 관계가 있는 것 같아. 지역 주민들 스스로가 서로 협력하지 않으면 살아갈 수 없었지. 방범도 방재도 공중위생도 행정에 의지할 수는 없었으니까. 그 모든 걸 스스로 할 수밖에 없었지. 따라서 같은 동네 안에서 공동체의식이 높았을 거야.

히라카와: 돌아가시고 나서 알게 된 사실인데 우리 아버지는 우리가 살았던 지역의 '마을회'를 만든 장본인이었어. 그 후에 몇 개의 지역을 한데 모은 마을연합의 회장일을 했지. 나는 어렸을 때 그게 너무 싫었는데 지금은 좀 다르게 생각해.
나는 노골적으로 아버지에게 반항했는데 당시 아버지는 자신이 하는 일을 제대로 설명할 수 없었어. 아니 나에게 설명해도 모른다고 생각했겠지. 입만 살아 있는 애송이 앞에서 아버지는 침묵을 선택한 거지.

우치다: 히라카와의 아버님이 했던 것은 그 시대에 살아남는

데 필요한 활동이었을 거야. 공습으로 모든 게 불타버린 땅에 지방에서 도쿄에 일을 찾으러 온 사람들이 흘러 들어왔지. 출신지도 다르고 방언도 다르고 식문화도 생활 습관도 전부 다른 사람들이 줄지어 늘어선 집들에서 살고 있었어. 고립한 채로는 살아갈 수도 없고 혼자서는 아이도 키울 수도 없는 형편이었어. 그리고 그 사실을 모두가 자각하고 있었던 것 같아.

그래서 '가난한 사람끼리 어찌 됐든 뭉쳐서 살아 봅시다' 하고 집단을 만들게 된 거지. 세키가와씨가 말하는 '공화共和적인 가난함'에서 탄생한 공동체가 그 시대에는 있었어. 그것이 우리에게는 도쿄의 원풍경이지 않을까.

히라카와: 앞에서 잠깐 이야기한 '어른은 중요한 말을 하지 않는다'라는 무코다 쿠니코의 문장은 『아·운あ·うん』이라는 작품에 나오는데 이 『아·운』은 담담한 삼각관계 이야기야. 입 바깥으로 내면 망가지고 마는 미묘한 힘 관계가 주제인 소설이야. 이 작품이 발표된 것은 이른바 고도 경제 성장기였다고 생각하는데, 왜 그녀가 이런 소박한 대목에 착안했는지 지금이 되어서야 왠지 알 것 같은 느낌이 들어.

마침 그 무렵 돈이 잘 돌게 되어서 가족과 같은 '지키고 싶은 것'이 붕괴해 나가는 징조가 다양한 곳에서 보이기 시작했지. 즉 '지키고 싶은 것'이 매우 위태롭다는 사실이 분명해진 거야. 즉 밥상을 뒤엎을 수도 있지만 그렇게 하면 왠지 '망가져 버려서 이전으로는 돌아가지 못한다'는 느낌이 든 거야. 그래서 어른들은 모두 열심히 '말하지 않는 거로 합시다'는 일종의 배려를 작동시킨 거지.

그 '지키고 싶다'고 생각한 뭔가에 정말로 가치가 있었는지 어땠는지는 잘 모르겠어. 그런데 말이야, 어떤 한 집단의 사람들이 '이건 최소한 지켜나갑시다'라는 것이 있는 사회는 건전하다고 생각해.

'중심에는 이러한 중요한 점이 있기 때문에……'라고 논리적으로 설명할 수는 없지만, 왠지 모르게 '이것이 있으므로 자신들은 살아갈 수 있다'고 생각하는 사회는 무너질 때도 단번에 처참하게 무너지지 않아. 그것이 '효율화야말로 우리가 목표로 해야 할 것'이라고 말하기 시작함과 동시에 그 '왠지 지키고 싶다고 생각해 온 것'을 단숨에 비생산적이라는 말로 부수고 말았어.

그래서 '뭐야? 지켜야 할 것 같은 것 아무것도 없었잖아'와 같은 식으로 이야기가 되었지. 그렇다고 하면 무엇을 행동의 원동력으로 삼아야 할 것인가를 생각했을 때 '돈밖에 없는 거지 뭐'로 연결되었다는 느낌이 들어. 이야기가 좀 대략적이긴 하지만.

우치다: '가족 같은 것 없어도 상관없다'고 말할 수 있게 된 것은 예외적으로 윤택하고 안전한 사회가 실현되었기 때문이야. 가족 해체는 경제적 번영의 귀결인 셈이지. 예전에는 가난하기 때문에 가족이 딱 서로 붙어서 살았어. 그런데 윤택해지니까 모두 각자 방에 틀어박혀서 따로따로 자신이 하고 싶은 일을 할 수 있게 되었어. 그러니까 가족 해체와 경제 성장은 일종의 맞교환trade off인 셈이지.

그런데 인간이 고립해도 살 수 있는 환경이 만들어진 건 역사적으로는 아주 예외적인 일이야. 인류의 역사를 돌아보면 기본적으로 인류는 굶고 있었으니까 말이야. '기아 베이스'로 인간의 신체는 설계되어 있고 '빈곤 베이스'로 공동체는 설계되어 있지. 살찌기는 쉽고 야위는 것이 어려운 것은 인간의 몸이 기아 베이스라서 음식물을 잠깐 섭취할 수 없게 되어도 쉽게 죽지 않도록 진화한 덕분이야. 지금도 지구 전체를 둘러보면 7억이나 되는 사람들이 굶고 있어.

인간 사회는 기아나 투쟁으로 멸망하지 않도록 제도가 설계되어 있기 때문에 그런 리스크를 계산에 넣지 않아도 상관없게 되면 인간 사회가 해체되는 것은 당연한 일이지. 그런데 지금의 일본도 또한 다시 기아 리스크의 위협을 받게 되었어. 그래서 다시 원래대로 돌아가기 시작하고 있는 게 아닐까.

태어나서 지금까지 쭉 윤택하고 신상에 위험을 느낀 적도 없어서 '인간 사회는 이런 곳이구나!' 하고 생각하고 있는 젊은이들과 파국적인 사태를 통해서 '인간은 어디까지 사악해질 수 있을까, 어디까지 이기적이 될 수 있을까' 혹은 반대로 '인간은 어디까지 숭고하게 행동할 수 있을까'를 경험한 전중파 세대와의 사이에는 아무래도 온도 차가 있기 마련이지.

우리도 마찬가지로 기아와 전쟁의 공포를 스스로 체험하지는 않았어. 다만, 부모 세대의 단편적인 말을 통해서 이 세상은 온화하게 보여도 '판자 한 장 밑은 지옥이다'라는 공포를 어렴풋이나마 느끼고 있었지만 자신의 신체로 그것을 느낀 것은 아니야. 하물며 우리 아이들 세대는 그런 파국적인 사태에 관해서는 이야기를 들어 본 적조차 없기 때문에 '판자 한 장 밑은 콘크리트'라고 생각해도 무리는 아니지(웃음).

히라카와: 그럴지도 모르겠군. 우리는 경험하지 않았지만, 어렸을 때는 아직 그런 시대의 '냄새'를 느낄 수 있었어. 그것은 우리 주위에 그런 '판자 한 장 밑은 지옥'이라는 경험을 가진 어른들이 있었기 때문이지. 그들은 결코 그 사실을 입 밖으로 내지는 않았지만 자신이 쓰러지면 자신의 주위도 모두 쓰러져버린다는 긴장감을 신체로부터 발산하고

있었어. 그것은 매우 중요하다고 생각해. 시미즈 테츠오清
水哲男의 시에

> 너는 알고 있었다
> 풍차를 파는 남자들이
> 세계 곳곳의 길모퉁이에서 풍압에 견디고 있다고 해도
> 짧은 철교는 어두운 법이다
>
> （시미즈 테츠오「짧은 철교를 건너며」에서）

라는 구절이 있는데 이 풍차를 파는 남자라는 존재가 없으
면 사회는 무너지고 말아. 물론 그럼에도 사회는 어두울지
모르겠지만 사회를 생각하고 풍압에 견디고 있는 인간이
있다는 것쯤은 알고 있는 편이 좋다고 생각해.

어딘가에 모든 책임을 내가 지지 않으면 안 된다고 생각하
는 사람이 존재하는 것이 공동체를 건전하게 유지하기 위
해서는 절대로 필요해. 그러지 않으면 공동체라는 건 누구
도 책임을 지지 않기 위해서 몸을 서로 맞대고 있을 뿐인
취약한 것 그 이상도 그 이하도 아니고 언제나 책임이 누
구에게 있는가를 추구하는, 따돌림의 에토스가 지배하는
숨 막히는 곳이 되고 말지.

확실히 장유유서 같은 것은 논리적으로는 거의 근거를 제
시할 수 없는 과거의 유물로밖에 기능하지 않겠지만 이것

을 통째로 파괴해버리면 '그것이 지탱하고 있던 좀 더 중요한 것까지 부서지고 말지도 모른다'는 공포심만큼은 가지고 있을 필요가 있어.

오래된 질서를 파괴할 때에는 질서뿐만이 아니라 다양한 것들이 동시에 파괴되는 거야. 우상을 파괴한답시고 미술 유산까지 파괴하는 것과 같은 거지. 그래서 파괴로부터 미술 유산만은 구해내는 방법을 생각할 필요가 있는 거지.

___ 아버지로부터 무언으로 물려받은 트라우마

우치다: 무라카미 하루키가 예루살렘상을 수상했을 때 〈벽과 달걀〉이라는 제목의 수상 연설에서 자신의 아버지에 관해서 언급한 대목이 있어. 무라카미 씨의 아버지는 중국 전선에서 일본으로 돌아오고 나서부터 죽을 때까지 줄곧 매일 아침 불단 앞에서 손을 합장했다고 해. 그의 아버지는 중국에서 그가 무엇을 경험했는지 무엇을 보았는지 죽을 때까지 결국 한마디도 말하지 않았어. 하지만 적과 아군의 구분 없이 모든 죽은 자들을 위해서 기도를 한 거지. 무라카미 씨의 아버지는 중국에서 말로는 담아낼 수 없는 트라우마적인 경험을 한 거야.

언어화할 수 없는 경험이긴 하지만 '아버지는 언어화할 수 없는 경험을 했다'는 정도까지는 자식에게 전해진 거지.

무라카미 하루키는 『태엽 감는 새』에서도 『중국행 슬로보트』에서도 중국에 관해서 쓰고 있어. 그는 라면도 만두도 그렇고 중화요리를 한 점도 입에 넣을 수가 없다고 하는데, 그것은 개인적인 좋고 싫음의 문제가 아니라 아버지의 트라우마의 효과일 거라고 나는 생각해. 실제로 자신이 경험하지 않아도, 그리고 당사자로부터 직접 이야기를 듣지 않아도 옆에 있는 사람이 안에 품고 있는 트라우마적 경험은 자기磁氣 같은 것을 발산해서 그 사람 옆에 있는 것만으로도 영향을 받게 되는 일은 있거든.

'아버지로부터 무언으로 물려받은 트라우마'라는 것이 있지. 아버지들로서는 아이에게 전할 마음이 없었지만 아이에게 '전해져 버린' 어떤 것이 있다고 생각해. 우리는 전중파와 함께 살았기 때문에 그런 형태로 우리에게 기억이 전해진 거야.

지금의 삼십대와 사십대를 보고 있으면 자신들 가까이에 전쟁 체험자가 없다는 것이 우리 세대와의 결정적인 차이가 아닐까 하는 느낌이 들어. 극한적인 상태에서 인간이 얼마만큼 비열하게 행동할 수 있을까 혹은 얼마만큼 용감하게 행동할 수 있을까 그런 것을 알았던 사람들이 우리는 가까이에 있었지만, 젊은 세대에게는 없었던 거야. 그 차이는 꽤 크지 않을까. 그래서 젊은이들에게는 '파국적인 사태에 늘 대비한다'는 것이 별로 긴급한 과제가 아닌 것으로 나에게는 보여.

사회 체제가 어떻게 바뀌어도 '먹고 살 수 있는' 기능을 익혀둔다든지 안전 보장을 위해서 네트워크를 구축해 둔다든지. 그런 일에 젊은 사람들은 자신의 자원을 사용하지 않잖아. 아무런 근거도 없이 '평상시가 줄곧 계속된다'고 생각하다 보면 '현재 시스템 안에서 어떻게 영리하게 굴면 자기 이익이 최대화되는가'라는 것밖에 생각하지 않게 되지. 그러다 보니 '비상시'에 어떻게 대처할 것인가는 생각을 안 해.

그런데 내가 거듭 말하고 있는 것처럼 이것은 역사적인 필연이라서 개인의 자질로 이러쿵저러쿵 말할 수 있는 문제가 아닌 거야. 내가 이런 말을 한다고 해서 젊은이들에게 상상력이 없다든지 위기감이 부족하다든지, 그런 종류의 불평을 말하는 게 아니라 단지 '정상성正常性 바이어스bias'가 강하게 작동하고 있는 세대가 등장했다는 역사적 사실을 지적하고 있는 것뿐이야.

히라카와: 우리 세대와 지금의 젊은 세대는 확실히 태어났을 때의 조건이 너무나도 다르다고 할 수 있지. 하지만 말이야, 그것이 어떤 시대라 하더라도 '이 세계에는 우리가 절대로 손대지 말아야 할 어둠이 있다. 그 어둠이 드러나지 않도록 모두가 조금씩 궁리를 해서 그 구멍을 막고 있다'

는 식으로 생각할 수 있으면 지금보다는 조금 신중해지지 않을까 싶어. 전중파에게는 그 어둠이 현실의 것이었다고 생각하지만 말이야. 현재 사회 안에서 '어둠'은 실은 누구든지 가진 사악함 같은 것일 거라고 봐. 그 사악함은 인간이 갖고 태어나는 것이기 때문에 본능에서 나오는 대로 살아야 한다와 같은 생각에 나는 동의하지 않아. 언제라도 자신의 내부에 '어둠'의 존재를 느끼고 있다는 것은 매우 중요하다고 생각해. 굳이 말로 하자면 강한 욕심이라든지 차별 감정이라든지 질투심이라든지 자기 자신에 대한 과잉의 사랑이라든지, 뭐 그런 것들이지. 그런 것이 없어져 버리면 우리는 사회에 대해서도 타자에 대해서도 책임을 질 수 없게 돼.

그런 것에 책임을 지지 않는다는 것과 '돈과 테크놀로지가 만능이다'라는 사상이 만연하고 있는 것은 아마도 관계가 있는 것 같아. '돈을 버는 게 뭐가 나빠?'와 같은 생각은 틀린 감정도 아닐뿐더러 누구든지 그렇게 느끼고 있어. 그렇지만 거기에는 '타자'라는 것이 존재하지 않아. 합리적이긴 한데 돈을 버는 재능을 좀 더 다른 곳에도 사용해야 한다는 생각은 들지 않는 거지. 자신의 돈을 버는 재능이 누군가에게 상처를 주고 있을지도 모른다고는 생각하지 않아.

전후사戰後史라는 것은 '돈과 테크놀로지는 만능이다'라는 것을 우리가 믿게끔 만들 때까지의 합리성 신앙의 역사라고도 할 수 있고, 좀 더 말하자면 그 만능성에 점점 더 세련미를 더해간 역사였어. 그런데 지금 아무리 돈을 사용해도 통제할 수 없는 인구 감소라는 문제가 눈앞에 처음으로 딱 나타났어. 인구 감소라는 것은 다름 아닌 돈과 테크놀로지에 의한 경제적 진전의 결과로 나타난 현상이라서 돈과 테크놀로지에 의한 한계를 드러낸 것이라고 생각해. 그런데 실은 인류사를 꼼꼼히 거슬러 올라가 보면 애당초 돈으로 해결할 수 없는 것은 얼마든지 세상에 묻혀 있어. 인구 감소는 그 사실을 우리에게 가르쳐 주고 있다는 느낌이 들어.

___ 자신이 자신이 아니게 되어 버린 것 대한 혐오

우치다: 나는 인구가 감소해 가는 것에는 역시 돈의 문제가 어느 정도 관련이 있다고 생각해. 물론 전부는 아니지만 말이야. 예를 들면 한국은 선진국 중에서도 출산율이 최저인데 그럼에도 교육비가 세계에서 가장 높거든. 역으로 출산율이 회복된 프랑스는 교육비를 거의 무료로 했지. 출산 후의 돌봄과 보육원 비용을 후하게 지원해주니까 역시 출산율은 올라갔어.

물론 '돈이 없으니까 아이를 낳을 수 없다'는 게 사실이라고 하더라도 자 그러면 '돈이 있기 때문에 아이를 낳느냐'고 하면 꼭 그런 것은 아니라서 이 문제는 간단한 이야기라고 볼 수는 없는 거지. 아이를 가질지 말지 결정을 내리지 못하고 있는 사람이 가장 불안하게 생각하고 있는 것은 결혼해서 아이를 낳고 키워 나가는 과정에서 자신이 성숙해 나가는 것 그것 자체가 아닐까. 결혼해서 아이를 낳고 키우다 보면 그 이전의 자신이 익숙했던 세계와 풍경이 일변하는 것에 대한 공포가 있는 게 아닐까.

히라카와: '어른이 된다'는 것에 대한 공포를 말하는 거군. 어른이 되기 위해서는 자신이 중요하다고 생각하고 있던 것을 버리지 않으면 안 되니 말이야.

우치다: 지금의 젊은 사람들은 비교적 쉽게 '세상의 구조는 이미 알고 있다'는 전제를 받아들이고 있어. 그래서 결혼하고 아이를 낳음으로써 '세계가 보이는 방식이 바뀌고 말았다'는 것을 두려워하는 게 아닐까. '그것'을 경험해 버리면 지금까지의 자신의 가치관이 무효가 되는 게 아닐까 하는 것을 직감적으로 느끼고 있는 거지. 따라서 무의식으로 거기에 제동을 거는 게 아닐까 싶어.

은둔형 외톨이들도 비슷한 문제를 안고 있을지도 모르겠어. 사회관계 속에서 자신이 변화하는 것 그 자체에 대한 공포가 있는 게 아닐까. 그것은 단지 '낮게 평가받는 것이 싫다'라든지 '싫은 상사가 턱 하나로 자신을 마음대로 부리는 것이 싫다'와 같은 것만이 원인이 아닌 것 같아.

실제로 인간은 어떤 상황에도 꽤 쉽사리 적응할 수 있으니까 새로운 환경에 몸을 두는 것 자체는 큰 문제는 아니야. 그런데 환경에 적응하는 과정에서 그 환경을 지배하는 사회 규범이 내면화되어서 자기라는 인간 자체가 바뀌어 버리지. 그 '자신이 바뀌는 것'에 대한 불안과 공포가 있는 것처럼 보인다는 말이야.

히라카와: 과연, 재미있는 지적이군. 과거에는 '공동의 어둠'이라는 것이 있어서 그것을 진정시키기 위해서 모두가 자진慈鎭의 의식을 행했지만 공동의 어둠이 없어진 지금, '어둠'은 자신 안에밖에 없어. 즉 애당초 지키지 않으면 안 되는 것은 '지금의 자신'이니까 이것이 바뀌는 것이 매우 싫은 거고. 그건 자네가 제대로 보고 있다는 생각이 드는군. 단 '지금의 자신을 지키기 위해서 자신 안의 어둠을 긍정해 버린다'는 것은 아주 위험하겠지.

우치다: 지금 사람들이 생각하는 '사회성의 획득'이라는 것은 먼저 '자기다움'이 베이스에 있고 거기에 장식으로 따라붙는 연봉이라든지 사회적 지위라든지 문화적 자본 같

은 것이 더해진다는 이미지가 아닐까? '아무리 사회적으로 성장해 가도 자신의 본질은 바뀌지 않는다'는 것이 전제되어 있어.

내면은 바뀌지 않고 외형적으로 부가가치만이 가산되어 가는 거야. 그것이 '성장'이라든지 '사회화'의 자기 이미지라고 생각해. 그래서 내면 그 자체가 바뀌게 될 가능성을 꺼리는 거지. '자기다움'이라는 베이스 그 자체가 흔들릴 것 같은 경험은 하고 싶지 않은 거야.

히라카와: 자신이 자신이 아니게 되어버리는 것에 대한 두려움 같은 게 있는 건가. 지금의 자신을 쭉 지켜 나가고 싶은 것은 신종 '보수 사상'이라고 할 수 있을지도 모르겠군. 넷 우익이라고 불리는 사람들은 모두 그런 느낌이야.

우치다: 개체 레벨에서의 보수지. 물론 16세 정도 되는 아이가 '나답게 살고 싶다'고 말하는 것은 이해할 수 있어. 아직 약하니까. 본체가 약하면 갑옷으로 몸을 무장할 수밖에 없는 노릇이지. 그래서 허약한 내면에 이것저것 외형적인 가치를 장식해서 자기방어를 해. 그것은 당연한 거야. 약한 아이가 우선 디펜스를 강화하는 것은 옳은 일이야.

그런데 삼십대, 사십대가 되어서도 그런다면 그건 잘못된 거지. '자기다움'을 관철한다는 것은 역으로 말하자면 변화할 기회, 성숙할 기회를 계속 놓쳐버리는 것이니까.

세상을 둘러보면 그런 사람들이 있잖아. 사십대, 오십대가 되었지만 성숙할 기회를 놓쳐버린 남자들. 그럭저럭 사회적 지위도 있고 돈도 어느 정도 갖고 있어서 자신을 성공한 어른이라고 생각은 하고 있는데 정서적으로는 중학생 수준밖에 되지 않는 사람들. 그런 '곤란한 아저씨'들이 지금 일본에서는 다수를 형성하고 있어서 그들이 '여론'을 만들고 있어.

뭔가 착각을 하고 있다고 생각하는데 어른이라는 것은 그런 존재가 아니잖아. 성숙이라는 것은 생물학적으로 말하자면 단적으로 '좀 더 복잡한 생명체가 되는 것'이니까. 아이 때 긴급피난의 감각으로 조형한 '자기다움' 같은 것에 매달려 있으면 복잡하게 될 수가 없는 거잖아.

히라카와: 최근에 사업을 하는 사람들에게 이끌려서 긴자의 클럽에 간 적이 있었어. 거기서 이런저런 이야기를 들었는데 호스티스 언니들이 넌더리가 나 있다고 하더군. 왜 넌더리가 나 있는가 하면 손님들이 모두 자기 자랑만 한다는 거야.

말하자면, 세상에 꽤 이름이 알려진 사람들도 '자신을 존경해주었으면 한다'는 마음이 강해. 아직 자신에 대한 존경심이 부족하다, 자신은 당연히 받아야 할 칭찬을 받지 못하고 있다고 생각하고 있는 거지. 그래서 자기 자랑을 계속하는 거야. 그것이 그들에게는 일종의 치유로 작용하는 거지. 그런데 그런 행동을 보이는 것 자체가 아이이기 때문인 거겠지.

우치다: 듣고 보니 그렇군.

히라카와: 세상의 자신에 대한 평가가 충분하지 않다, 자신은 좀 더 칭찬을 받아야 한다고 진심으로 생각하고 있는 거야. 거기에 호스티스들이 넌더리를 내는 거지. 그래서 내가 '호스티스는 그런 멍청이들을 상대할 수 있으니까 대단하네'라고 말했더니 내 인기가 올라가더라고(웃음).

우치다: (웃음)

히라카와: 그 정도로 모두 자기 자랑을 하고 있다는 거지.

우치다: 재미있네. 그 정도로 자신에 대한 평가에 대해서 완전하지 않다는 느낌이 있다는 거로군.

히라카와: '자신에 대한 평가가 부당하게 낮다'는 의식이 매우 강한 거지. '이미 나에 대한 평가는 충분히 받고 있습니

다'라고 말하는 사람은 정말로 적어. '돈, 돈' 하고 외치는 것도 단순히 돈이 필요하다는 것도 있겠지만 역시 '돈=평가'라는 의식을 갖고 '좀 더 평가받고 싶다'는 마음의 발로인 거지. 그런데 그것을 끊어버리지 않으면 어른은 될 수 없어. 긴자에서 놀고 있는 아저씨들도 사회에 나가면 지도적인 위치에 있는 사람들이잖아. 그런 사람들이 자기 자랑만 늘어놔서는 곤란하지.

우치다: 뭐, 자기 자랑 이야기도 '이야기'로서 재미있으면 그래도 괜찮은데 자신에 대한 경의가 부족하다고 생각해서 그것을 어떻게든 해보려고 이야기를 하는 셈이니까 꽤 위험하지. 평가 같은 건 여러 가지 시점에서 있을 수 있는 거아냐. 연봉이라든지 사회적인 지위로 평가받는 일도 있겠지만 그 밖에도 '목소리가 좋다'든지 '마작을 잘한다'든지 '대식가'라든지 '좌흥을 돋우는 솜씨가 좋다'든지 여러 평가 기준이 있잖아.

연봉은 그중 하나의 잣대에 불과한 것으로 그 사람의 일부분밖에 평가하지 않지. 키가 얼마인지와 똑같은 거야. 키가 크면 확실히 여러 편리한 점이 있지만 '키가 큰 나에게 키가 작은 너는 경의를 표해야 한다'는 말이 통하는 것은 기껏해야 초등학교 저학년 정도까지 아냐. '너보다 주먹이 세니까 나를 존경해'라고 말하는 것은 그보다 조금 더 나이를 먹었을 때까지 사용할 수 있지만 대학생이 되어서까지 그런 말을 하는 사람은 없지. 연봉도 똑같아. 연봉의 많고 적음이 경의의 많고 적음과 상관이 있어야 한다고 생각하고 있는 사람은 아이야. 여러 가지 것들이 타인으로부터의 경의의 기준이 되지만 최종적으로는 그 사람이 '어른인지 아닌지'겠지.

타고난 머리가 좋은 녀석이라든지 돈을 잘 버는 녀석이 있는 것은 사실이지만 그런 것은 생득적인 능력이니까. 시력이 좋다든지 코가 좋다고 말하는 것과 다를 바가 없어. '저 친구는 냄새에 예민해. 아 부러워. 나도 좀 더 후각이 좋아지고 싶다'라고 말하고 질투하는 작자는 없잖아. 세상은 그런 사람도 있고 그렇지 않은 사람도 있어. 이런저런 사람이 있다고 생각하면 되는 거야.

다른 사람에게는 그 사람 나름의 장점이 있고 자신에게는 다른 장점이 있다. 그것으로 된 거 아닐까. 연봉과 지위가 경의와 그 사람의 가치와의 사이에 상관관계가 있다고 생각하는 점이 근본적으로 이상해.

히라카와: 이상하지. 단, 이상하긴 한데 지위라든지 연봉이 인간의 가치를 결정한다는 자본 측의 프로파간다가 효력을 발휘하고 있는 거지. 그렇게 하지 않으면 시장이 활성화되지 않으니까. 아무런 사용가치도 없는 금으로 만든 손목시

계가 팔리는 것은 그것이 부자의 심벌이기 때문이고 왜 그런 심벌을 찾는가 하면 존경의 대상이 되기 때문이야. 본래는 다원적이어야 할 인간의 가치가 왠지 모르게 수입과 외모와 지위만으로 단순화되고 말았어.

그런데 그러한 것들은 절대적인 것이 아니라 상대적이기 때문에 다른 사람이 금덩어리를 갖기 시작하면 다이아몬드가 갖고 싶어져. 그래서 무의미한 과당경쟁rat race에 언제나 휘말리게 되는 거지. 그렇게 하면 상품의 판매가 올라가는 구조야, 자본주의는.

우치다: 그런데 아무리 많은 급료를 받아도 회사가 망하면 끝 아냐. 그런 불확실한 것에 자신의 가치를 담보받으려고 하는 게 잘못된 거지.

___사람을 보는 눈이 없어졌다

우치다: 사람들이 요즘은 정말로 '사람을 보는 눈'이 없어졌어. '사람을 보는 눈'이라는 말 자체가 사용되지 않게 되었어. 나는 사람과 만날 때는 한번 얼핏 보고 '아 이 작자는 사기꾼 냄새가 난다'든지 '이 사람은 신용할 수 있다'든지 한순간에 판단해. 직감만을 믿는 거지. 직감적으로 보고 판단을 해서 틀린 적은 별로 없어. 일견 수상한 사람이니

까 경계를 하고 있었는데 사귀어 보니 실은 아주 좋은 사람이었던 경우는 가끔 있긴 하지만. 그런데 요즘은 '사람을 보고' 직감만으로 그 사람의 좋고 나쁨을 판단하는 것을 하지 않게 되었어.

히라카와: 정치가에 대한 평가도 그런 '직감'은 비교적 맞아떨어지고 의외로 유효한 인물 판단이라고 생각해. 아무리 좋은 말을 하고 있어도 '이 작자는 쓰레기야' 하고 알 수 있지(웃음).
그건 어떻게 알 수 있는 걸까. 쓰레기한테서는 쓰레기의 아우라가 나오는 거겠지.

우치다: 중요한 것은 이야기의 내용이 아니니까.

히라카와: '이 사람이 말하고 있으니까 신용할 수 있다'와 같은 아우라를 감지할 수 있느냐 없느냐는 인간으로서 중요한 일이라고 생각해.

우치다: 애당초 우리는 상대가 무엇을 말하는지 잘 모르기 때문에 몸을 앞으로 기울이면서까지 이야기를 들으려고 하는 거 아냐. 그래서 그 이야기가 경청할 만한 이야기인지 아닌지에 대한 판단은 콘텐츠의 옳고 그름과 관계가 없

다는 거지. '이대로 계속 이야기를 들어야 할까, 귀를 닫아
도 좋은가'의 결정은 콘텐츠를 이해한 후에 결정하는 것이
아니야.

자신은 이해할 수 없는 이야기라고 하더라도, 전혀 이해할
수 없지만 이것은 경청할 만한 이야기다, 라는 느낌이 드
는 경우가 있잖아. 자 그러면 무엇을 갖고 그런 판단을 하
는가 하면 말하고 있는 사람으로부터 배어 나오는 '뭔가'
이지.

'나는 이 사람의 이야기를 전혀 이해할 수 없지만, 그것은
상대방이 틀린 것을 말하거나 말하는 방식이 서툴러서가
아니라 내 이해력이 낮기 때문이다'와 같은 식으로 생각
하는 경우가 있어. 그 경우에는 여하튼 자신을 성장시켜서
이 이야기를 이해할 수 있는 인간이 되지 않으면 안 된다
고 생각하잖아.

히라카와: 즉 전하려고 하는 콘텐츠 이상으로 전하는 방식에
그 사람의 도량度量이라고 해야 할까 인격이 드러나지. 말
투와 리액션에는 그 사람이 인생에서 쌓아온 경험이라든
지 지성과 같은 것을 전하는 정보가 아주 많이 포함되어
있어. 그런데 그것을 읽어내는 힘이 없어져 버렸기 때문에
콘텐츠가 중요하다고 열을 올려 말하는 거야. 콘텐츠라고
말하니까 뭔가 있어 보이는 것처럼 들리지만 요컨대 '말할

거리'지.

어떤 책을 인용하거나 학자를 불러서 강의하게 하거나 여기저기서 오려 붙여서 콘텐츠 같은 것 얼마든지 만들어 낼 수 있어. 게다가 선거 같은 경우에는 무책임한 말을 일방적으로 계속 떠들어대는 경우가 많아.

우치다: 지금 일본의 대학생들은 3학년 때부터 취업 활동을 하잖아. 학생에 따라서는 졸업까지 2년 가까이 취업 활동을 해. 왜 이렇게 어처구니없는 상황이 되어버렸는지 분노를 금할 수가 없긴 해.

가장 큰 이유는 채용하는 측에 '사람을 보는 눈이 없다'는 게 가장 큰 이유겠지. 사실 면접시험 같은 건 5초 만에 끝나버려. '예, 채용!' '예, 또 봐요!' (웃음) 자기 자신의 인물을 판정하는 눈에 자신이 없기 때문에 이력서를 보거나 필기 테스트를 하거나 적성검사를 하거나 면접을 몇 번이나 반복하는 거야.

그런데 실은 5초만 이야기해 보면 그 사람의 구체적인 능력은 몰라도, 이 사람과 함께 일을 하고 싶은지 반대로 하고 싶지 않은지를 알 수 있어. 아무리 개인적으로 훌륭한 학력과 경력을 갖고 있어도 '이 사람하고는 일을 하고 싶지 않다'고 생각이 드는 인간은 채용하지 않는다, 그것으로 충분해. 전국의 기업이 다 그렇게 하면 취직 활동 같은 것은 눈 깜짝할 사이에 끝나버리고 말 텐데 말이야. 4학년 초에 졸업논문을 끝내고 난 뒤 정도부터 슬슬 회사를 돌아다니기 시작해서 한 달 정도만 하면 충분하잖아. 2년이나 걸릴 이유가 없지.

히라카와: 정말로 그래. 내 경우는 만난 순간에 결정해서 거의 '잘못 판단'하지만(웃음). 그런데 채용할지 안 할지의 내 기준은 일을 할 수 있는지 아닌지가 아니야. '이 친구와 일을 하면 재미있을까 아닐까'로 정하고 있는데 그것으로 족해.

우치다: 히라카와의 경우는 사람을 채용할 때의 그 '재미' 속에 '문제를 일으킬 리스크'도 들어 있잖아. '이 친구가 회사를 기울게 하는 건 아닐까'와 같은 것도 포함해서 재미있어하니까. 자네는 회사가 순조롭게 성장해 가도록 자기 생각대로 일하는 사람을 모을 생각은 애당초 없잖아. 옛날부터 회사를 위험한 상태에 빠지게 하는 인재를 일부러 선택하고 있다는 느낌이 들거든.

제**3**장

'있을 수도 있었을 세계'에 관해서 생각하는 **지성**

-무라카미 하루키의 세계-

현대 일본이라는 것은 왠지 '그렇게 됐어야 할 세계'가 아닌 것 같다는 느낌이 드는군. 평행 세계 중에서 '그곳에 가면 안 되는 쪽'으로 간 결과가 현대 일본이고, '진짜 일본'은 지금과는 전혀 다른 사회가 아니었을까 하는 느낌이 들어(우치다)

나는 있는 그대로의 현실이라는 것은 결정적으로 뭔가가 없는 상태로 현실이 되었다고 생각하고 있어. 단적으로 말해서 그것은 과거이고 미래이지. 그런 것을 상상력으로 회복시키지 않으면 리얼리티 같은 것은 확보되지 않아(히라카와)

세계적인 평가를 받는 작가, 무라카미 하루키. 무라카미 하루키가 생산하는 소설에 왜 세계 곳곳의 사람들은 매료되는가? 그의 작품에 깃들어 있는 세계성의 비밀은 어디에 있는가?

___ 무라카미 하루키는 '유령 작가'였다!

우치다: 내가 아시야芦屋에 살고 있을 무렵에 도쿄에서 온 친
구가 '아시야는 처음 와보는데 여기는 무라카미 하루키가
살았던 곳이지요'라고 말해서 모처럼 여기까지 왔으니까
'무라카미 순례'라도 하자고 이야기가 되었어. 그래서 먼
저 '폭 50미터의 해안선'을 안내한 적이 있었어. 『양을 둘
러싼 모험』의 마지막 장면에서 '나'가 맥주 캔을 버리는 바
로 그 해안.

확실히 그곳은 슬픈 풍경이야. 아시야 강의 하구에서 매립
지 해안이 구획 지워져 있어서 얼마 안 되는 모래사장만이
남아 있지. 90년에 아시야에 이사 오고 첫 번째 일요일에

딸과 함께 차로 아시야 강의 하구까지 갔을 때 그것을 보고 '아 여기가 그 장소인가……' 하는 감회에 젖었던 걸 지금도 기억하고 있어.

히라카와: 『색채가 없는 다자키 쓰쿠루와 그가 순례를 떠난 해』라는 책 제목에는 바로 그 '순례'라는 문자가 들어 있지. 그 작품에 관해서 자네가 〈문학계文學界〉에 쓴 리뷰(2013년 6월호 「경계선과 사자死者들과 여우의 일」)는 우치다 타츠루 특유의 좋은 분석이었다고 생각해.

우치다: 그 글쓰기의 재료가 된 것이 에토 준江藤淳이야. 에토 준이 쓴 『근대 이전』이라는 평론집이 있어. 1964년에 미국 유학을 마치고 돌아왔을 때 에토는 〈문학계〉에 〈문학사에 관한 노트〉라는 글을 연재했는데 그 연재를 묶은 게 바로 이 『근대 이전』이야. 그 책이 문고판으로 나왔을 때 해설을 써 달라는 청탁을 받고 읽어봤는데 이게 재미있었거든. 특히 우에다 아키나리上田秋成론이 백미였어. 에토 준이 근세 작가 중에서 가장 높게 평가한 작가가 우에다 아키나리야. 반면에 이하라 사이카쿠井原西鶴*라든지 교쿠테이 바킨曲亭馬琴은 데데하고 시시하다고 마구 깎아 내리고 있지. 나는 그 책을 읽고 처음 알게 되었는데, 우에다 아키나리가 살았던 시대의 주자학자들은 지금 말로 하자면 '과학주

의자' 같은 사람들이었던 것 같아. 걸핏하면 '증거를 내보여라'라든지 '실증적 근거를 제시하라'고 주장하고 '유령'이라든지 '원령怨靈' 같은 것은 절대 인정하지 않았어. 그런데 우에다 아키나리는 '유령은 있다'고 생각했거든.

히라카와: 그렇구나(웃음).

우치다: 여우에게 홀려서 걸린다는 정신병이라든지 늑대에게 홀려서 생기는 정신병 같은 것은 에도 시대에 살았던 서민의 일상생활에서는 생생한 리얼리티를 갖고 실재했어. 그런 현상이 '있다'는 것을 계산에 넣고 사람들은 살고 있었던 거야. 그런데 아카데미의 세계에 있는 작자들은 그것에 대해 코웃음을 쳤던 거지. '그냥 병입니다'라든지 '뇌염입니다'라든지. 그러고 보면 에도 시대나 지금이나 똑같아. 어떤 불가사의한 일도 어떻게 해서든 과학적으로 설명하려고 해.

그런데 우에다 아키나리는 민중의 감수성 쪽에 가담해.

---

* 이하라 사이카쿠井原西鶴(1642~1693). 일본 근세 문학가 중 문학사적으로 가장 비중 있는 작가로 평가받는다.『호색일대남』『호색오인녀』『호색일대녀』등과 같은 일련의 호색물 계통 소설을 발표해 대중의 인기를 끌었고 당대의 풍속과 무사 계급을 바라보는 시각을 다룬 작품 등 다양한 주제의 걸작들을 남겼다.

'여우에 홀렸다'고 본인이 생각하고 주위 사람들도 그렇게 생각하면 그것은 리얼한 '여우 홀림'인 거야. 그래서 여우를 떼어내기 위한 의례와 주문이 유효해지지. 그런 세계에서는 사람이 귀신이 들려서 정말로 죽어버리거든. 그런 일이 실제로 일어나. 학자들은 그런 일은 있을 수 없다고 말하지만, 현실에서 일어나고 있는 이상 아키나리는 그 리얼한 측에 섰던 거야. 에토도 또한 아키나리와 함께 근대 이전 사람들이 느낀 농밀한 리얼을 담아내려고 했어.

사이카쿠西鶴라고 하면 욕정이라든지 돈이라든지 의리 같은 것이 리얼의 마지노선이었고 그다음은 없었어. 그런데 실제로는 '이 세상의 것이 아닌 것'이 살아 있는 인간에게 절실히 다가와서 삶과 죽음에 영향을 주는 경우가 있어. 『우게츠 이야기雨月物語』에 수록되어 있는 이야기들은 거의 대부분이 '거기에 존재하지 않는 것'이 리얼하게 다가오는 이야기지. 가장 무서운 게「기비츠吉備津의 가마솥 점占」일까.

히라카와: 어느 고귀한 집안에서 아내를 맞이한 남자가 바람을 피우던 유곽 여자와 함께 집을 떠나 도망쳐. 하지만 죽은 부인의 영이 날아와서 남자를 갈기갈기 찢어놓는 이야기였지.

우치다: 어떤 우연인지, 에토 준의 우에다 아키나리론을 읽은 직후에 무라카미 하루키의 『색채가 없는 다자키 쓰쿠루와 그가 순례를 떠난 해』가 출간되어서 그것을 읽었어. 읽으면서 '아 이거 우에다 아키나리잖아!' 하는 생각이 들었어. 무라카미 하루키 자신도 어느 인터뷰에서 우에다 아키나리에 대해서 썼다는 것이 생각나서 예전의 에세이를 뒤져 보니까 우에다 아키나리에 관해서 썼던 게 있더군. 무라카미 하루키가 근세의 일본 문학자 중에서 가장 좋아하는 사람이 우에다 아키나리라고 쓰여 있었어. 그리고 싫어하는 것은 자연주의로. '자연주의 때문에 일본 문학은 재미없어져 버렸다'고 말하더군.

히라카와: 무라카미 하루키가 해외 작가 중에서 가장 좋아하는 사람이 도스토예프스키라는 말을 듣고 놀란 적이 있어. 스콧 피츠제럴드라든지 레이먼드 챈들러라면 이해가 가는데 왜 도스토예프스키지? 하고 말이야. 생각해 보면 도스토예프스키도 자연주의 작가와는 다른 범주에 속하는 작가였지. 예수를 심판하는 '대심문관' 장면(『카라마조프가의 형제들』에 등장하는 극중극)에서 유장하게 신의 존재나 기적에 관해서 썼지. 마치 '대심문관'이 존재하고 있는 것처럼 말이야. 혹은 『악령』도 또한 리얼리티가 있는 존재로서 그려내고 있지.

확실히 무라카미 하루키는 눈에 보이지 않는 것과 들리지는 않지만, 사람에게 절실히 다가오는 것에 리얼리티를 부여하는 작가라고 생각해. 그 의미에서는 우에다 아키나리라든지 이즈미 교카泉鏡花로 연결되는 계보에 있다고 할 수 있어.

우치다: 맞아 맞아. 무라카미 하루키는 우에다 아키나리와 이즈미 교카의 계보로 연결되는 작가라고 생각해. 무라카미 하루키가 쓰는 이야기에는 대부분 유령이 나오잖아. 유령이 나오지 않는 것은『노르웨이의 숲』한 작품뿐이야. 다른 소설들은 전부 '유령이 나오는 이야기'야.

다루는 소재가 도회적이고 세련되고 문체도 쿨하다 보니까 작품 속에 유령이 나와도 독자는 그냥 어떤 일에 빗대어 작가가 말하고 싶은 것을 은연중에 나타내는 것이라고 해석하고 읽고 지나가 버리지만 실은 그렇지 않거든. 무라카미 하루키에게 '이 세상의 것이 아닌 것'은 이 세상의 중요한 플레이어야.

___ 양남자와 수피즘

히라카와:『양을 둘러싼 모험』도 유령 이야기지.

우치다: 맞아. 얼마 전에 이즈츠 도시히코井筒俊彦 책을 읽다가 보니 '수피즘sufism'이라는 말이 나왔어. 이슬람의 신비주의를 말하는데, 이 신비주의에서도 실제로 수행자는 선이나 요가처럼 깊은 명상 상태에 들어가.

그것에 관해서 이즈츠 선생은 '일상생활을 1층이라고 했을 경우 지하를 향해서 한 계단씩 내려간다. 그중에는 지하 2층까지 갈 수 있는 사람도 있다'라고 써놓았어. 이 '그중에는 지하 2층까지 갈 수 있는 사람이 있다'는 문장을 읽었을 때는 좀 놀라고 말았어.

무라카미 하루키 역시 '우리가 사는 세계의 한 층 밑에 지하층이 있는데 그 또 밑에는 지하 2층이 있어서 거기에는 전근대의 암운이 펼쳐지고 있다'고 썼거든. 지하 2층까지 내려갈 수 있는 것은 극히 예외적인 사람이긴 한데 그런 사람도 거기에 오랫동안 머물 수는 없어. 지하 2층에 내려가서 거기서 경험한 것을 지상으로 돌아와서 이야기하는 것이 작가의 일이라고 무라카미 하루키는 말하고 있어.

히라카와: 역시 굉장한 말을 하는군.

우치다: 그리고 이것은 나도 전혀 몰랐던 사실인데, 이슬람 신비주의에서는 빙의되는 인간은 기본적으로 양羊으로 빙의된다고 하더군. 그런데 필시 무라카미 하루키는 이슬

람 신비주의 같은 것 몰랐을 거야. 그냥 머릿속에 문득 양으로 빙의된 인간, 양의 가죽을 몸에 두른 인간의 상이 떠올랐던 거야. 그런데 '수피'라는 단어의 어원語源이 '양의 모피를 몸에 두르고 수행하는 사람'이야. 그게 바로 '양남자羊男'잖아. 무라카미 하루키가 수피즘에 대해 알고 있어서 양남자를 조형했다고는 생각되지 않아. 실제로 그냥 문득 그 이미지가 떠올랐을 거야.

히라카와: 그건 굉장한데. 그런데 게다가 그것이 이런저런 점과 연관이 있는 거지. 『색채가 없는 다자키 쓰쿠루와 그가 순례를 떠난 해』에는 미도리카와緑川라는 피아니스트가 나오는데 그는 웬일인지 손가락이 여섯 개 있는 거로 나와. '이 손가락이 여섯 개 있는 사람은 역사적으로도 꽤 많이 있었다'는 이야기 속에 『양들의 침묵』에 나오는 렉터 박사도 나오지. 아 그러고 보니 여기서도 '양'과 연결이 되네(웃음).

우치다: 이야기를 거기로 가져가는 거야!(웃음). 그런데 역시, 그런 거였나, 원작에서 렉터 박사는 확실히 여섯 개의 손가락을 갖고 있었지.

히라카와: 뭐라고 해야 할까. 내가 읽은 느낌으로는 그 이야

기 속에 여섯 손가락을 가진 남자를 등장시켜야 할 필연성은 없다고 생각해. 보통으로 생각하면 말이지. 실제로 그 에피소드 자체는 이도 아니고 저도 아닌 상태가 되어버려. 그런데 무라카미 하루키는 썼어. 들어가지 않으면 안 되는 무엇인가가 하루키 안에는 있었을 거야.

___ 구축적이지 않기 때문에 리듬을 탈 수 있다

우치다: 무라카미 하루키의 놀랄 만한 점이라고 하면 그 정도로 훌륭한 이야기 세계를 최종적으로 완성하지만 실은 그가 구축적인 작가가 아니라는 점이지. 무라카미 하루키 소설을 읽은 사람들은 모두 미리 설계도가 있고 그것에 기초해서 세부를 채워나가는 식으로 썼다는 인상을 받을 거야. 그런데 이것은 본인도 몇 번이나 썼듯이 실은 전혀 계획 없이 써나간다는 거야. 여하튼 한 줄을 쓰면 그 한 줄에 이끌려서 다음 한 줄이 나오는 식으로 말이지. 그것을 계속할 뿐이라고.

재미있던 것은 전에 시바타 모토유키柴田元幸 선생 수업에 하루키가 깜짝 게스트로 등장해서 학생들과 대화를 한 적이 있는데 그때 어떤 학생이 『세계의 끝과 하드보일드 원더랜드』는 〈세계의 끝〉 부분과 〈하드보일드 원더랜드〉 부분을 따로따로 쓰고 다 쓰고 나서 그 두 가지 이야기를 번

갈아 배열한 것입니까?'라고 질문을 했다고 해.

그러자 무라카미 하루키의 대답은 확실히 〈세계의 끝〉 부분과 〈하드보일드 원더랜드〉 부분은 두 개의 다른 세계이긴 한데 쓰고 있는 본인은 '같은 이야기'를 쓸 생각이었다고 말한 거야. 잠시 옆방에 갔다가 다시 돌아오는 것과 같다고. 실제로 그런 식으로 썼다고 해.

무라카미 하루키라는 사람은 설계도에 기초해서 부품을 조립하는 것이 아니라 기와를 쌓을 때 앞에 이미 쌓은 기와의 튀어나온 부분에 맞추어서 다음 기와를 얹는 식으로 글을 쓰는 거지.

미국의 미스터리 작가의 작품이라든지 할리우드 영화 같은 걸 보면 작품 속에서 시간을 뛰어넘거나 돌아오는 것이 있잖아. 그것은 대부분은 일단 시계열時系列 순으로 모두 쓰고 나서 전후를 바꾼다고 해. 영화의 시나리오 같은 것은 먼저 마지막까지 스토리를 완성하고 그것을 해체하고 나서 전후를 바꾸는 전략을 사용하지. 예를 들면 갑자기 클라이맥스 같은 장면이 있고 관객이 의미를 알 수 없어서 갈팡질팡하고 있을 때 '그 일주일 전' 장면이 들어와서 배경 설명이 시작되는 것과 같은 장치가 많잖아. 〈미션 임파서블 3〉 같은 것은 완전히 그랬거든.

그런데 『세계의 끝과 하드보일드 원더랜드』는 그런 작위적인 순서 바꾸기가 아니야. 무라카미 하루키의 세계에서는 다름 아닌 그런 순서로 일들이 일어나고 있는 거지.

히라카와: 나도 전적으로 그렇게 생각해. 물론 머릿속에서는 동시진행으로서 구축적 사고를 하고 있는 면도 있을 테지만. 그것은 『1Q84』 안에도 있었지. 이야기의 구조만은 상당히 구축적으로 만들어졌다는 생각이 들어. 그것은 괜찮지만 일반적으로 말해서 구축적으로 썼다고 하면 나중에 읽었을 때 재미가 없어. 이야기거리가 분산되면 그것으로 끝나버리니까.

구축적이라는 것은 어디에서 이야기가 움직이기 시작하는지 알 수 없는 현재 진행형의 두근거림이 없어서 왠지 설계도를 보고 있다는 느낌이 들어. 나는 무라카미 하루키의 작품 중에 에세이는 별로 읽지 않았지만 소설은 거의 다 읽었거든. 게다가 몇 번이나 반복해서 읽었어. 그런데 내용은 별로 기억이 안 나(웃음).

그런데 희한한 것은 무라카미의 작품을 읽다가 보면 여하튼 기분이 좋다는 거야. 특히 『바람의 소리를 들어라』 『1973년의 핀볼』 『양을 둘러싼 모험』과 같은 초기 3부작은 아주 기분이 좋았어.

그 '기분 좋음'은 어디에서 오는 것일까 하고 생각해 보았는데 이야기 속에 나 자신이 들어가서 작자와 똑같은 눈길로 '앞으로 어떤 일이 일어날까'와 같은 불안을 함께 체험하고 있다는 느낌이 들기 때문이 아닐까. 그것은 무라카미 하루키 자신이 그런 글쓰기 방식을 취하고 있기 때문에 빚어지는 거라고 생각해.

틀림없이 구축적으로 쓰지 않기 때문에 설명 없이 비약해서 희한한 등장인물이 갑자기 나오기도 하는, 즉 옆길로 새는 감각인데 그 감각이 상당히 기분이 좋거든. 그 방법이 제대로 실현되지 않은 것이 『애프터 다크』야. 그 책은 꽤 의식적으로 카메라의 눈 같은 것을 구축해서 쓴 작품이라고 생각하는데 역시 별로 기분이 좋지 않았어.

뭐, 비교하는 것도 좀 주제넘긴 하지만 내가 문장을 쓸 때도 구축적으로 쓰려고 하면 대개 실패하고 말거든. 재미있는 글이 되지 않아. 오늘도 조금 전까지 원고를 쓰고 있었는데 '노인은 괴로운 법이지'라는 이야기를 쓰고 있었다고 생각했는데 갑자기 신란親鸞* 이야기가 나오고 거기서 요시모토 다카아키 이야기가 나오고 하는 식으로 전개해 나갔는데, 애초에 그런 이야기는 전혀 생각하지 않았거든.

처음에 말을 딱 놓으면 세계에 하나의 직선이 그어졌다는 느낌이 들어. 그러다 보면 그때까지 분화되지 않았던 것이 왠지 모르게 두 개로 나누어지지. 그걸 보고 또 하나의 말

---

* 신란은 일본 가마쿠라 시대 전반에서 중기에 걸쳐 활약했던 고승이다. 정토진종淨土眞宗의 종조宗祖로 여겨지고 있다.

을 놓아 보고. 그러면 또 세계가 나누어지고, 뭐 그런 느낌으로 이야기라는 것이 만들어지는 게 아닐까. 사실은, 독자가 제대로 이 작가가 만든 리듬에 올라타 주면 되는 거야. 리듬이 작가와 독자에게 맞으면 재미있는 작품이 되고 역으로 맞지 않으면 역시 재미없는 작품이 되는 게 아닐까.

조금 더 말해보자면 무라카미 하루키라는 사람의 작품은 그런 '리듬을 타고 가는' 것과 같은 읽기 이외에는 불가능한 게 아닐까 싶어. 다름 아닌 이야기를 이어가는 그 순간에 독자인 자신도 입회하고 있다는 느낌이 드는 읽기. '이것은 도대체 어디로 가는 것일까?' 하는 두근거림을 즐기는 읽기를 하지 않으면 '뭐야 이 지어낸 이야기는?' 같은 느낌이 든다고 생각해.

『코끼리의 소멸』이라는 단편집 중에 「잠」이라는 희한한 소설이 있어. 비교적 긴 작품인데 아이도 있고 남편도 있는 부인이 어느 날부터 갑자기 잠을 잘 수 없게 되어서 쭉 잠을 자지 않는 이야기야. 그런데 남편은 쿨쿨 잠을 잘 자거든. 여하튼 주위의 사람들은 누구도 부인이 잠을 못 이룬다는 것을 알아채지 못하고 있어. 그런 식으로 잠 못 드는 이야기를 계속 써나가는 거지. 그러다가 잠들지 않아도 아무렇지 않게 되어버리거든. '인생의 3분의 1을 다들 자는데 나는 자지 않아도 될 것 같다'는 느낌이 드는 거지.

그래서 '잠이라는 건 간접적인 죽음이라고 생각했는데 전혀 아니구나'와 같은 이야기가 계속 되다가 '이 이야기는 도대체 어디로 가는 것일까?' 하고 생각하게 만드는 희한한 이야기야.

마지막은 '오늘도 자지 않고 나는 집안일을 하고 있습니다'와 같이 이렇다 할 결말도 없이 끝나. 마치 츠게 요시하루つげ義春*의 '이씨 일가는, 실은 아직 2층에 있습니다'처럼 끝내는 방식(웃음). 소설로서는 꼭 성공했다고 할 수 없을지 모르겠지만 읽으면서 그의 문체에 쓱 올라타다 보면 '잔다는 것은 어떤 의미일까?'와 같은 것을 함께 생각하게 되지. 그 점이 매우 흥미로워.

우치다: 구축적으로 문장을 쓰는 사람은 결론이 이미 있어. 결론이 정해져 있다고 하면 거기에 당도하기 위해서는 최단 거리로 가면 되는 거니까, 도중에 옆길로 샜다고 해도 그것은 그 '결론'에 도달하기 위한 장식적 소도구에 불과한 거야.

그런데 어떤 결론이라든지 해결책으로 가져가기 위해서

---

* 일본 만화를 예술의 수준으로 끌어올렸다고 평가받는 만화가. 작품의 수가 많지 않고 작품 활동을 접은 지도 오래지만 열성 팬이 많아 현재도 계속해서 미디어에서 그에 관한 특집 기획이 끊이지 않고 있다.

도구적으로 사용되는 에피소드 혹은 인용 같은 것을 읽다 보면 정말로 애처로운 생각이 들어. 그런 것을 도구로 사용해서는 안 된다고 생각해. 그런 소도구와 등장인물에도 각각 고유의 생명이라든지 인정과 도리 같은 것이 있거든. 그것들을 도구적으로 이용해서는 안 되는 거지. 그것의 리얼리티를 통째로 받아들이지 않으면 안 돼.

그래서 결론이 먼저 있고 구축적으로 쓰인 이야기는 아무리 거침없다고 하더라도 읽다가 보면 어딘가에서 괴로워. 그런 것보다는 거기에 묘사되고 있는 것 하나하나가 쓰임으로써 축복받고 있다는 느낌이 드는 문장이 좋아. 그런 것은 읽다가 보면 기분이 좋거든. 팅커벨이 비늘과 같은 가루를 흩뿌리면서 하늘을 날듯이 작가가 한 줄 한 줄에 축복을 선물하면서 쓰고 있는 문장은 읽어보면 알 수 있잖아. 그런 텍스트는 한 줄 한 문장만으로도 읽을 만한 작품으로서 성립한다는 느낌이 들거든.

___ 이 세상에 속하지 않은 것이 절실히 다가온다는 것

히라카와: 지금 한 이야기를 듣고 있다 보니 수수께끼라고 생각하는 것이 하나 있어. 화가 고흐는 예를 들어 보리밭 같은 것을 매우 개성적인 필치로 그렸잖아. 해바라기 같은

것도 반짝반짝 몹시 휘어져 있어. 그런데 그것은 수사법 rhetoric이라고 해야 할까, 이른바 그림의 수사修辭로서 묘사한 것이 아니라 고흐에게는 정말로 그런 식으로 보였던 것이 아닐까. 지금 식으로 말하자면 시각 이상이 되겠지만 말이야.

우치다: 그렇군.

히라카와: 고흐로서는 '리얼리즘'이라고 생각하고 그렸을 텐데 결과로서는 매우 개성적인 표현이 된 거지. 그 가능성은 있다고 생각해. 아르튀르 랭보 같은 사람은 '모음母音에 색깔이 붙어 있다'고 말했는데 하루키도 혹시 그런 특수한 감각의 소유자일지도 모르겠어. 나 자신은 그런 것은 전혀 없어. 지극히 평범하고 재미없지. 그런데 자네는 UFO를 본 적도 있지 않아. 우주인과 대화를 나눈 적도 있지?

우치다: 우주인과 대화를 나눈 적은 없어(웃음). 그런데 나 또한 우에다 아키나리가 말한 '여우에 홀린 전근대의 인간'이니까, '이 세상에 속하지 않은 것'이 절실히 다가오는 것은 리얼하게 느낄 수 있어.

히라카와: 리얼하게 보이는구나.

우치다: 보인다고 해야 할까. '리얼하구나' 하고 피부로 느끼지. 옷장이라든지 찻잔과 똑같이 거기에 당연히 존재하는 것으로서 느낄 수 있어. '있어?'라고 질문을 받으면 '응, 있어'라고 대답하는 느낌.

히라카와: 그 대목이 자네하고는 50년 가까이 친구로 지내고 있지만 가장 이해하기 어려운 점이야(웃음).

우치다: 확실히 뇌과학자인 이케가야 유지池谷裕二의 책에도 나오는데 최근 뇌과학의 연구에 의하면 일종의 뇌질환이 있는 인간에게는 '고흐처럼 보이는' 경우가 있는 것 같아. 그래서 자네가 말한 대로 고흐는 사실적으로 그렸을지도 몰라. 고흐 자신은 단지 '눈에 보이는 대로' 대상을 그렸을 뿐인데 다른 사람의 눈으로 보면 '이런 이상한 모양과 색 같은 것은 존재하지 않아. 그래서 이것은 기교적으로 만든 거야' 하고 생각하는 거지.

얼마 전에 수학자인 모리타 마사오森田真生에게 들은 이야기인데 공감각자共感覺者 중에는 숫자에 색깔이 붙어서 보이는 사람이 있다고 해. 그런 사람에게 물어보면 색깔뿐만 아니라 '호리호리한 느낌'이라든지 '날카로운 회색'이라든지 '부드러운 보라색' 같은 식의 감촉도 포함되어 있지.

그중에는 1부터 7000 정도까지의 숫자가 전부 다른 표정을 가진 것으로 감지할 수 있는 사람도 있는 것 같아. 그런 사람의 경우에는 예를 들면 2 곱하기 3이라는 수식을 보면 그 곱셈의 결과인 6의 색채와 감촉이 보이는 모양이야. 그래서 머릿속에서 계산하고 있는 것이 아닌 거지. 곱셈의 결과인 숫자가 느닷없이 곧바로 나타나는 느낌이라고 해야 할까. 그런 사람에게는 숫자 하나하나가 고유한 인격과 같은 것을 지닌 것으로 보이나봐.

히라카와: '이 색과 이 색을 합치면 이 색깔이 될 거야' 같은 느낌으로 자연스럽게 나오는 거군.

우치다: 맞아. 본인에게는 당연한 거라고 해. 〈큐브〉라는 영화가 있었는데, 어딘가 이상한 작은 방에 몇 명의 남녀가 갇혀 있어서 방 하나에 출구가 상하 사방으로 여섯 개가 있지. 그런데 출구를 잘못 찾으면 죽임을 당해. 그런 상황 설정이 되어 있는 드라마야. 어느 출구로 빠져나와야 되는지 다들 그 단서를 찾던 중 누군가가 '출구에 새겨져 있는 숫자가 소수라면 안전'이라는 법칙을 발견하지.
그런데 13 혹은 61 같으면 괜찮은데, 몇십 단위의 숫자라고 하면 보통 사람은 그것이 소수인지 잘 모르지. 그런데 갇혀 있는 멤버 중에 사방증후군savant syndrome을 앓고 있는 남자가 있어서 그는 소수를 아는 거야. 아무리 단위

수가 많은 숫자를 봐도 그 숫자가 소수인지 아닌지를 바로 판단할 수 있지.

모리타 마사오에 의하면 정말로 소수에는 소수 고유의 색깔과 감촉이 있는 것 같아. 숫자에 색깔이 있는 것으로 보이는 것은 알 수 있을 것 같은데 그것을 더하거나 곱한 후에 나온 숫자도 색깔과 감촉으로서 보인다는 것은 굉장해.

히라카와: 응, 굉장하네. 그런데 자네도 아는 바와 같이 나에게는 그게 없단 말이야. 물론 다소는 있다고 생각은 해. 있다고 말하지 않으면 아무도 내가 쓴 것을 읽어주지 않을 테니까 말이지. 그런데 뭐라고 하면 좋을까……

옛날에 시를 썼으니까 말인데, 지금도 산문은 쓰고 있지만 시라는 것은 전혀 다르거든. 어떤 시인은 메스칼린을 마시고 억지로 환상을 끌어내서 쓴다고도 하는데 내 경우는 정말로 집중해서 언어가 움직이는 느낌이 들 때까지 집중을 하는 거야. 그러면 말이 나와. 그런 식으로 하다 보면 갑자기 단숨에 펜이 움직이는 경우가 있어. 그것이 나온 순간 바로 쓸 수 있는 거지. 그런데 그렇게 해서 말이 나오지 않은 시는 완전히 꽝이야.

우치다: 시는 퇴고推敲해서는 안 되는 건가?

히라카와: 내 경우는 굉장히 많이 고치는데 고치지 않으면 안 되는 시와 순식간에 쓴 시는 전혀 다른 종류의 것이라고 생각해. 어느 쪽이 더 좋은가의 문제가 아니라 교정을 거듭해서 완성한 시는 거기에 글쓴이의 비평이 들어가게 돼. 비평은 작가가 제삼자적인 포지션으로부터 작품을 고쳐보는 것으로, 이 제삼자와 글쓴이인 자기 자신이 대화를 거듭해서 하나의 작품으로까지 가져가는 거야. 나의 글쓰기는 그런 식으로 진행돼. 시인 중에는 직감적으로 일필휘지로 글을 써서 훌륭한 작품을 만들어내는 시인도 있어. 천재라 불리는 시인은 후자와 같은 글쓰기가 가능한 사람일지도 모르겠군. 많은 경우 시는 교정에 교정을 거듭해서 하나의 작품이 된다고 생각하는데 나는 그 교정의 흔적을 가능하면 남기고 싶지 않은 거지. 그게 어딘가 작위적으로 느껴지기 때문에 그래.

고흐 이야기로 돌아가 보면 고흐가 실제로 그런 식으로 자신의 눈에 보였다고 한다면 고흐의 모방자들은 고흐'처럼' 그린 것에 지나지 않는 거야. 그 경우 고흐에게는 리얼리즘이지만 모방자epigone들에게는 추상화 같은 게 되는 셈이지.

어떤 종류의 화가에게는 추상화라는 것도 존재하지 않아서 완전히 그렇게 보였다는 것도 있을지도 모르겠어. 예를 들면 큐비즘이라는 것은 대상의 본질을 추상화하는 하나의 방법인데 만약 대상이 일그러지거나 분해된 상태로 보이는 화가가 있다고 한다면 그것도 그들에게는 리얼리즘이겠지.

리얼리즘은 무엇인가를 생각할 때 이것은 매주 중요한 점이 아닐까 생각해. 내 안에도, 한순간에 시를 쓸 수 있을 것 같은 때가 있었는데 바깥에서 보면 교정에 교정을 거듭한 작품과 거의 차이가 나지 않았거든.

그런데 나는 역시 노력이라든지 정진精進에 신뢰를 두는 편이라서 고흐의 그림과 같은 작품은 굉장하다고 생각은 하지만, 한 장의 그림을 완성하기 위해서 몇 번이나 고쳐 그리고 또 그것을 지우고 그리고 다시 그리는, 자코메티와 같은 작품에 끌려.

그것을 그림 감상이라는 측면에서 본다면 번지수를 잘못 짚은 관점일지 모르겠지만 말이지. 그러니까 문학적이라고 해야 할까, 자신의 머릿속에서 작품을 새롭게 해석한다고 해야 할까. 이런 관점은 메를리 퐁티의 『눈과 정신』에 나오는 이야기인데 회화 작품은 차원을 하나 잃어버린 이 차원의 세계인데 그것을 감상자가 본다는 것은 그 잃어버린 차원을 상상력의 수준에서 회복함으로써 작품이 되는 거지. 그렇기 때문에 선천적으로 타고난 재능이 너무나 탁월해서 도저히 보통 사람은 범접할 수 없는 표현을 만났을 때 '아 굉장하다'라고 생각은 하지만 자신과 작품 사이의 회로는 닫혀 있다는 생각은 언제나 남고 말아. '굉장하네' 라는 감상으로 끝나버리고 그다음 단계로 넘어가지 못하는 거지. 내가 말하는 것 이해할 수 있지?

우치다: 모르겠어. 미안하지만(웃음).

히라카와: 역시 나 자신도 설명을 참 못한다고 생각하고 말하고 있는데 범인凡人이 어느 지점까지 함께 갈 수 있도록 다리를 놔주지 않으면 '너도 달인이 되면 건널 수 있어'라는 말만으로는 안 되는 거라는, 뭐 그런 이야기.

그런 의미에서 나는 고바야시 히데오의 비평을 싫어했어. 비평가로서는 굉장하다고 생각하지만 그가 쓴 내용은 싫어했어. 예를 들면 고바야시 히데오는 '아름다운 꽃이 있다. 꽃의 아름다움 같은 것은 없다'와 같은 문장을 써. '그야 뭐 그럴 테지'라고 생각해. 그로서는 깊게 납득한 깨달음을 이야기한 거라고 생각해. 그런데 거기에 이르게 된 여정을 좀 더 써주었으면 어땠을까 싶어. 어떤 것이 좋다고 한다면 그것을 좋다고 생각하기에 이르게 된 여정을 제대로 써 주었으면 하는 바람인 거야. '달인의 경지에 이르게 되면 알게 된다'는 말만 일방적으로 하고 입을 다물면 곤란하다는 거지. 최근에는 좀 바뀌기는 했지만 말이야.

우치다: 뭐, 고바야시 히데오를 너무 좋아했기 때문에 반발하고 말았다는 이야기입니다, 왠지 죄송합니다, 이런 이야기군(웃음). 그런데 왜 이런 이야기가 나온 거지?

히라카와: 왜 그랬을까? 모르겠어. 적어도 우리가 '구축적으로' 이야기를 하고 있는 게 아니라는 것은 알 수 있을 것 같아(웃음).

___ 우물 저 밑에서 솟아나오는 무라카미 하루키의 세계성

우치다: 무라카미 하루키가 등장했을 때에는 '도회적이고 세련된 단편을 쓰는 작가'라는 식으로 다들 취급했지. 그런 작가라고 하면 일본에도 얼마든지 있으니까 그다지 두드러진 평가를 받지는 않았어. 실제로 나중에 '무라카미 하루키 추종자'로 무라카미 하루키풍의 문체로 쓰는 작가들이 나왔으니까. 지금도 일본뿐만 아니라 유럽과 미국에도 무라카미 하루키처럼 쓰는 작가는 많이 있어. 그런데 그런 모방자들은 지역의 작가로 끝나고 무라카미 하루키 한 명만이 세계성을 획득했어. 어디에 차이가 있었을까, 그것을 보지 않으면 안 된다고 생각해. 다소 문체가 비슷하더라도 무라카미 하루키와 그 추종자들 사이에는 보고 있는 것과

쓰는 것이 달라.

우에다 아키나리가 '여우'를 쓰면 독자는 여우를 리얼하게 느끼지. 그것은 '여우의 메타포'가 아니기 때문에 그런 거야. 정말로 여우가 있는 거야. 무라카미 하루키가 세계성을 획득할 수 있는 이유도 같다고 생각해. 비현실적인 것을 메타포로서가 아니라 리얼리티로서 썼기 때문에. 무라카미 하루키는 그런 일을 할 수 있었지.

무라카미 하루키가 쓴 '양남자'라는 것은 어떤 메타포가 아니라 그냥 실재하는 거야. 무라카미 하루키는 '양남자'를 정말로 자신이 계속 쓰고 있는 이야기 안에서 만났어. 그래서 자신의 '지하 2층'에서 '양남자'를 만난 적이 있는 독자는 '앗 이거 나도 알아'라고 생각하는 거지. 이슬람 신비주의 사람들이라고 하면, 일본인이지만 수피가 트랜스 상태에서 보는 것과 같은 것을 보는 사람이 있다고 생각할 거야. 결국, 세계 어디에도 신비주의라는 것은 기본적으로는 '우물에 들어가서 그 안에서 변용變容하는' 이야기란 말이야. 조금씩 세세한 부분은 달라도 대개는 똑같아. 즉 그것은 인간의 '유적類的 경험'이야.

'깊은 명상 상태에 들어가서 그 안에서 이상한 것과 만나는 것'은 세계 곳곳에 있는 신비가들이 경험한 것이야. 물론 그런 걸 한 번도 경험해 본 적이 없는 사람도 있어. 그래서 경험한 사람은 자신의 경험을 기억해서 글로 남기는 거지. 그런 경험담이 먼 기원전부터 계속해서 문학적, 종교적 자원으로 축적되어 와서 그 위에 현대의 문화가 있는 거야. 따라서 전혀 다른 문화적 문맥에 있는 일본인 작가가 자신들의 문화의 심층에 있는 경험과 비슷한 것을 쓰면 그거야 놀랄 수밖에.

히라카와: 그 유적인 경험의 가장 깊은 곳에 닿고 있는지 아닌지가 '문학의 세계성'을 획득할 수 있는지 아닌지의 열쇠라는 거군. 아무리 로컬한 이야기를 써도 그것이 인류사적으로 보편적인 체험과 접합되어 있으면 문화적인 배경이 달라도 그리고 시대가 달라도 독자의 심금에 닿을 수가 있지. 그런데 독자는 그 이야기의 무엇이 자신의 마음의 심금에 닿는지는 잘 모르지.

나는 무라카미 하루키의 작품을 읽으면 기분이 좋다고 느끼기는 하는데 왜 기분이 좋은지는 잘 몰라. 머리로 이해한다든지 감정을 공유하는 것과는 다른 차원의 힘이 거기에는 있어. 그것은 꽤 보편적인 힘인데, 그것을 우리는 제대로 말로 할 수가 없어. 그래서 작가는 문학 작품이라는 것을 계속 쓰는 거지.

예를 들면 2006년에 터키 작가 오르한 파묵이 노벨상을 받았는데 그의 작품도 틀림없이 인류의 유적인 경험과 닮은꼴이 있었기 때문에 높게 평가받았을 거야. 터키의 정치

정세나 문화적 배경에 관해서 우리는 거의 아무것도 모른다고 해도 과언이 아니지만 그런데도 이 작품을 재미있게 읽었어. 그것은 역시 파묵의 소설이 인류사적 경험의 광맥과 같은 것에 닿았기 때문이라고 생각해.

좀 더 말해보자면 작가의 세계성이라는 것은 작가가 이야기를 어떤 종류의 구축된 모형 안에 끼워 넣으려고 하는 것이 아니라 역으로 시대 상황과 정치 상황에 의해서 구축되어버린 모형적 사고를 해방해 주느냐 아니냐 하는 거야. 그것에 힘입어 독자는 자신 안에 계속 흐르고 있지만 제대로 설명할 수 없고 볼 수도 없는 인류사적인 기억이라든지 경험과 공진共振하는 듯한 이야기를 발견하는 것인지도 몰라. 독자는 그런 작품을 읽음으로써 스스로는 생각지도 못했던 이미지를 팽창시킬 수 있지. 바로 그것 때문에 독서 그 자체가 하나의 리얼한 경험이 되는 거고.

우치다: 근원적인 이미지를 자극할 수 있느냐 없느냐가 중요한 거지. 융이라고 하면 '원형'이라고 말했을 바로 그 이미지. 세계성을 가진 작가는 결코 '원형'을 지식으로서 알고 그것을 토대로 해서 쓰는 게 아니야. 그게 아니라 '원형'을 그때그때 개인적으로 소생시키고 있다고 생각해.

작가 자신의 '지하 2층'에 내려갔을 때 태고의 인류가 세계를 구조화할 때 사용한 모델과 똑같은 모델을 만나는 거지. 독자의 관점에서 본다면 그 작품을 읽으면 태고의 원형적인 이미지가 출현했을 때의 '생성의 리얼타임'에 입회하게 해주지. 그런 작품이 세계적 문학 작품이 될 수 있을거야.

히라카와: 맞아. 실은 나도 좀 전에 그런 말을 하고 싶었어(웃음).

___ 일상의 노동을 그리는 압도적인 묘사력은 세계적인 작가의 공통 항목

우치다: 그리고 세계성을 가진 문학에서는, 어느 것이든 '노동'이라는 것이 매우 중요한 토픽이라고 생각해. 주인공은 '노동하는 사람'이야. 글을 쓰는 것도 역시 '노동'. 그래서 무라카미 하루키의 경우는 글을 쓰는 것을 '구멍 파기'라는 메타포로 파악하고 있는 것 같아.

단지 일하는 것이라고 하면 집을 짓든 도기를 굽든 빵을 굽든 어떤 메타포라도 상관없을 텐데 무라카미 하루키는 철저하게 '구멍을 판다'라는 메타포를 고집해. 매일 끌을 갖고 딱딱한 암반을 탕탕 두드리다가 보면 냉기가 느껴지고 암반 저편에서 물소리가 들려와서 어느 날 마지막 일격이 지하 수맥과 통해서 거기에서 물이 분출하는…… 이것이 무라카미 하루키가 문학적 영위營爲에 관해서 반복해서 사용하는 메타포인데 똑같은 메타포에 대한 이상할 정도의 고집에 나는 흥미를 느껴. 하루키는 젊었을 때부터 이 메타포밖에 사용하지 않았으니까 말이지.

이 비유는 아마도 무라카미 하루키의 신체적 실감이었기 때문이라고 생각해. 정으로 딱딱한 암반을 탕탕 계속 두드리는 행위. 작업 자체는 평범하고 루틴한 일이지만 일하는 본인은 그것이 루틴하지 않은 거지. 진짜 작가는 그럴 거라고 생각해. 작가는 루틴을 좋아해. 매일 똑같은 시간에 똑같이 책상 앞에 앉아서 지멸있게 일하는 사람.

나는 알베르 카뮈의 소설을 아주 좋아하는데 그 이유 중 하나는 카뮈가 묘사하는 '사람이 뭔가를 만들고 있는 장면'이 너무 좋기 때문이야. 카뮈는 정말로 상세하게 노동의 구체적인 순서를 잘 묘사해. 카뮈의 유작이 된 자전적 소설인 『최초의 인간』 중에 소년 알베르 카뮈가 숙부가 근무하고 있는 나무통 공장을 방문하는 장면이 있어. 숙부를 포함한 장인들이 나무로 술통을 만들고 있는 묘사가 길게 계속되는데 읽고 있으면 두근두근해서 거기에 빨려 들어갈 것 같은 느낌이 들어.

숙부가 사냥을 하러 가는 장면도 그래. 아침 일찍 일어나서 도시락을 만드는 장면부터 시작되지. 전차를 타고 시골로 가서 총 손질을 하고 사냥을 하고 토끼를 잡아서 요리해서 먹고 낮잠을 자고 돌아오는…… 이런 장면은 이야기 줄거리하고는 어떤 관계도 없지만 거의 열락悅樂에 빠지게 해. 사람이 뭔가를 만들거나 손질이 잘 된 도구를 사용해서 요리하거나 사냥을 하는 묘사 그 자체에 빠져들고 말아. 어쩌면, 이런 묘사에 빠져드는 사람은 나 혼자일지도 모르겠지만(웃음).

히라카와: 자네는 멜빌 같은 작가에 관해서는 어떻게 생각해?

우치다: 멜빌도 두근두근하지. 『모비딕』에서는 고래를 해체하는 장면 같은 게 쉬지 않고 계속 이어지지. 아마도 '멜빌 애호가'라는 건 그 고래를 해체하는 기술적인 묘사를 좋아하는 사람이라고 생각해. 모비딕을 무너뜨리는 것 따위는 별로 중요하지 않거든. 고래를 잡아서 해체해서 기름을 짜는 장면을 '페이지수를 늘리기 위해서 그랬을 거야'라고 생각하는 사람은 멜빌의 매력을 모르는 거야. 그런 대목이 멋지지 않아?

헤밍웨이도 비슷한 점이 있다고 생각해. 일전에 시바타 모토유키 씨가 고베에서 낭독회를 열었는데 그때 시바타 씨가 읽은 게 본인이 번역한 헤밍웨이의 「살인자들The Killers」이었어. 이게 대단했어. 「살인자들」은 살인청부업자라는 특수한 직업의 특수한 마음가짐(에토스)과 특수한 기능에 관해서 쓴 단편인데 시바타 씨의 낭독을 들으면 정말로 두근두근거려.

그리고 잭 런던의 「불을 지피다」도 영하 60도가 되는 곳에서 성냥으로 불을 지피는 게 다인 이야기이지만 어떻게 성냥을 이용해서 불을 지피는가 하는, 그 상세한 묘사가 계속 나와서 읽고 있으면 가슴이 두근두근하지.

인간이 고도의 집중력을 갖고 수행하는 작업을 기술적인 세부 사항까지 묘사해서 그것으로 독자를 끌어들이는 것은 작가의 힘이 가장 많이 나오는 곳이라고 생각해. 역시 처음에는 아주 평범한 일상생활의 묘사로 시작해. 그런데 그것을 읽어 나가다 보면 어느 지점에서 문득 '깊은 곳'에 들어가고 말지. 그러면 지하 수맥 소리가 나거나 냉기가 느껴지거나 물 냄새가 나거든. 독자를 처음부터 갑자기 '밑바닥'으로 끌고 들어가는 게 아니야. 등장인물이 예외적인 집중력을 갖고 진행하는 작업의 세세한 묘사를 읽고 있다가 보면 갑자기 일상생활의 밑바닥을 관통해버리지.

이런 그야말로 별 것 아닌 일상의 노동의 묘사를 어떻게 쓸 수 있는가라는 대목이 일류 작가와 이류 작가의 차이를 만드는 게 아닐까. 무라카미 하루키가 대단한 것은 스파게티를 만드는 장면이라든지 다림질을 하는 장면이라든지 잔디를 다듬는 장면과 같은, 이야기의 흐름과 관계가 없는 세세한 부분을 정말로 독자들에게 읽게 하는 점이지. 일상적인 도구를 사용해서 매일매일의 이렇다 할 게 없는 노동을 하는 사람들을 아주 매력적으로 그릴 수 있다는 것. 이것이 세계적 작가가 공통으로 가진 재능이라고 생각해.

___ 무라카미 하루키의 표현은 비유가 아니다!?

히라카와: 자네의 말씀대로야. 무라카미 하루키의 단편을 이것저것 읽어보면 역시 디테일이 좋아. 극단적으로 말하자면 단편이라는 것은 그다지 내용이라고 해야 할까, 드라마틱한 스토리 전개가 없어도 괜찮아. 단 리얼리티만은 절대로 필요하지.

예를 들면 『도쿄 기담집東京奇譚集』의 수록 작품 중에 주인공이 '화요일이 되면 혼자서 혼다의 투시터 오픈카(그린 매뉴얼 시프트 모드)를 타고 다마강을 건넌다' 같은 묘사가 있어. 그러고 나서 조금 있다가 주인공을 연모하는 여성과 레스토랑에 식사를 하러 가는데 '파란색 푸조 306 오토매틱'이라는 묘사가 나와. 여기서 상세하게 설명하고 있는 차 종류와 색깔은 이야기하고는 직접 관계가 없고 어떤 비유도 아닌데 두 개의 자동차는 그 소유주를 상징하는 기호지. 그런데 그것만으로도 이 두 사람이 어떤 종류의 인간인지 알 수 있어.

『양을 둘러싼 모험』 같은 소설도 별 것 아닌 한 단어, 예를 들면 귀의 형태에 시선이 빨려 들어가는 묘사가 있는데 우리도 비슷한 경험을 어딘가에서 한 적이 있거든. 나는 중학교 다닐 때 조회 시간에 내 앞에 앉아 있는 사람의 귀에 눈이 빨려 들어가서, 참 희한한 모양을 하고 있군 하면서 왠지 다른 세계로 끌려 들어가는 것 같은 경험을 한 적이 있어. 그 경험 자체는 평소에는 잊고 있었지만 어딘가 마음 깊은 곳에서 잠들어 있지.

무라카미 하루키 작품에 묘사되고 있는 디테일은 잊고 있던 것조차도 잊었던 기억을 불러 내준다는 느낌이 들어. 그리고 대사 하나하나가 굉장히 뛰어나. '페이지의 여백과 같은 모습이었다'와 같은 표현은 좀처럼 쓸 수 있는 게 아냐.

우치다: 실은 나는, 무라카미 하루키에 대해서 '비유를 잘한다'고 말하는 것은 잘못되었다고 생각해. 그것이 아니라 무라카미 하루키는 실제로 '그런 식으로' 느끼고 있는 것 같아. '랩에 싸여서 냉장고에 갇힌 오이의 마음'이라든지 (웃음). 이런 표현은 아무리 머리로 생각해도 나오지 않거든. 리얼하게 느낀 적이 없으면 '뭔가 이런 느낌을 표현하는 좋은 말이 없을까?' 하고 생각하고 만들어 낸 것이 아니거든. 랩에 싸인 채 냉장고 문이 탁 닫혀서 '앗' 하는 오

이의 기분이 되어보지 않으면 나오지 않는 비유이기 때문에.

그래서 이런 표현을 할 수 있다는 것은 평소에도 세상만사에 대해서 상당히 주의 깊게 관찰하고 있고 동시에 도구라든지 물건에 공감하는 능력이 있다는 거라고 생각해. 츠쿠모가미*는 아니지만, 자신의 주위에 있는 도구라든지 물건이 모두 생명을 갖고 있는 것으로 느껴져서 그런 것들의 생활감과 같은 것을 표현하려고 하면 그런 비유가 나오는 게 아닐까.

그것은 '생명을 갖고 있지 않은 물건을 어떻게 배열해서 수사적으로 이용할 것인가'와 같은 생각을 갖고 묘사하는 게 아닐 거야. 정말로 모든 물건이 미세한 목소리로 자기 주장을 하고 있거나 미세한 리듬으로 노래하거나 이야기하고 있는 것을 느껴서 그것을 말로 바꾸는 거지. 그런 것을 들을 수 있으면 아무리 미세한 묘사라고 하더라도 거기에 극적인 것이 출현하는 거야.

히라카와: 그럴지도 모르겠군. 마치 입시 공부처럼 비유를 단련하면 좋아지느냐 하면 그걸로도 어느 정도는 좋아질지

---

* 付喪神. 100년이 넘은 물건에 깃들어 변신을 하거나 사람들에게 해를 끼치거나 한다고 여겨지는 정령.

모르지만 어디까지나 입시 공부처럼 쌓아 올린 것에 지나지 않겠지. 아주 정말로 비유를 잘하는 사람은 예를 들면 오이를 본 것만으로 그 맛과 독특한 모양과 냄새에 대한 공감각을 가질 수 있기 때문에 훌륭한 비유를 사용할 수 있다고 할 수 있지 않을까. 사물을 언제나 그런 식으로 관찰하고 있는 거지.

이전에 오다지마 다케시小田嶋 隆 씨와 이야기를 하다가 어떻게 그렇게 그림을 잘 그릴 수 있는지 물어본 적이 있었어. 오다지마 씨는 그림을 그리는 것은 관찰하는 것이고 관찰을 하고 있으면 보이지 않았던 것이 보인다고 말해서 감동받았어. 단, 아무리 비유가 교묘하다고 해도 '재미없다'고 말할 권리도 있어(웃음). 그 작가의 감각에 대해서 독자의 감각이 공진할 수 있기 때문에 그것은 작품 분석 이전에 '아주 잘 알겠다' '재미있다'는 이야기가 되는 것이지.

나에게는 작품 분석을 넘어서서 감각으로서 '안다'든지 '재미있다'는 모드로 읽을 수 있는 것은 일본 문학에서는 무라카미 하루키와 다자이 오사무太宰治 정도야. 스토리는 어떻든 상관없이, 문장을 읽는 게 즐겁다고 말할 수 있는 문체를 그 두 작가는 갖고 있거든. 그런 문체는 어떤 부분만을 발췌해서 읽어도 그것을 누가 썼는지 알 수 있어.

___『세설』은 재미없다?

우치다: 대체로 좋은 작가, 재미있는 작가의 작품을 어떻게 읽을 것인가라고 할 때 물론 처음에는 시작부터 읽지만 나중에는 몇 번이고 '그 대목을 읽자'라고 생각해서 딱 펼치기도 해. 『세설細雪』 같은 소설을 나는 그렇게 읽어.

히라카와: 자네는 『세설』이 재미있다고 생각해?

우치다: 그야 재미있지. 『세설』이 제공하는 문학적 기쁨은 나에게는 무라카미 하루키가 주는 것에 매우 가까워. 『세설』과 『바람의 노래를 들어라』는 '아시야芦屋' 문학의 양대 산봉우리야. 내가 도쿄에서 간사이 지방으로 왔을 때에 주저하지 않고 '산다고 하면 아시야!'라고 정한 것은 무라카미 하루키와 다니자키 준이치로谷崎潤一郎의 성지였기 때문이지.

히라카와: 나는 잘 모르겠어. 알고 싶기는 해. 나가이 가후永井荷風가 격찬했으니까 당연히 좋겠지만 말이야. 좋은 건 당연하다고 생각하지만 몇 번이나 도전했는데 도저히 끝까지 다 읽지 못했어. 다시 한번 제대로 읽어봐야겠군.

우치다: 『세설』을 다 못 읽었단 말이야? 음…… 나에게는 그
만큼의 희열을 가져다준 독서 체험은 좀처럼 찾을 수 없는
데. 스무 살이 지나고 나서 읽은 책 중에서 그 정도로 두근
두근했던 책은 별로 없었어. 이렇다 할 사건 같은 것은 아
무것도 일어나지 않아. 물론 홍수가 일어나거나 연애를 하
거나 사람이 죽는 일은 있어도 기본적으로는 몰락해가는
선착장의 부르주아 계급인 후지오카 집안 네 자매의 미적
생활의 나날에 대한 기록이니까. 꽃구경을 하러 가거나 초
밥을 먹으러 가는 것뿐. 그런데 그 대목이 좋아.

히라카와: 나는 『세설』의 처음 부분을 읽었을 때 '이건 체홉
인가' 하는 생각이 들었어. 나는 체홉은 아주 좋아하거든.
번역임에도 불구하고 잘 알 수 있지. 러시아인의 세세한
생활 같은 것 잘 모르는데도 읽다가 보면 미세한 감각까
지 손으로 잡을 수 있을 정도로 알 수 있단 말이야. 그런데
『세설』은 아시야 부근의 독특한 느낌을 아무리 해도 알 수
가 없어.

우치다: 나도 잘 몰라. 그 책에 나오는 것은 쇼와 17년(1942)
무렵의 전쟁 때의 아시야라서 이미 존재하지 않는 장소이
니까. 아시야 같은 거리는 고베에 오기 전까지 한 번도 가
본 적이 없었기 때문에 나의 뇌리에서 그렸던 것은 환상

속의 아시야지.

___ 이웃한 세계를 리얼하게 느끼는 상상력

히라카와: 조금 전에 소개한 무라카미 하루키의 단편에 나오는 「잠들지 못하는 유부녀」는 잠을 자지 못할 때 계속 『안나 카레니나』를 읽어. 몇 번이고 읽지. 그래서 읽을 때마다 의미가 다르게 다가오는 거야. 그래서, 참으로 '세계의 깊숙한 곳에는 지하실이 있고 거기에 닿는 사람, 닿고 있는 사람이 있다'는 감각이 『안나 카레니나』 안에도 있는 것 같다고 쓰여 있어. 꽤 상세하게 묘사되어 있는데 아마도 무라카미 하루키에게는 그녀의 그런 감각이 보이기 때문에 그렇게 쓸 수 있었을 거야.

우치다: 이것은 무라카미 하루키 자신이 여러 곳에서 쓴 건데, 그는 오컬트를 싫어해. 그런데 그 이유가 또 재미있단 말이야. '다른 사람의 전생을 안다든지 가족 구성을 안다고 하는 것은 마음만 먹으면 누구든지 가능한 일이니까'라고 말해. 자신도 알 수 있다고 하거든. 의식을 집중하면 눈앞에 있는 상대방의 직업이라든지 가족 구성 정도는 알 수 있어. 그 정도의 능력을 도구로 사용해서 다른 사람으로부터 돈을 갈취하거나 교조가 되어서 존경을 받는 일은 용

서할 수 없다고 하지. 이건, 무라카미 하루키가 '보통 사람 같으면 이 정도는 당연히 할 수 있다'고 설정한 라인이 우리 같은 보통 사람이 생각하고 있는 라인보다도 훨씬 높다는 거야.

히라카와: 그렇군.

우치다: 무라카미 하루키의 작품에는 곧잘 벽을 통과하는 이야기가 나오는 것 같아. 『1Q84』에도 자신들이 있는 세계의 바로 옆에는 비슷한 세계가 셀 수 없이 병렬해 있어서, 문 안으로 오른발부터 들어갔는지, 왼발부터 들어갔는지에 따라 실은 세계가 바뀌어져 있다는 식의 이야기가 있었지.

'그때 그렇게 했으면 이렇게 되었을지도 모를 세계'라는 것을 몇 가지 이 세계의 옆에 병렬해서 상상하는 힘이라는 것은 실은 매우 중요한 지적 능력이라고 생각해. 그런 종류의 상상력을 가진 사람은 꽤 리얼하게 '그때 그렇게 했으면 이렇게 되었을지도 모를 세계', '단추 하나 잘못 꿰었으면 들어가 버렸을지도 모를 세계'를 느낄 수 있지. '벽 통과'를 할 수 있는 사람은 그런 지력을 가진 사람을 의미하는 게 아닌가 생각해.

즉 문을 열었을 때 오른발부터 들어갔는지 왼발부터 들어갔는지로 바뀔 정도의 세계의 차이 같은 것 어떤 의미에서는 아무래도 그만이잖아. 그것으로 뭔가 바뀌었다고 해도 거기에 대단한 차이가 있을 리 없지. 하지만 그렇게 해서 '그렇게 됐을지도 모를' 세계를 병렬적으로 얼마든지 상상할 수 있는 사람은 자신이 있는 세계와 병렬 세계 양쪽을 비교해봤을 때, 바뀐 것이 아니라 '그럼에도 절대로 바뀌지 않는 것'을 발견할 수 있다고 생각해.

우리 같은 범인에게는 눈앞에 있는 현실은 모두 똑같은 현실감을 갖고 다가와. 그런데 '벽 통과'를 할 수 있는 사람의 눈은 다른 현실감을 느껴. 얼마 안 되는 입력의 차이로 즉 오른발부터 들어가는가 왼발부터 들어가는가 정도로 바뀌고 마는 세계를 세세하게 상상할 수 있는 사람은 '아무리 뭔가가 변화해도 절대 바뀌지 않는 것'이 무엇인가를 분별할 수 있어.

지금의 나의 눈으로 본다면 강고한 리얼리티가 있는 것으로 보여도 그것은 좀 전에 내가 오른발부터 앞으로 내디뎠는지 왼발부터 앞으로 내디뎠는지 정도의 차이로 발생한 현실일지도 몰라. '벽 통과 작가'가 그것을 보면 그런 현실은 아마도 그 현실감이 희박하게 보인다고 생각해.

한편 '무슨 일이 일어나도 절대로 변하지 않는 것'도 인간 세계에는 있을 테고, 그것은 우리의 자그마한 선택과 조작으로는 미동도 하지 않아. 그런 것을 '벽 통과 작가'가 보면 확연하게 짙은 윤곽을 갖고 보이지.

'벽 통과 작가'는 자신들의 세계에 있는 것들을 '똑같은 현실'로서 보지 않는다고 생각해. 윤곽이 짙은 현실이 있고 윤곽이 옅은 현실이 있는 거지. 그래서 그들이 단지 담담하게 일상의 이런저런 일을 가치 중립적으로 기술해도 예컨대 벽지 모양을 기술해도 거기에는 확실한 현실성의 농담濃淡이 나와. 요철凹凸과 깊이가 나오는 거지.

세계적인 작가가 쓰면 극히 일상적이고 평범한 것을 묘사해도 극적인 것이 돼. 멜빌의 고래 해체 장면이나 잭 런던의 성냥을 켜는 장면이나 카뮈의 나무통을 만드는 장면은 세계성을 갖는 문학이 될 수 있어. 그것은 아마도 그것과 똑같은 것이 우리와 이웃한 평행 세계에도 있기 때문일 거야. 평행 세계에도 있고 모로코에도 있고 남태평양에도 있고 미국 서부에도 있어. 어디에도 있는 거지. 그것은 짙은 윤곽을 가진 거야.

훌륭한 작가는 그런 종류의 현실을 인식하는 방식으로 신체적으로 절실히 다가오는 리얼리티를 길어올리는 게 아닐까. 『1Q84』에서는 1984년의 도쿄 옆에 병행해서 존재하는 도쿄가 그려져 있는데 「개구리 군 도쿄를 구하다」에서도 개구리 군과 함께 은행원이 도쿄를 구한 이야기와 그가 단지 정신을 잃어버렸을 뿐인 이야기가 병행하고 있지. 이것은 양쪽이 존재하는 거야. 개구리 군이 있는 세계와 없는 세계가 있어. 그런데 그 두 가지는 인접해 있어. 이런 평행 세계의 이야기는 상상력 풍부한 작가는 자신도 모르게 생각해 내고 마는 것이 아닐까. 무라카미 류도 예전에 그랬지.

히라카와: 『5분 후의 세계』는 평행 세계의 이야기였지.

우치다: 『식스티나인』도 현실의 1969년이 아니라 무라카미 류 식으로 '있었을지도 몰랐을 세계'를 그렸을 거야. 북한이 일본을 침공하는 『반도를 나와라』도 그래. 그런 일이 일어난 세계에서 일본인이 어떤 식으로 행동하는가를 생생하게 상상할 수 있는 능력은 훌륭한 작가에게 고유한 것이라고 생각해.

그런 작가적 상상력을 가리켜 무라카미 하루키는 '벽 통과'라고 말하고 있는 것 같아. 그것은 영靈 능력자가 '그러면 지금부터 이 벽을 통과해 보겠습니다'라고 말하는 마술 같은 게 아니라 작가적 상상력을 의미해. '현실이란 무엇인가?'와 같은 것에 관해서 근원적으로 생각하기 시작하는 계기가 '벽 통과' 같은 게 아닐까.

히라카와: 평행 세계의 이야기라고 하면 보통은 '눈앞의 현실과 어디가 다른가'에 눈이 가기 마련이라고 생각하는데 중

요한 것은 '다르지 않은 것은 어딘가'라고 묻는 거로군. 작가적 상상력이란 있었을지도 모를 과거와 있을지도 모를 미래라는 것을 얼마만큼 리얼하게 그려내는가 하는 것에 달려 있겠지. 있었을지도 모를 과거라는 것은 실제로 있었던 과거와 거의 등가라고 생각하게끔 하는 상상력이 명작을 만들어내는 거겠군.

___ 가마타에서 생각하다

히라카와: 실은 말이야, 최근 6개월간 쇼와 7년(1932)의 가마타蒲田를 조사하고 있어. 가마타라는 곳은 지금은 존재감이 없는 곳이 되어버렸잖아. 뭔가 단지 난잡하고 지저분한 거리라는 느낌이 드는 곳이지. 나도 지금까지는 잘 몰랐어. 문헌적으로도 맞닥뜨린 적도 없었고 말이지.

그런데 조사를 해보니 거기는 엄청난 곳이었더군. 전쟁 전 쇼와昭和 시대에 '가마타 모던'이라는 말이 있을 정도였고, 역의 동쪽에는 쇼치쿠 영화사의 가마타松竹蒲田 스튜디오가 있었고 서쪽에는 커다란 구로사와黑澤 공장이라는 게 있었어. 거기에는 당시 다른 곳에서는 유례를 찾아볼 수 없는 공장 커뮤니티가 있었던 거야.

구로사와 상회를 만든 구로사와 테이지로黑澤貞次郎는 이 장소를 '우리 마을'이라고 이름 붙이고 공장 커뮤니티로 만들었지. 영국의 에베네저 하워드Ebenezer Howard가 제창했던 이상의 공동체를 가마타에 만들려고 한 거야. 그래서 수도를 자신들이 끌어오고 테니스 코트를 만들고 자가 농원과 교회를 만들었어. 구로사와는 크리스천이었거든. 구로사와 공장 바로 옆에는 황실에 그릇을 조달하는 오오쿠라 도원大倉陶園이 있어서 이쪽도 꽃밭 속의 공장과 같은 취지로 만들어진 거지.

그래서 가마타 주변은 일본에서 가장 아름다운 마을이었어. 겉보기에 아름다울 뿐만 아니라 누구도 생각지 못한 유토피아를 우직한 수단을 다 동원해서 만들려고 했어. 그 의욕은 어디에서 왔을까를 요즘 생각해.

시부사와 에이이치澁澤榮一라든지 고토 게이타五島慶太(도쿄 급행전철 창업자)라든지 고바야시 이치조小林一三(한큐 도호阪急東宝 그룹 창업자)도 모두 가마타에 결집해 있었지. 시가지 조성에서는 유럽에 있었던 유토피아 사상에서 영향을 받았어. 게다가, 쇼와 7년이라면 5. 15사건*이 있었던 해로 전년에는 만주사변이 있었고 몇 년 뒤에는 중일전쟁

---

* 1932년 5월 15일 대일본제국 해군 내의 극우 청년 장교를 중심으로 한 반란 사건으로 호헌 운동의 중심이었던 이누카이 츠요시 수상이 암살되었다. 이 사건으로 인해 일본의 정당 정치가 쇠퇴하고 군부의 폭주를 제어할 수 없게 되면서 일본은 파시즘으로 치닫게 되었다.

으로 돌입하는 시기였어. 그리고 전중, 전후를 통해서 가마타의 유토피아는 잿더미로 돌아가고 말았어. 그러니까 결국, '도대체 전쟁이 없었다면 그 가마타는 어떻게 되었을까?' 하는 생각이 드는 거야.

우치다: 유토피아 사상은 원래는 로버트 오웬이라든지 윌리엄 모리스와 같은 영국인의 사상이잖아.

히라카와: 맞아. 유토피아 사상은 미국에서도 점점 확대되고 있었지. 그래서 일본에서는 철도회사 같은 데서 가마타를 모방해서 비슷하게 공동체를 만들려고 했지만 전쟁으로 전부 사라지고 만 거야. 실은, 쇼와 7년에 오즈 야스지로가 쇼치쿠 가마타에서 〈태어나기는 했지만〉이라는 무성영화를 한 편 찍었어. 그 영화를 보면 전쟁 전과 전쟁 후에 너무나도 동네가 바뀐 것에 놀라게 되지. 화면 안에서 어쨌든 '지금'과 같은 것이 비춰지고 있는 것은 아닌가 하고 찾지만 찾을 수가 없어. 전쟁을 중간에 끼고 다름 아닌 평행세계parallel world가 있는 것처럼 다른 거야.

우치다: 아, 그렇군. 전쟁 전후로 무라카미 하루키적인 평행세계가 생겨나게 된 거군.

히라카와: 맞아 맞아. 그런데 말이지. 거기에서 단 두 가지 '바꾸지 않은 것'을 발견했어. 그것은 철탑과 용수로였어. 결국 강의 흐름이라는 것은 메워져도 알 수 있는 거지. 우리는 전쟁 전과 전쟁 후의 일본을 알고 있어서(전쟁 전에 관해서는 자세히는 모르지만) 급기야 그 '차이'에만 주목하기 십상인데 전쟁 전과 전쟁 후에도 바뀌지 않았던 것은 무엇인가를 생각하는 것에도 의미가 있다고 생각해. 그러면, 먼저 철탑이나 용수로라고 하는 '물리적인 것'을 들 수 있는 거지.

그다음에 내셔널리즘의 기원 같은 이야기에도 연결되지. 당시 도회道會(기독교, 유교, 노장 사상, 일본의 예로부터 내려오는 사상 같은 것을 융합해서 창설된 신흥 종교)라는 모임이 있었어. 그 도회를 주최했던 것은 마츠무라 카이세키松村介石라는 사람인데 거기에 모리무라 그룹을 만든 모리무라 이치자에몬森村市左衛門이라든지 구로사와 공장의 구로사와 테이지로라든지 도예陶藝의 오쿠라 카즈치카大倉和親 같은 사람들이 들어왔어. 오카와 슈메이大川周明*도 있었

---

* 도쿄 재판에서 민간인으로서는 유일하게 A급 전범으로 기소되었으나 정신이상 감정으로 유일하게 기소되지 않고 풀려났다. 군부 인사들과 가까웠던 극우 사상가로 5.15사건에도 가담했고 전후에는 이슬람 경전 〈코란〉 전문을 번역하는 등 이슬람 연구로도 널리 알려졌다.

지. 이처럼 사업가와 사상가들이 기독교와 불교와 신도를 서로 섞어놓은 듯한 것을 연구하고 있는 도회에 모여들기 시작한 거야. 그리고 일본에 이상향이라는 것이 가능한지 아닌지 상당히 진지하게 연구를 한 거지.

그런데 그것이 전쟁으로 인해 산산조각이 나고 말아. 그때 탄생한 여러 가지 것들이 그대로 남아 있었다면 도대체 어떻게 되었을까 하는 것이 내가 지금 가장 흥미를 갖고 있는 문제야.

당시의 가마타 인근의 실업가들은 '이익은 이차적인 문제고 이것은 도락道樂이다'라고 말했는데, 오쿠라 도원의 본사에는 지금도 '도락인 한은 다른 사람에게 폐를 끼쳐서는 안 된다'는 창업자의 말을 걸어 놓았어. 그러한 전쟁 전에 있었던 에토스라는 것도 그 전쟁 때문에 전부 파괴되어 완전히 다른 게 된 거라고.

우치다: 이상한 이야기이긴 한데 현대 일본이라는 것은 왠지 '그렇게 됐어야 할 세계'가 아닌 것 같다는 느낌이 드는군. 평행 세계 중에서 '그쪽으로 가면 안 되는 쪽'으로 간 결과가 현대 일본이고, '진짜 일본'은 지금과는 전혀 다른 사회가 아니었을까 하는 느낌이 들어. 패전을 거쳐서 만들어진 지금의 일본이 가상현실이고 '전쟁을 하지 않았던 일본'이 현실적인 세계이고.

예를 들면 1942년의 미드웨이 해전에서 대패한 시점에서 제국 해군은 주력 함대를 잃은 후 더 이상 전쟁에서 이길 가능성이 사라져 버렸어. 그래서 거기서 강화 조약 체결로 갔으면 일본은 그 정도로 심하게 망가지지는 않았을 거야. 본토 공습으로 수십만 명의 일반 시민이 피해를 당하는 일도 없었을 테고 히로시마와 나가사키에 원폭이 떨어지는 일도 없었겠지. 물론 만주도 한반도도 대만도 남양 제도諸島도 해외 영토는 전부 손에서 놓지 않으면 안 되었을 텐데 그럼에도 대일본제국의 정체政體는 전후에도 얼마간은 계속되었을 거야.

실제로 기도 고이치木戸幸一 내무상內務相이나 요시다 시게루吉田茂는 42년의 미드웨이 해전 패전 시점에서 이미 강화 교섭을 시작하려고 했지. 그 공작이 성공해서 42년에 강화 조약을 맺은 일본에는 에도 시대 이래의 거리와 경관이 일본 곳곳에 남아 있었겠지. 전사자 수도 아마 몇만 명 정도에서 그쳤을 거야.

최종적으로 일본의 전사자는 민간인을 합쳐서 310만 명에 달했는데 거의 대부분 마지막 1년 동안에 집중적으로 나왔어. 진주만 공격에서 일본 측의 전사자는 64명이었어. 역사적 패배를 맛본 미드웨이 해전에서조차 전사자는 3,000명이었으니까. 전사자나 공습에 의한 사상자는 1944년에 절대 국방권絕對國防圈*이 무너지고 난 후에 집중적으로 나온 거야.

그래서 1944년이 되고 나서도 아직 괜찮았으니, 더는 전쟁에서 이길 수 없다는 걸 안 시점에서 전쟁 지휘부가 '피해를 최소한도로 막기 위해서는 어떻게 하면 좋을까? 최종적으로 지켜야 하는 것은 무엇인가?'와 같은 후퇴전을 위한 물음으로 머리를 돌렸다고 하면 일본은 그래도 주권 국가로 남고 국토도 국민의 생명과 재산도 보전했을 거야. 북방 4개 섬도 오키나와도 일본 고유의 영토로 미군 기지가 일본에 있을 리도 없었어.

나는 그 '전쟁에서 그렇게 심하게 패배하지 않은 덕분에 대일본제국이 계속되어서 입헌 제정 정체인 가상적 일본'쪽이 '진짜 일본'이 아니었을까 하는 느낌이 들어. 전쟁 지도부가 보통의 합리적, 이성적인 정책 결정을 했다고 하면 '그렇게 되었을' 테니까 나는 그쪽에 나 자신의 '본적지'가 있는 듯한 느낌이 들어.

그래서 최근에 그 '진짜 일본'의 전후가 어떻게 되었을까를 생각해 보고 있어. 아마도 헌법은 몇 번이나 개정되었

---

* 태평양전쟁 때 열세에 선 대일본제국이 본토 방위 및 전쟁을 지속하기 위해 필요불가결한 영토와 지역을 지정해 절대 방위를 명령한 지점과 지역을 가리킨다. 하지만 제공권을 상실한 상태에서의 방어선은 군인의 증원과 물자 보급이 끊어진 상태에서 고립된 점으로 분산되어 무의미하고 처참한 인명 손실을 초래하는 계기가 됐다.

을 거로 생각하는데 아마도 지금도 일본의 정식 명칭은 '대일본제국'이고 우리는 '제국 신민'이었겠지. 패전국이라고 하더라도 일단 국민적 긍지는 유지했을 테고 자신들의 힘으로 전쟁 책임을 추궁할 수 있어서 전승국의 관여를 받지 않고 일본인의 손으로 자력으로 전후 사회 시스템을 제도하고 설계할 수 있었을 거야. 그리고 공습이 없었으니까 도쿄의 풍경도 완전히 달라졌을 거고.

전쟁 전의 제국의 수도는 꽤 근사했지. 에도 시대의 거리 풍경과 메이지 이후의 모더니즘의 거리 풍경이 혼재해 있었고. 만약 대일본제국으로 그대로 있었다면 그 경관은 유지되었을 거야. 파리와 로마 정도까지는 아니라고 하더라도 유럽의 여타 도시처럼 그 나름의 깊이가 있는 모습이 남아 있어서 살고 있는 시민들도 좀 더 차분한 느낌이 들지 않았을까 생각해.

나는 그쪽이 '진짜 일본'이고 지금의 일본이 '거짓 일본'처럼 느껴져. 그런 것을 왠지 모르게 느끼고 있는 사람은 나 이외에도 있다고 생각해.

히라카와: 나도 그것을 뼈저리게 느끼고 있어. 오즈 야스지로의 전쟁 전 작품을 보고 있으면 도쿄는 아름다운 동네였구나 하는 생각이 들어. 가와시마 유조川島雄三 감독의 〈포렴暖簾〉을 보면 전쟁 전의 선착장 주변의 풍경이 나오는데

상당히 매력적인 거리 풍경이었구나 하는 생각이 들어. 그게 세트였을까. 그런데 실제로 전쟁 전 쇼와의 일본이라는 것은 꽤 매력적인 나라였어.

전쟁 전 쇼와의 가마타를 조사해 봐도 그걸 느낄 수 있어. 동네가 아름답다는 것은 어떤 것일까. 역시 당시 지도적 위치에 있었던 사람들의 견식이라는 게 반영되어 있다고 생각하거든. 한편 지금 가마타에 살고 있는 건 그런 사람들의 손자들이지. 그들은 온갖 상속 다툼을 극복하고 지금에 이르렀을 텐데, 아무래도 그런 손자들의 멘탈리티와 당시의 경영자들의 멘탈리티는 전혀 다르지.

전쟁 전의 쇼와 시대를 만들었던 사람들은, 뭐라고 해야 할까. 나라의 욕망과 자신의 욕망이라는 것의 거리감이 절묘했어. 모두 미국과 유럽에서 비즈니스라든지 사상을 배운 사람들인데 자신의 이익보다는 공공의 복지를 우선시 했다고 해야 할까. '자신들의 커뮤니티 만들기'라는 것을 중요하게 여겼어. 그런 것이 있었기 때문에 IBM과 같은 기업이 '함께 일을 하자'고 머리를 숙이고 찾아온 거지. 물론 미국 측은 일본에 자신들의 시장을 넓히고 싶다는 노림수가 있었지만.

하지만 그들이 '이익뿐만 아니라 그 지역에 유토피아를 만든다'는 감각에 자극을 받은 것은 틀림이 없다고 생각해. 작은 나라이지만 거기에는 이상에 불타는 훌륭한 사람들이 살고 있다고.

___ 평행세계를 오가는 무라카미 하루키와
　　　문학의 힘

우치다: '그랬을 수도 있었을 세계'를 상상하는 힘이라는 것
은 지성의 가장 중요한 활동 중 하나가 아닐까 싶어. 그래
서 전후 일본에 관해서 생각할 때 '그 전쟁에서 그 정도까
지 처참하게 지지 않았던 경우의 평행 세계의 일본'을 참
조항으로 삼는 것은 일의 옳고 그름을 판정하는 중요한 단
서가 될 거야.

대체로 일본은 전쟁을 시작했을 때 '미국에 이기면 미국을
어떤 식으로 점령할 것인가'에 관해서 전혀 생각하지 않았
잖아. SF적 상상이라도 좋으니까 그런 것을 세부에 이르기
까지 상상하려고 했다면 이야기는 달라졌을 거야. 일본이
미국을 실효적으로 지배하는 일 따위는 절대로 일어날 수
없다는 것은 과학적인 시뮬레이션을 하면 곧바로 알 수 있
었을 테니까.

어떻게 해서 레지스탕스와 빨치산을 제압할 것인가. 미국
은 건국하고 나서 공식적으로는 '의용병militia'을 편성해
서 육군을 만들었으니까, 헌법 수정 제2조에 있는 것처럼
시민에게는 무장권이 있어. 미국에는 총기 사용에 익숙한

1억 정도의 사람이 있어. 그런 땅을 어떻게 지배할 수 있겠어.

중국조차도 '점'으로밖에는 억누를 수 없었던 일본 육군이 라이플이나 권총으로 무장한 시민들이 가득한 나라를 제압할 수 있겠어. 어떻게 일본에 협력할 미국인을 조직할 것인가. 주 제도와 연방 제도의 어디를 바꾸고 어디를 유지할 것인가. 합중국 헌법은 어떻게 바꿀 것인가. 대본영大本營은 그런 세부에 관해서 아마 아무 생각도 없었을 거야. 미국인의 국민적 멘탈리티에 관해서도 하나도 몰랐지. 미국인은 개인주의적이고 물질주의적이기 때문에 야마토다마시大和魂으로 일갈하면 바싹 오그라들어서 도망갈 게 틀림없다고 말하고 전쟁을 시작했으니까. '전쟁에서 이겼을 경우에 어떻게 행동함으로써 미국 국민과 적절한 관계를 구축할 수 있을 것인가'에 관해서 조직적, 장기적인 계획을 갖고 있지 않았던 나라가 전쟁을 시작한다 해도 이길 리가 없지.

나치스 독일은 지독한 나라였긴 하지만 전쟁에서 이기면 열등 민족은 노예화할 것인지 섬멸시킬 것인지 같은 명확한 프로그램이 있었어. 그런데 일본에는 그런 프로그램이 없었어. 실제로 현장 군인 중에는 '패전 국민은 노예고 죽여도 상관없다'고 생각하고 몹쓸 짓을 한 인간은 아주 많았지만, 그것은 전쟁 지도부가 입안한 '프로그램'에 기초해서 한 게 아냐. 전쟁 지도부는 전 아시아인들이 형제애로 묶여 있는 '대동아공영권' '팔굉일우八紘一宇'라는 몽상적인 프로그램을 머릿속에 그리고 있긴 했지만 그런 건 단지 슬로건에 지나지 않았지. 구체적으로 팔굉일우를 실현하기 위해서 점령한 곳에서 어떤 식으로 영속적인 '형제애 brotherhood'를 구축할까에 관해서 생각한 군인 따위는 없었어.

하지만 미국에는 일본 점령 정책이 제대로 있었어. 루스 베네딕트의『국화와 칼』은 미국 국무부의 의뢰로 쓴 점령 정책 기안을 위한 기초 연구였으니까. 베네딕트는 책에 기초한 지식과 투항한 일본 병사들로부터 들은 이야기에 기초해서 일본인의 생활 감각부터 국가 전략까지를 훌륭하게 그려내서 보여줬어. 그 연구에 기초해서 연합국 총사령부GHQ, General Headquarters of Supreme Commander for the Allied Power*는 일본 점령 정책을 기안했지.

『국화와 칼』에 버금가는 것을 대일본제국 전쟁 지도부는 갖고 있지 않았고 애당초 그런 것이 필요하다는 생각조차 하지 않았어. 자신이 싸우고 있는 해당 적국에 관해서 '이

---

* 제2차 세계대전 후 연합국이 포츠담 선언 및 항복 문서에 입각한 대일 점령 정책을 추진하기 위해 1945년 8월 일본 요코하마에 설치한 연합국 최고 기관.

기면 어떻게 할 것인가?'를 생각하지 않는 나라가 전쟁에서 이길 리가 없지.

나는 말이야, 현대 일본인이 안고 있는 본질적인 문제는 여기에 있다는 느낌이 들어. 그것은 '있었을지도 모를 세계'에 관해서 생각하지 않았다는 것. 우리가 지금부터 앞으로의 일본 사회를 어떠한 곳으로 만들고 싶은가를 생각할 때에 절대로 빠트려서는 안 되는 것은 '그때 그쪽으로 가지 않고 이쪽으로 갔으면 출현할지도 몰랐을 세계' 즉 바꿔 말하면 '다양한 평행 세계'를 리얼하게 상상하는 거라고 생각해.

과거에 '있을 수도 있던 미래'를 상상하는 사고 훈련은 그대로 현재에서도 '있을 수 있는 미래'를 상상하는 사고에 적용할 수 있지. 그런데 그런 식으로 머리를 사용하는 사람은 작금의 '자칭 리얼리스트' 중에는 한 명도 없어. 전혀, 단 한 명도 없어. '지금 여기에 있는 현실'도 얼마 안 되는 입력의 차이로 이것과는 전혀 달라졌을지도 모른다는 것을 이해할 수 없는 사람을 '리얼리스트'라고 부르는 것에 나는 동의하지 않아. 리얼이라는 게 그런 거잖아. 여기에 있는 현실만이 '리얼'하고 그것 이외는 전부 똑같이 '언리얼'이 아닐 텐데 말이야.

지금 여기에는 없지만 '얼마 안 되는 입력의 차이로 있을 수 있는 것'과 '천지가 뒤집혀도 절대로 일어날 수 없는 것'을 똑같이 '리얼이 아닌' 것으로 처리해 버리고 '현실이 아니니까 그것에 관해서 생각할 필요가 없다'고 생각하는 사람은 '리얼'이라는 것에 관해서 이해가 너무 얕아. 그런 인간이 의기양양한 얼굴로 자신을 '리얼리스트'라고 뽐내고 '있을 수 있었던 세계'에 관해서 생각하는 사람을 망상적이라고 믿는 것을 보면 정말로 어처구니가 없지.

하지만 우리의 현실은 '지금 여기에는 모습을 드러내지 않았던' 복수의 평행 세계적 리얼리티에 의해서 둘러싸여 있는 거잖아. 그 복수의 리얼티리를 자신의 상상력과 지력知力을 구사해서 자유자재로 오갈 수 있는 사람이 진짜 리얼리스트라고 나는 생각해.

내가 무라카미 하루키를 높이 평가하는 이유는 바로 그 점이야. 그가 소설 속에서 평행 세계를 계속 그려내고 있기 때문이야. 하루키가 에세이에서도 쓴 건데, 어떤 작품에서 '폭스바겐의 라디에이터'에 관해서 썼더니 독자로부터 '폭스바겐은 공랭식이기 때문에 라디에이터는 없습니다'라는 지적이 들어왔대. 그것에 대해 무라카미 하루키는 '이것은 폭스바겐에 라디에이터가 붙어 있는 세계의 이야기로서 읽어주세요'라고 회답을 했어. 그런 대답이 옳다고 나는 생각해.

그런 식으로 조금씩 '어긋난' 다양한 세계가 있다. 상상력이 있는 사람은 그 복수의 세계를 자유자재로 오갈 수 있다. 그 능력은 아주 중요한 것이다. 그런 메시지로 나에게는 읽혀.

히라카와: 무라카미 하루키의 작품에 국한되었다기보다는, 그것이야말로 문학이라는 것의 힘이라고 말할 수 있을지도 모르겠군. 현대와 같은 시대에서는 모든 것이 '어디에 도움이 되는 거야?' '그것은 얼마야?'와 같은 이른바 등가 교환적인 가치관으로 다 수렴되고 마는데 그 점에서 문학이라는 것은 일견 어디에도 도움이 안 되는 것이 계속해서 쓰여지고 있지.

그런데 현재는 어디에도 도움이 되지 않기 때문에 문제인 것이 아니라 어디에도 도움이 되지 않기 때문에 중요하다고 하는 것을 시야에서 놓치고 있는 것 같아. 뭔가 도움이 된다든지 가성비가 좋다든지 그런 가치 판단의 잣대와는 다른 잣대가 있다는 것을 알아야 한다고 생각해.

리얼리티라고 말하는 경우, 대부분은 실효성이 있는지 없는지를 가치 기준으로 삼고 있지. 경제적 합리성이 없는 것은 리얼리티가 없는 것처럼 말해. 그런데 그것은 지금 곧바로 도움이 되는지 아닌지 지금 돈벌이가 되는지 아닌지 지금 합리적인지 아닌지처럼 지금, 이 순간만 고려하고 있는 '무시간 모델' 속에서의 리얼리티에 지나지 않아. 시간 축을 길게 잡고서 보면 지금 당장 도움이 되는 것은 실제로는 해로운 것 그 이상 그 이하도 아니었다는 일도 있을 수 있고 지금 합리적으로 보이는 것이 실은 말도 안 되는 착각이었다는 것도 얼마든지 있지.

전력에서 뒤처지는 일본이 미국을 이기기 위해서는 즉시 기습 공격을 하는 수밖에 방법이 없었던 것과 똑같은 거야. 조금 더 장기적인 시점으로 생각하면 기습 공격으로 일시적인 승리를 거둔 정도로 이길 수 있는 상대가 아니라는 것은 알 수 있을 테고, 실제로 시뮬레이션을 한 군인들도 알고 있었어. 애당초 장기전으로 가면 버틸 수 없다는 건 누구라도 알고 있었던 거야.

원자력 발전도 마찬가지지. 단기적으로는 확실히 염가로 깨끗한 에너지라는 선전 문구가 리얼리티를 가질지도 모르겠지만 장기적으로 보면 사고를 계산에 넣는 것이 당연한 일이고 사고가 나면 되돌릴 수 없는 사태가 된다는 것, 그것을 수습하기 위해서는 엄청난 비용을 부담하지 않으면 안 된다는 것을 알아야 하고 알았을 거로 생각해. 그런데 장래에 일어날지도 모를 사태에 관해서 리얼하게 상상하는 힘이 결정적으로 없었던 거지.

리얼하다는 것, 즉 있는 그대로의 지금의 현실과 리얼리티는 전혀 다른 거야. 예를 들면 밀로의 비너스에는 팔이 없어. 이것을 팔이 없는 석상으로밖에 보지 않는 것이 작금의 현실주의자이고 작품을 감상하는 사람이 없는 팔을 상상력으로 보충해서 비너스 상을 완성시키는 것, 이 역동성 dynamism에 리얼리티라는 것이 깃들어 있는 거지. 앞에서도 말했지만 그림이라는 것은 이차원의 세계에서 이미 일차원이 빠진 예술로 관객이 상상력으로 그 잃어버린 차원을 회복한다고 메를리 퐁티는 말했어.

나는 있는 그대로의 현실이라는 것은 결정적으로 뭔가가 없는 상태로 현실이 되었다고 생각하고 있어. 단적으로 말해서 그것은 과거이고 미래이지. 그런 것을 상상력으로 회복시키지 않으면 리얼리티 같은 것은 확보되지 않아.

문학도 똑같아서 눈앞의 현실 세계 안에서 안주하고 있는 한 문학의 가치는 없을지도 몰라. 하지만 말이야, 이 현실을 조금이라도 바꾸어 가는, 즉 완성하려고 생각하면 이야기는 바뀌는 거지. 이 현실을 바꾸어 나간다고 해야 할까, 새롭게 편성하기 위해서는 또 하나의 '있을 수도 있었을 세계'를 얼마만큼 리얼하게 그려낼 수 있는가가 열쇠가 된다고 생각해.

우치다: 맞아. 아무리 망상적이라고 하더라도 '있을 수 있는 세계', '있어야 할 세계'에 관해서 그 세계의 촉감과 공기의 느낌을 리얼하게 상상할 수 없는 사람에게는 지금 눈앞에 있는 현실을 바꾼다는 일은 일어나지 않을 테니까.

제4장

글로벌리즘에 '끝'은 있는가?

돈이라든지 기술과 같은 것으로 일원적으로 환원해 가는 사상을 어떻게 해체해 나갈 것인가가 이 나라의 과제라고 생각해(히라카와)

개인이 자신의 신체를 그대로 드러내서 세계와 자연과 타자와 관계를 맺을 수는 없어. '국민'이라든지 '국가' 같은 것은 개인과 세계 사이를 가르는 일종의 차폐막 같은 것이야(우치다)

조세 회피처tax haven, 잔업 대금 제로, 저임금, 나아가 회사가 자유롭게 노동자를 해고할 수 있는 노동 환경. 국민 국가의 틀이 조금씩 붕괴되어 세계는 글로벌 기업의 네트워크에 의해서 재편되려 하고 있다. 이러한 글로벌리즘의 현실에 대해서 우리가 취해야 할 자세는 무엇인가.

___ 마지막은 편의점만 남는다

우치다: 일본의 상점가는 거품경제 시대에 순식간에 붕괴했지. 내 지인 중에 신바시 5번가에 사는 사람이 있어서 그로부터 마을 자치회가 어떤 경위로 해체했는가에 관해서 들은 적이 있어. 그의 말을 들어보니 '아 그래서 그렇게 된 거구나' 하는 생각이 들었는데, 땅투기꾼이 처음으로 노리는 것은 '매상은 별로 없지만, 부지가 넓은 곳'이라고 하더군.

그게 뭐라고 생각해? 공중목욕탕이야. 공중목욕탕은 토지는 넓지만, 매상은 100엔 동전 단위로 들어오는 장사 아냐. 대체로 가족이 경영하고 아이들은 부모의 장사를 이어받을 마음이 없지. 그 기회를 틈타 세대가 바뀔 때 땅 투기꾼이 다가오는 거야.

공중목욕탕이 사라지면 그다음으로 욕실이 없는 아파트에 살던 주민이 떠나. 공중목욕탕이 없으니 어쩔 수 없는 노릇이지. 욕실 없는 아파트에 살던 주민이 사라지면 아파트도 경영을 못 하게 되기 때문에 그다음은 아파트가 사라지지. 아파트도 토지가 넓고 수익이 그다지 있는 장사는 아니잖아. 그래서 공중목욕탕 다음은 아파트가 땅 투기의 대상이 되지.

욕실이 없는 아파트에 사는 사람은 학생이나 독신의 샐러리맨인데 그들은 상점가의 손님이기 때문에 그런 고객이 없어져 버리면 근처의 채소 가게라든지 두부를 파는 곳이라든지 라면 가게가 문을 닫게 되지. 그렇게 해서 먼저 공중목욕탕이 사라지고 이어서 아파트가 사라지고 상점이 사라지고 지역 상점가가 무너지고 마지막으로 편의점만 남게 된다는 거야.

히라카와: 생태계 그 자체가 바뀐다는 말이군. 그 방식은 비즈니스로서는 아주 훌륭하지만……

이전에 왜 상점가가 무너지는지에 관해 필드워크를 한 적이 있어. 이 근처에는 지금도 아주 활성화되어 있는 도고시戸越 긴자 상점가라든지 무사시코야마武藏小山 아케이드,

에바라마치荏原町 상점가가 있는데, 그 바로 가까이에 쇠퇴하여 셔터를 내린 가게들이 즐비하고 있는 미타三間 거리의 상점가가 있어.

왜 한쪽은 번영하고 한쪽은 망했는가 하면 가장 큰 차이는 망한 쪽은 맨션이 있던 곳이었어. 그래서 활성화되고 있는 도고시의 상점가와 망한 미타 거리 상점가의 딱 중간에 있는 오래된 담배 가게 주인에게 취재를 해보니 역시 사업 계승자가 없다는 것과 땅 투기가 겹친 게 아니겠냐고 하더군. 사업을 이어받을 사람이 없는 상점에 맨션업자가 '달콤한 이야기'를 꺼낸 거지.

맨션이 늘어나면 인구가 늘어나니까 상점가는 활성화되는 게 아니냐고 다들 생각해. 그런데 그게 그렇지가 않단 말이야. 맨션에 사는 주민들은 상점가를 이용하고 있던 그 지역의 주민들과는 라이프 스타일이 전혀 달라. 샐러리맨이 많고 저녁 식사는 회사 근처에서 해결하고 맞벌이가 많으므로 주간晝間 인구는 감소하지. 맨션에는 욕실이 딸려 있으니까 공중목욕탕에는 당연히 안 가. 그러니 맨션을 지으면 지을수록 상점가는 장사가 안 되는 거야.

무사시코야마 같은 곳도 지금 맨션을 짓기 시작했으니까 옛날처럼 개인이 경영하는 구멍가게가 아니라 편의점 같은 체인점만 즐비하게 늘어섰지. 도고시 긴자의 경우는 상점 따위가 즐비하게 서 있는 모양새가 옛 모습 그대로 남아 있긴 한데 시간문제일지도 모르겠어. 즉 개발의 귀결로서 상점가가 사라져 가는 거야.

상점가라는 것은 상품을 판매하는 것뿐만 아니라 동네의 성격을 그대로 반영하는 문화적 센터이기도 해. 동네가 바뀌면 상점가는 쇠퇴해 갈 수밖에 없는 노릇이지. 그것은 그 마을에 옛날부터 살고 있던 노인들에게는 다름 아닌 생활공간과 문화적 커뮤니티 양방의 파괴를 의미하니까, 아주 잔혹한 일이지.

우치다: 아주 잔혹하네. 공중목욕탕을 없애는 것은 목욕을 마치고 나왔을 때 마시는 맥주와 탕두부 같은 거로 한숨 돌리고 싶은 인간의 약점부터 공격해 들어오는 셈이니까.

히라카와: 캐나다의 저널리스트인 나오미 클라인이 쓴 『쇼크 독트린』이라는 책이 있어. 내용은 한마디로 하자면 자본주의 비판이야. 이 책에는 2005년에 허리케인 카트리나로 뉴올리언스 일대가 괴멸 상태가 되었을 때, 물론 그 당시 공립학교도 사용할 수 없게 되어 버렸는데, 그 뒤에 무슨 일이 일어났는지에 대해서 소개하고 있어.

뉴올리언스는 흑인이 많은 지역이거든. 즉 그것은 가난한 사람이 많다는 의미이기도 하지. 그래서 많은 사람이 공립학교에 갈 수밖에 없어. 그런데 공립학교는 재정 부담을 안고 있기도 했지. 그런데 카트리나로 인해 학교라는 '상자'가 무너지고 말았어. 그래서 공립학교를 재건하는 대신에 '교육 바우처 제도'를 추진하자고 이야기가 나온 거야. 그러자 그것을 돈벌이 수단으로 삼고 있던 사람들이 학교경영에 참여하게 된 거야. 땅 투기와 똑같은 거지.

그 결과 어떻게 되었는가 하면 수백 개의 공립학교가 거의 사라져 버리고 말았어. 공립에서 남은 것은 주립학교뿐. 한 20개 학교 정도만 남았지. 결국, 그 학교에 들어갈 수 없었던 사람은 모두 교육받을 기회를 잃고 어딘가 다른 곳으로 이사를 하지 않을 수 없게 되었다는 거야.

우치다: 교육과 의료는 민영화되면 반드시 와해되고 말아. 반드시 그렇게 돼. 가난한 사람은 교육을 받지 못하게 돼. 몸이 안 좋아서 움직일 수 없는 사람은 의료 혜택을 받지 못하게 돼. 그런데 생각해 보면 의료라는 것은 본래 약한 사람을 위한 거 아냐. 보험 심사에서 '당신은 병에 걸렸으니까 보험 가입이 안 돼'라고 말하는 것은 아무리 생각해 봐도 도리에 어긋난 거지.

히라카와: 마이클 무어가 찍은 영화 〈식코〉에서 공장에서 손가락을 네 개 잃은 사람과 의사가 치료에 관해서 교섭하는 장면이 있어. '손가락 한 개 치료하는 데 ○○가 듭니다.'

'그럼 오늘은 일단 두 개만 치료해 줘요.' 즉 보험에 들어 있지 않아서 돈을 낼 수 없으면 의료도 상거래의 장이 된다는 것이지.

우치다: 요전에 유俞 선생이라는 캘리포니아 대학의 의료경제학자를 만나서 1시간 반, 미국의 의료 현실에 관해서 이야기를 들은 적이 있어. 미국에서는 의료 민영화가 진행되고 있는데 의료비 총액은 전혀 줄지 않았다고 해. 의료 민영화 체제에서는 보험회사와 일부 사기업은 큰 이익을 얻을 수 있게 되어 있는데 국민 전체는 불행하게 되었다고 유 선생은 말했지.

히라카와: 미국의 의료는 의학적으로는 최첨단일지 모르겠지만 의료 정책으로서는 실패했다고 말할 수밖에 없지. 나도 미국에서 일하고 있었을 때는 입원을 해야 할 병만큼은 절대로 걸리지 않도록 조심했어. 보험에 들어 있지 않은 채 입원하면 '하룻밤에 100만엔'이라는 금액이 청구되니까 말이야. 부자는 의료를 받을 수 있지만 가난한 사람은 보험에 들 수도 없고 의료도 못 받아. 미국은 그런 구조가 되고 말았어. 미국은 본질적으로 자유방임주의자Libertarian의 나라야. '자기 책임으로 행동해라' '평소부터 병에 걸리지 않도록 단련해라' 뭐 그런 주의지. 하지만 그런 건 무리

지.

시모무라 오사무下村治* 등이 '소득 배증론'을 제창했을 때 왜 '격차의 시정'이나 '중간층의 창출'과 같은 말을 했는지 처음에는 나도 잘 몰랐어. 그런데 전후의 흐름을 거슬러 올라가 보면 '아 그랬구나. 이것은 뉴딜 사상이구나' 하는 걸 깨닫게 되었어.

전후는 먼저 연합국총사령부GHQ의 정책으로써 미국의 가장 뛰어난 뉴딜러들이 일본에 이상 국가를 만들려고 했지. 그러고 나서 10년 후에 시모무라 씨의 경제성장론이 나왔어. 즉 미국의 뉴딜러들이 일본에 씨를 뿌리고 그것이 시모무라 오사무로 꽃을 피웠다는 것이 내 가설이야.

그리고 뉴딜러들과 격렬하게 대립한 것이 시카고대학 학파였지. 즉 자유주의적인 경제의 대두는 '뉴딜러 무너뜨리기'부터 왔을 것이라고.

___ 자조 정신은 일본에서는
    뿌리를 내리지 못한다.

우치다: '자조自助 정신'이라는 것은 말로서는 아름답지만, 일

---

* 경제학자이자 경제 관료. 1960년대 전반 이케다 내각에서 국민소득 배증 계획을 입안하는 데 중심적 역할을 했다.

본에 뿌리를 내리게 하는 것은 어렵다고 생각해. 미국의 경우는 배경에 기독교의 자애가 있잖아. 자신을 희생해서 다른 사람을 구한 사람을 숭배하는 종교를 대부분의 사람이 신앙으로 삼고 있지. 그런 신앙을 베이스로 한 상태에서 자조 정신을 장려한다고 하면 실효성을 가질지도 몰라. 그런데 일본의 경우는 그런 신앙이 없으니까. 이웃끼리 어떻게든 서로 얽혀서 상호부조를 하는 것, 그것이 일본의 사회 안전망safety net이니까 말이야. 그래서 자조 정신과는 궁합이 안 좋아.

자조를 '자기 이익의 추구' '의료도 교육도 자기 책임'이라는 식으로 해석하면 일본은 삐거덕거리고 말아. 그런 발상을 가진 사람이 최고 권력자가 되면 그에게는 개인적인 선의 이외에는 사람을 구하거나 지원할 의무가 발생하지 않으니까.

기독교 국가의 경우는, 명목상이라고는 해도 마땅히 따라야 할 인간의 본보기가 제시되어 있어. 공을 이루고 명성을 얻은 자는 약한 자와 가난한 자를 위해서 자애의 행위를 하시오라는 종교적인 강한 구속이 있어. 그런데 그런 구속이 있어도 그 정도이니까. 일본의 경우는 그것보다 좀더 심각한 양상으로 나타나지 않을 수 없게 되지.

히라카와: 나는 실리콘밸리에서 일하고 있을 때 미국이라는

나라는 병들어 있다는 것을 절실히 느꼈지만, 한 가지 감탄한 것은 성공을 거둔 사람이 모두 은퇴한 후에 자신을 키워 준 동네에 기부하는 것이었어. 물론 자신의 재산 전액을 기부하는 것은 아니었지만 말이야. 하지만 기부를 한다는 것이 성공한 사람의 조건이라는 문화는 제법 쓸 만한 것이라고 생각해.

일본에서는 성공한 사람이 기부하는 경우가 드물어. 그들은 집을 짓거나 외제 차를 사 모으지. 그런데 미국에서는 대체로 기부를 해. 그게 대단하다는 생각이 들어. 그런 문화는 어디에서 온 것일까. 일신교이기 때문에 그런 걸까.

우치다: 일신교 신앙이 깊게 뿌리 내린 사회라고 하면 재능은 하늘에서 선물받은 것으로 생각해. 그래서 천부의 재능으로 얻은 재화라든지 명성 같은 것은 애당초 자신의 것이 아닌 거지. 타고난 재능으로 얻은 것은 지상의 개인이 독점해서는 안 되는 것이고 재능의 혜택은 모두에게 분배하지 않으면 안 된다는 사고방식이 불완전하지만 성립해. 그런데 일본인은 그런 '하늘로부터의 선물'로서 자신의 능력을 생각하는 습관이 없잖아. 재능을 선물이라고 생각하지 않지.

히라카와: 재능을 영어로는 'gift(선물)'라고 하지.

우치다: '선물을 받았을 때 그것을 쌓아두고 자신의 것으로 하면 벌을 받는다'는 교훈은 어떤 사회에도 있어. 물론 일본에도 선물을 받으면 반드시 반대급무 의무가 발생하지. 그런데 그런 인류학적 룰의 규범력이 꽤 희박해져 버렸어.

히라카와: 맞아. 확실히 일본에도 있었어. '단나旦那'*라는 말이 있잖아. '단나'라는 것은 주는 것, 희사한다는 의미야. 그런 '단나'도 없어진지가 오래되었어.

___ '거칠게 날뛰는 신을 섬기는 전문가'가 필요

히라카와: 그러고 보니 지난번에 나카자와 신이치中澤新一 씨와 세 명이서 이야기를 했을 때에 나카자와 씨가 '일신교一神敎의 기술'이라는 말을 했지. 자네는 굉장히 적극적으로 동의했는데 나는 솔직히 말해서 잘 이해가 안 갔어. 그것을 좀 풀어서 이야기해봐.

우치다: 좀 긴 이야기가 될 것 같은데(웃음). 결국 그때 이야

---

* 절에 보시를 하는 행위나 그런 행위를 하는 사람, 상점의 주인 등을 가리키는 말로 역사적으로 많이 쓰인 단어이고, 부부 사이에 남편을 지칭하는 용어로도 쓰였다.

기한 것은, 자연의 난폭한 성격이라든지 원자력 발전과 같은 인간이 컨트롤할 수 없는 힘에 대해서는, 그런 '거칠게 날뛰는 힘'과 인간을 연결하는 인터페이스에 전문가를 배치하는 게 필요하다는 거야. 그 인터페이스에 어떤 사람을 배치할 것인가에 관해서는 사회 집단마다 여러 궁리가 있어왔지. 물론 일본에도 독특한 궁리가 있어.

지난번에 마츠에松江와 이즈모出雲에서 노能 작품 〈하고로모羽衣〉를 상연하는 투어가 있어서 거기에 함께한 적이 있었어. 그때 공연 전에 나하고 능악사能樂師인 야스다 노보루安田登 씨가 〈하고로모〉는 어떤 이야기인지를 청중 앞에서 이야기한 적이 있어.

스토리는 자네도 잘 알다시피, 미호三保의 마츠바라松原에서 하쿠류伯龍라는 어부가 길을 걷고 있다 보니 선녀의 옷羽衣이 하나 떨어져 있는 거야. 하쿠류가 '이거 대단한데. 갖고 가서 가보로 삼자!'고 기뻐하고 있는데 선녀가 내려와서 '돌려주세요'라고 말해. 그런 와중에 입씨름이 벌어지고 마지막에 불쌍한 마음이 들어서 하쿠류는 선녀에게 날개옷을 돌려주지. 그러자 선녀는 춤을 보여준 후에 구름에 싸여 사라지는 이야기지.

어부의 이름은 '하쿠류伯龍'라고 하는데 '백伯'이라는 것은 '백악伯樂'이 말을 키우는 명인이라는 의미가 있는 것처럼 원래는 '트레이너'라든지 '컨트롤러'의 의미였어. 그래서 하쿠류는 '드래곤 마스터'라는 의미가 되지. 한편 '용'은 중국의 고대적 형상刑象으로는 '물'을 의미해. 그래서 '하쿠류伯龍'라는 이름은 치수治水, 토목공학 계통의 가계家系를 가리키는 게 아닐까 하는 이야기로 진행이 된 거야.

한편 선녀는 '치수'라는 인간 쪽의 영리함이 미치지 못하는 곳, '인간 바깥'의 힘을 나타내지. 즉 하쿠류伯龍라는 자연의 맹위猛威를 컨트롤하는 것을 본업으로 하는 기술자와 인간에 굴하지 않는 자연력이 여기에서 대치하고 있지. 〈하고로모羽衣〉라는 것은 인간과 자연 사이의 인터페이스에서 일어난 사건의 이야기가 아닐까 하는 그런 이야기를 했지.

이런 이야기에는 일본인의 전통적인 자연관이 확실히 드러나 있어. 사람의 지력이 미치지 못하는 '바깥 세계'가 있다. 인간의 지식도 힘도 거기에는 미치지 못한다. 인간의 이해도 공감도 닿을 수 없는 '일신교의 신'과는 상당히 다르지만 그럼에도 인간의 손이 미치지 못하는 세계가 있는 거지.

그 바깥 세계와 인간 세계의 경계선에는 인터페이스를 지키는 것을 본업으로 하는 전문가가 있어. 일종의 특이한 직능인이 있어서 경계선을 지키는 자, '보초sentinel'로서 일하고 있지. 그들의 일은 자연력이 노골적인 형태로 인간 세계에 침입해 들어오지 않도록 그것을 되돌려보내는 것. 결코, 자연을 지배하려고 하는 것이 아니라 오시쿠라 만주*처럼 단지 밀어서 돌려보낼 뿐이야. 이런 것이 일본인의 전통적인 자연관이고 자연을 컨트롤할 때의 방법이었다고 생각해.

그래서 제대로 한다고 했다면 원자력과 에너지를 도입할 때도 일본화해서, 원자력을 선녀, 원자력 기술자를 '거칠게 날뛰는 신을 섬기는 전문가', 하쿠류 같은 것으로 보고 대우하는 태도가 필요한 게 아닐까 하고 생각했던 거야. 그런 '거대한 자연력과 교섭하는 지혜'는 어떤 사회에도 갖추어져 있었을 테니까 말이지.

히라카와: 그런데 지금은 전문가가 없어져 버렸다는 이야기군. 전문가인 체하고 있긴 하지만 단지 대학에서 원자력을 배웠다든지 혹은 에너지 문제의 전문가라든지 기계나 기기機器, 원자로 등의 설비를 갖춘 건물의 전문가라든지 세분화된 전문가만 있을 뿐 사람의 힘이 미치지 못하는, 거칠게 날뛰는 힘을 전체적으로 컨트롤하는 기술을 가진 진정한 의미에서의 전문가가 없는 거지.

---

* 아이들의 놀이의 일종으로 4명 이상의 참가자가 서로의 등이나 어깨를 미는 놀이로 격렬한 움직임이 체온을 올라가게 하는 효과가 있기 때문에 추운 계절에 많이 행해졌다.

그것은 한 명의 전문가라기보다도 대대로 이어져 내려온
직능 집단 같은 사람들로 거기에는 역사적인 지혜와 기술
이 집적되어 있겠지. 원자력과 같은 것을 다룰 때 그러한
직능 집단의 힘이 필요하다는 이야기군.

우치다: 맞아. 과거에는 일본에도 다양한 분야에 하쿠류 같은
존재가 있었지. 어부라든지 사냥꾼이라든지 혹은 배를 조
종하는 사람이라든지 동물을 제어하는 자라든지 농부도
치산치수의 엔지니어도 그런 경계선을 지키는 직능자들이
었다고 생각해. 그래서 자연계로부터 들어오는 거대한 힘
을 제어하는 복잡 미묘한 일을 담당하고 있었어.

하쿠류는 처음에는 날개옷을 가보로서 사유화하려고 했지
만, 선녀에게 돌려달라는 말을 듣자 '그 정도로 가치가 있
는 것이라고 하면 나라의 보물로 하자'라고 생각하지. 하
지만 선녀가 체면이고 무엇이고 신경 쓸 겨를이 없게 되어
슬퍼하니까 '불쌍하니까 춤을 보여주면 돌려주겠다'라고
말하지. 그렇게 말하면서도 '그런데 날개옷을 돌려주면 춤
을 추지 않고 그대로 하늘로 돌아가는 것이 아닐까' 하고
하쿠류는 의심하지.

그러자 선녀는 '의심은 인간에게 있고 하늘에는 거짓말이
없는 것을' 하고 말을 해. 인간들의 소견 좁은 가치관으로
는 판단할 수 없는 것이 자연 안에는 있는 것이라고. 그래

서 하쿠류도 '아 그런가' 하고 납득하고 날개옷을 돌려주고 선녀도 하늘나라 사람의 춤을 춘다, 그런 이야기야.

히라카와: 깊은 이야기군.

우치다: 깊지. 이 하쿠류라는 어부의 특징은 수미일관하지 않다는 거야. 태도가 자꾸 바뀌거든. 어떤 고정적인 원리 원칙에 기초해서 움직이는 게 아닌 거지. 그게 아니라 상대가 어떻게 나오는가에 따라 임기응변으로 움직이지.

그런데 말이야. 이 하쿠류의 유연성, 무원칙성 안에 일본인의 자연관이 확실히 드러나고 있다는 느낌이 들어. 초월적인 것과 마주하게 되었을 경우 어떻게 행동해야 하는가. 초월자와의 대치에서 원리주의적인 행위라는 것은 있을 수 없지. 기본적으로 그때그때 상황에 맞게 자연의 난폭한 본성과 마주하게 되는 전문가의 경우는 원칙 같은 것 필요 없어. 밀면 물러나고 당기면 미는, 그런 아운의 호흡阿吽の 呼吸*으로 상대하지 않으면 안 되지.

---

* 아운阿吽(아훔)은 산스크리트어에서 유래한 단어로 들숨과 날숨, 만물의 시작과 끝을 의미하며 '아운의 호흡'이란 두 사람이 호흡까지 맞을 정도로 함께 행동하는 것을 가리킨다. 절 입구 양쪽에는 일반적으로 불법을 수호하는 금강역사상이 세워져 있는데 '아' 형상의 상은 입을 벌린 화난 표정이고, '훔' 형상의 상은 입을 다물고 화를 간직한 표정이다.

〈하고로모羽衣〉 공연 전에 이 이야기에는 그런 교훈이 포함된 게 아닐까 하는 이야기를 한 거야.

히라카와: 나는 아직 보지 않았으니까, 그 이야기가 어느 정도의 충격력을 내장하고 있는지 상상할 수 없어. 다만 솔직히 말하자면 실제로 보면 지루하지 않을까 생각해(웃음).

우치다: 이런 이야기를 듣고 나서 보면 지루하지 않아. 전부 눈을 크게 뜨고 무대를 보게 될 거야. 노能는 기본적으로는 하층민부터 무사 그리고 귀족까지 모든 사회 계층을 관객으로서 상정하고 있고, 기본적으로는 종교적인 우주관이 깊게 새겨져 있어. 세계는 어떻게 구조화되어 있는가, 인간이라는 무엇인가와 같은 신화적인 설화인 동시에 고대사, 동양사, 한적漢籍, 불전佛典, 와카和歌, 『고사기古事記』와 『일본서기日本書紀』부터 『헤이케 이야기平家物語』『이세 이야기伊勢物語』『만엽집万葉集』『겐지 이야기源氏物語』『고금집古今集』까지, 중세 근세의 인문계 기초 교양이 전부 들어 있어. 그래서 노 200곡의 내용을 대략 알고 있으면 고등교육은 종료. 즉 일종의 종합교육 프로그램인 거야. 진정한 교양 교육liberal arts이라고 생각해.

신화 종교 역사 문학, 온갖 민속적인 문화 자원을 노래하고 춤으로 익히는 거니까 굉장하지 않아? 노를 즐기는 것만으로도 교양인으로서의 기본은 갖추는 거지. 노가 공식 악극으로서 에도 시대 무사 계층의 기호품이었던 것은 취미로 그랬던 게 아니야. 가장 효율이 높은 교양 교육이었기 때문에 그랬던 거지.

히라카와: 그렇군. 그것의 하위문화subculture로서 가부키가 나온 거고.

우치다: 맞아 맞아. 그래서 가부키에는 교양주의적인 요소는 없잖아. 민중의 생활 실감에는 밀착해 있지만 에도 시대의 민중의 상상력이 미치지 않는 이야기, 예컨대 고대사라든지 중국의 이야기라든지 신화와 종교에 관련된 소재는 선택되지 않잖아. 나카자와 씨와 '핵核과 일신교' 이야기를 했을 때 그런 것을 생각한 거지. 이야기가 길어져서 미안.

히라카와: 정말로 길군, 자네 이야기는. 하지만 잘 알았어. 아주 잘 이해가 되었어. 그런데 자네가 파악한 일신교는 나카자와 씨가 말하는 일신교하고는 다를지도 모르겠어.

우치다: 그래서 일본인이 어떻게 해서든 원자력 발전소와 잘 지내기 위해서는 '원자력 발전 신사'를 지었어야 했다는

이야기를 한 거야. 스토쿠 상황崇德上皇이나 스가하라 미치자네菅原道眞를 제사 지내는 것과 마찬가지로, 앙얼 입지 않도록 하는 거지. 무덤塚을 만들고 거기에 원자력발전소를 묻어. 무덤 위에 도리이鳥居*를 세우고 벚나무를 심고 꽃구경 계절에는 지역 주민이 모여서 '원자력 발전 축제'를 하고 '원자력 발전 공양'을 하고.

그러면 원자력 발전의 문 앞에 시市가 들어서고 사람이 모여들어서 동네가 만들어지고…… 이와 같은 일련의 과정을 밟았으면 좋았을 테지. 그런 방식이 '경외해야 할 것'을 대할 때의 일본인의 전통적인 태도니까. 그런 작법을 밟지 않고 원자력 발전소를 단지 '비용이 싼 발전기'라고 생각하고 만만하게 보았기 때문에 그런 사고가 일어났어. 화를 끼칠 수 있는 것에 대한 경계심이 부족했기 때문에 일어난 사고야. 두려워해야 할 것은 제대로 두려워해야 하는 건데 말이야.

히라카와: 확실히 두려움에 대한 감각으로 원자력 발전소라는 거대 기술에 대처한 적이 없었고, 거기에 신사를 건립하는 것과 같은 일본의 예부터 내려오는 두려운 것에 대응

---

* 신사 입구에 세우는 붉은색 기둥 문.

한다고 하는 방식을 생각도 못한 거 같군.

우치다: 나는 철저하게 리얼리스트이기 때문에 그런 이야기를 하는 거야. 영적인 이야기는 인간에게 효과적이거든. 개인적으로 내가 오컬트를 좋아하니까 이런 이야기를 하는 게 아니라 인간을 움직이려고 하면 여하튼 '큰 이야기'가 필요하거든. '그런 일 하면 돈을 잃게 됩니다'와 같은 이야기보다는 '그런 일 하면 벌을 받습니다'라고 말하는 것이 훨씬 깊은 곳에서 인간을 규제해.

신령에 대한 공포는 인간이 '발을 들여놓아서는 안 되는 영역'에 발을 들여놓는 것을 억제시키기 위해서 정말로 유효한 방법이야. 나는 리얼리스트이니까 사용할 수 있는 것은 무엇이든지 사용해. 논리도 사용하고 감정도 사용해. 그것이 효과가 있다고 하면 지벌도 저주도 사용해(웃음). 인생을 잘못 살아서 병이 든 사람에게 '당신 그렇게 사는 건 아닌 거야!'라고 말해도 반응하지 않지만 '당신 그렇게 살면 저주받습니다'라고 말하면 '엣?!' 하고 자신의 사는 방식을 고칠지도 모를 일 아닌가.

히라카와: 음, 무슨 말을 하고 싶은지는 이해했어.

우치다: 저주도 그렇고 지벌도 그렇고 신도 그렇고 악령도

그렇고 결국은 인간이 발명한 개념이야. 그래서 거기에는 철저하게 인간적인 의미가 있어. 신 그 자체는 인간의 지력을 넘어서 있지만 '인지人知를 넘어선 신이라는 개념'은 인간이 만든 것이지. 이것이야말로 인지의 결정판이라고밖에 달리 표현할 길이 없어. 인간은 자신들이 살고 있는 이 우주에 의미의 얼개를 제공하기 위해서 그런 개념을 발명한 거야.

히라카와: 그리고 그 대극에 있는 것이 돈이었지. 돈이라는 것도 하나의 우상이니까. 게다가 아주 사용하기가 편리한 우상이었어. 여하튼 무엇과도 교환할 수 있는 것이니까. 말을 바꾸면 무엇으로도 변신할 수 있는 우상이지. 돈의 만능성이라는 건 그런 걸 말할 거야.

그다음에 오는 것이 테크놀로지. 과학기술 진흥이지. 기술이 모든 것을 해결한다는 주장 같은 건, 있을 수 없는 이야기라고 생각하는데, 이 이야기에는 묘한 설득력이 있어서 젊은 사람들일수록 그런 생각을 믿고 말지. 실제로는 기술이 해결할 수 있는 문제라는 건 기술이 관여할 수 있는 문제뿐인데, 기술과는 관계가 없는 인간의 욕망이라든지 애정이 만들어낸 문제까지 기술이 마침내 그 문제를 해결해줄지도 모른다고 생각하고 말지. 혹은 자연 환경이나 생명 같은 것까지 기술이 결국 최적의 답을 만들어 줄 거라고 생각해. 분명히 유전자는 조작할 수 있지만, 그 연장선에 있는 것은 '인간이 인간이라는 것을 그만두는 게' 될지도 모른다고는 생각하지 않아.

틀릴 수 있기 때문에 인간인 거고, 틀리지 않는 인간이라는 것은 정교한 로봇이지. 정교한 인공지능을 탑재한 로봇은 이미 인간이 아니야. 감정을 가질 수도 없어. 감정이라는 것은 로봇에게는 거의 오작동에 지나지 않기 때문이지. 어디까지나 그 문맥에서 말한다면 돈만이 전부는 아니라는 것은 범신론적인 가치관이라는 게 돼. 돈 이외에도 중요한 것은 얼마든지 있으니까. 하지만 왠지 모르게 '돈이 전부'라는 일신교적인 사고에 일본인이 혹하고 말았다고 말할 수 있을지 모르겠어. 물론 일신교가 태어난 배경은 우리가 짐작할 수 없고 그것이 세계 종교가 되어가는 과정에서 모든 인간의 지력을 총합해서 일신교적인 세계관을 완성해왔다는 것도 있을 테고.

여기서 이야기하고 있는 것을 일신교라는 비유로 설명하는 것이 적절한지 아닌지 잘 모르겠지만 돈이라든지 기술과 같은 것으로 일원적으로 환원해 가는 사상을 어떻게 해체해 나갈 것인가가 이 나라의 과제라고 생각해. 자네가 말한 것처럼 일본 고래의 교양art을 재평가 해나가는 것도 하나의 방법일지 모르겠군.

___ 글로벌리즘은 끝났다?!

우치다: 우리도 젊을 때는 좌익이었으니까(웃음) 국민 경제라든지 국민 문화에 대해서 '그런 것 허상[擬制] 아냐?'라고 말했지만, 이 허상이 무시할 수 없는 거더군.

히라카와: 무시할 수 없지. 주식회사론의 비교적 중요한 논점으로서 '회사 실재설'과 '회사 의제擬制설'이라는 것이 있는데 예를 들면 회사 의제설에 따른다고 하면 법인세와 소득세를 곱하는 것은 이중과세가 아닌가 하는 비판이 있어. 그래서 회사는 실재하는 인격이라는 것으로 보고 법인세 과세를 하는데, 이것은 다름 아닌 우상 숭배인 거지. 유럽에서 '회사'의 원형이 된 사고에는 두 가지 흐름이 있어서 하나는 company, 즉 빵을 함께 먹는 동료라는 사고방식이 있고, 또 하나는 교회로부터 파생된 신의 우상으로부터 발전했다는 사고가 있지. 이 두 가지는 실제로 주식회사가 만들어질 때까지의 역사 속에서 서로 견제하거나 합동하면서 오늘날의 주식회사 기초가 만들어진 거야.

교회라는 것은 애당초는 그냥 '의제'로서 기도를 하는 장소에 지나지 않았지만, 삼위일체설로 신과 아들과 정령이라고 하잖아. 이 정령이 교회와 일체화하지. 그래서 교회는 단지 건축물에 지나지 않지만 성스러운 것이 깃들어 있다고 많은 사람이 믿게 되었지. 회사도 똑같아서 단지 건물이거나 기능이지만 회사를 위해서 목숨까지 바쳐도 좋다는 회사 본위적인 생각이 나오게 된 거야. 단순한 인간이 만들어낸 환상에 지나지 않음에도 그 환상에 인간이 묶이고 마는 거지.

우치다: 인간들이 각자 나름대로 평화롭게 공동적으로 살아가기 위해서는 아무래도 환상적인 장치가 필요하게 돼. 개인이 자신의 신체를 그대로 드러내서 세계와 자연과 타자와 관계를 맺을 수는 없어. '국민'이라든지 '국가' 같은 것은 개인과 세계 사이를 가르는 일종의 차폐막 같은 것이야. 갑옷 같은 것이지. 갑옷이기 때문에 무겁고 방해가 되고 삐걱삐걱 소리가 나고 손질 하는 것도 예사일이 아니지. 그런데 이것이 없어서 맨몸이 '그대로 드러나게 되면' 인간은 살아갈 수가 없어.

히라카와: 그런 의미에서는 미국과 영국의 핵가족은 '맨몸 그대로의' 개인이 표면화하고 있는 거지. 태어날 때부터 '맨몸 그대로'야. 그래서 그것에 대응한 문화가 나오고 '맨몸 그대로'의 개인을 차폐하는 종교 시스템이 필요하게 돼. 일본의 경우는 장자 상속의 가부장제니까 개인이라는 존재는 '집'이라는 시스템에 차폐되어 있지. 거기에는 봉건

적인 잘못된 풍습이 강고하게 배어들어 있어서 보편적인 가치인 개인의 인권 같은 사고와는 애당초 인연이 멀어. 자 그러면 걷어치우면 되지 않느냐 하겠지만 그게 그런 식으로는 진행되지 않지. 마을 자치회도 국민 국가도 체육회 운동부의 조직도 그 가부장제의 에토스를 남긴 채 현재까지 계속되고 있어. 천황제를 보더라도 일본이라는 '집'의 아버지에게 권위를 집중시키고 있는 셈이 되는 거고.

우치다: 천황은 어머니일지도 몰라.

히라카와: 뭐, 그것은 어느 쪽이라도 상관없을지도 모르겠어. 고대에 여성이 천황이 되는 제도 같은 것도 있었다고 하니까. 중요한 것은 '틀'인 집이 개인의 상위 개념으로서 존재하고 있고 이 '집'이라는 환상이 일본인에게는 쭉 내면화되어 온 거지. 거기에는 물론 많은 문제가 있어서 버려야 할 점도 있지만 이러한 제도가 오랫동안 지속된 것에는 그 나름의 이유도 있었을 거야. 아마도 생존 전략상의 문제였겠지. 그리고 거기서부터 다양한 가치관과 문화도 양성釀成되어왔고.

그런데 어느 시점부터 '그런 틀 같은 것 없어도 살아갈 수 있다' '나는 나다'와 같은 말을 하는 사람들이 출현하기 시작했어. 그들이 유럽적인 인권 개념에 눈을 뜨게 되었다기보다는 전통적 가부장제가 실질적으로 붕괴하여 가는 계기가 있어서 그것에 민감하게 반응했다고 생각해. 그중 하나는 글로벌리즘이 초래한 것으로 일본의 전통적인 가족 형태가 유럽형 핵가족으로 바뀌어 간 것으로 보여.

또 하나는, 좀 더 중요한 것인데, 돈이라는 것의 힘에 의해서인 것 같아. 돈에는 핏줄도 가문도 국적도 인종도 무력화시켜버리는 힘이 있으니까. 이전에 호리에 타카후미堀江貴文가 '돈으로 살 수 없는 것은 없다'고 말해서 물의를 일으켰는데 호리에가 말하고 있는 것은 그 부분만을 잘라내 보면 어디에도 틀린 구석이 없어. 일본이 경제 발전을 해서 일억 총소비자화되면 돈의 만능성은 한층 더 강화될 것이고, 돈만이 유일한 가치 판단의 잣대가 되기 직전까지 왔다는 느낌이 들어.

축구 선수 나카타와 야구 선수 이치로의 발언에 모두가 박수갈채를 보내고 그들을 멋있다고 생각한 것은 거기에 오래전부터 내려오고 있던 일본인이 갖고 있었던 장유유서라든지 회사 숭배 같은 것으로부터 완전히 자유로운 장소에 몸을 두고 있다고 생각했기 때문이라고 생각해. 그런데 실제는 그렇게 단순한 이야기가 아니었던 거지.

글로벌리즘이 파괴한 것은 가족 제도와 회사뿐만 아니라 모든 커뮤니티와 전통과 문화와 같은 것들도 뿌리째 뽑아버린 거야. 그리고 사람과 사람 사이의 연대를 분단시켜서 승자와 패자를 오직 금전적인 요소로만 나누어버린 것이지. 자네와 이야기를 하고 있으면 우리가 이야기하고 있는 것 같은 게 일본에 침투해 있어서, 글로벌리즘은 이제 끝난 게 아닐까 하고 안심해 버리는데, 실제로 세상에 나가 보면 온통 글로벌리스트뿐이야.

우치다: 아니, 아니 괜찮아. 아련한 눈을 하고 '다 끝났어' 하고 말하면 되는 거야. 이런 '다 끝났어' 같은 발언의 감염력은 꽤 강하니까(웃음). 이 이야기를 읽은 사람은 모두 '아 그런가 글로벌리즘은 끝났구나'라고 생각해. 그래서 내일부터 '글로벌리즘, 이제 끝난 것 같아요'라고 여기저기서 선전해 주지.

글로벌리스트들도 확실한 근거가 있어서 '글로벌리즘이 옳다'고 말하고 있는 게 아니야. 모두가 '앞으로는 글로벌화의 시대다'라고 입을 모으기 때문에 그것을 반복하고 있을 뿐이고, '끝났어'라는 말을 들으면 '엣?! 끝났다구요. 자 그러면 다음은 무엇입니까?' 하고 마음이 들뜨는 거지.

히라카와: 그것은 피장파장인 거지. 글로벌리스트도 그 수법을 사용해서 '우치다는 이제 끝났어'라고 말하고 있지 않을까?

우치다: 엣, 그런 말 하고 있는 거야?(웃음)

히라카와: 잘 모르겠지만(웃음).

우치다: 그런 유언비어 퍼뜨리지 말아줘(웃음). 하지만 '끝났
다'라는 말은 별로 들은 적이 없어. 왜냐하면 끝나기 위해
서는 주의 주장에 일관성이 없으면 안 된다고 생각하는데
나는 일관성이 없거든, 전혀.

히라카와: 끝날 일이 없는 걸까. 좋군 그 전략은(웃음).

제5장

요시모토 다카아키의
지혜를 어떻게 후세에
계승할 것인가

지금 생각해 보면 전공투 운동은 일면으로 봐서는 틀림 없이 전근대로의 회귀 운동이라고 생각해. 그때 활동가 들은 예과련이나 특공대나 본토 결전이 벌어질 때 죽창 으로 B29에 맞서려고 했던 아이들의 '아바타'인 거지 (우치다)

연공서열이라든지 종신 고용과 같은 것은 단순한 시스 템이 아니라 그 나름으로 뿌리 깊은 일본 봉건제의 우 성 유전자가 포함된 시스템이라고 생각해. 그것을 이제 손바닥 뒤집듯이 부정해서 '성과주의'라고 다들 말하고 있지만, 그들은 연공서열과 종신 고용 같은 비합리적인 시스템이 일본에 왜 뿌리내렸는가와 같은 문제에 대해 서 정말로 제대로 고민했을까 하고 의심이 들었어(히라 카와)

20세기 후반 일본 지식인을 대표했던 요시모토 다카아키吉本隆明, 「전향론」『공동환상론』등 독자적인 논진論陳을 폈음에도 지금은 완전히 잊혀진 것처럼 보인다. 요시모토 다카아키로부터 지금 우리가 배우고 후세에 전해야 할 것은 무엇인가.

___ '영향을 받는다'는 것은 '문체를 모방한다'는 것

히라카와: 지금까지 우리 두 사람이 요시모토 다카아키에 관해서는 그다지 이야기를 한 적이 없을지도 모르겠군.

우치다: 대학 다닐 무렵에 잠시 '읽었어?' '응' 하고 묻고 답하는 수준이었지. 본격적으로 논한 적은 없었던 것 같아.

히라카와: 내가 돈을 주고 산 전집은 아마도 두 가지밖에 없었던 것 같아. 처음에 산 것이 중학생 때 치쿠마쇼보筑摩書房에서 나온 〈다자이 오사무 전집〉. 두 번째가 케이소쇼보勁草書房에서 나온 〈요시모토 다카아키 전 저작집〉이었

어.

우치다: 전집을 샀다는 것은 굉장하군. 나는 실은 세트로 이루어진 전집은 하나도 갖고 있지 않거든. 전집은 다 합치면 10권 정도잖아. 따로따로 사들인 적은 있긴 하지만 전부 다 갖추어야겠다는 마음은 들지 않았어. 왜 그런 걸까? 빗살이 빠진 것 같이 이것저것 빠져 있지. 그런데 어디서부터 읽었어? 자네의 경우는 시부터?

히라카와: 애당초 내가 요시모토를 읽기 시작한 것은 아레치파荒地派의 시를 찾아 읽고 있었기 때문이었어. 그중에서 노부오 아유카와鮎川信夫가 요시모토에 관해서 이런저런 말을 써 놓은 게 있었고, 그래서 요시모토의 글을 읽기 시작했지. 처음에 읽은 게 「고유시固有時와의 대화」였나. 그러고 보면 역시 시부터 읽은 셈이군. 시를 읽고, 같은 시기에 이런저런 것들을 읽었는데 그 후에 푹 빠져서 읽었던 시기가 있었어. 특히 대학생 때는 요시모토밖에 읽지 않았지.

우치다: 자네는 한때 문체도 영향을 받았지. 그런데 확실히 요시모토가 쓴 것을 읽고 있으면 문체가 그의 문체를 닮고 말지.

히라카와: 나는 완전히 요시모토 추종자였어. 결국 '영향을 받는다'는 것은 '문체를 닮는다'는 것이야. 거꾸로 말하자면 문체를 닮게 할 수 있지 않으면 그 사람에 대해서 '영향을 주었다'고 할 수 없다고도 말할 수 있지.

우치다: 자네의 요시모토 추종자로서의 문체는 나로서는 싫지 않았어. 알기 쉬웠다고 해야 할까.

히라카와: 어떤 사람에게는 상당히 이해하기 쉬웠다고 생각하는데 한편으로는 비판도 많았지. 당시는 데라다 토루寺田透 같은 사람도 엄청나게 비판했지. 뭘 말하는지 모르겠다고. 요시모토의 문장에는 논리의 치밀함이 결여되어 있다는 식의 비판이었지만. 요시모토의 논리는 기존의 '논증적인 것을 쌓아 나가는' 식은 아니었어. 비약이 있지. 요시모토의 문체가 깊이 스며들어 있는 사람에게는 그 비약은 바로 와닿는 것이거든. 그런데 요시모토의 문체가 와닿지 않는 사람에게는 '뭐야 이런 조잡한 말이나 하고'와 같은 느낌이 들지.

우치다: 요시모토를 비판적인 입장에서 읽으면 그건 정말로 화가 날 거라고 생각해. 요시모토는 바싹 다가가서 읽지 않으면 안 돼.

히라카와: 맞아. 시처럼 읽으면 즐길 수 있어.

우치다: 뭐라고 해야 할까, 요시모토는 그의 새로운 책이 나왔다는 것을 듣는 것만으로도 두근두근하지. 책을 펼칠 때도 아주 좋아하는 록 가수의 새 앨범에 턴테이블 바늘을 올려놓는 느낌이 들어. 그래서 읽기 시작하면 비약 같은 것도 비판의 대상이 되지 않게 되지. 오히려 '와 좋군~ 비약하고 있구나' 하는 느낌으로 즐길 수 있어. 요시모토의 문장에는 굉장한 질주감이 있거든.

히라카와: 특히 싸움을 하는 문장이 그렇지. 요시모토는 논리적이고 정교한 문체를 가진 사람인데 그 안에 갑자기 '특유의 음성' 같은 것을 집어넣어. 위세가 좋은 난폭한 말로 '뭘 지껄이는 거야?'라든지 그런 문장이 갑자기 등장해. 그것이 요시모토 문체의 매력인데, 실은 거기에는 수사적 효과뿐만 아니라 요시모토의 사상적인 비밀이 있다고 생각해.

___ 분열된 상태를 하나의 문체에 통합해 나가다

히라카와: 요시모토의 키워드 중 하나로서 '대중의 원상原像'이라는 것이 있어. 이것에 관해서는 '뭐야 그게?' 하고 딱

244

히 와닿지 않는 사람도 많을 거야. 하지만 말이야 나는 바로 이해가 가거든. '안다'는 것은 머리로 이해할 수 있는 것이 아니라 신체로 공감할 수 있다는 의미야.

요시모토의 아버지는 배 만드는 목수였어. 목수이긴 했지만, 배를 제작하는 회사를 경영했지. 그런데 그 회사가 꽤 번창했어. 사람들도 고용하고 부르주아였지. 단, 한편으로 배 목수, 즉 장인이기도 했단 말이지. 그 장인의 아들이 대학은 도쿄공업대학을 갔어. 그런 요시모토의 체험이라든지 생활 같은 것이 내 자신의 것과 좀 비슷하다는 느낌이 들어.

내 경우는, 아버지는 그런 말을 하지 않았지만, 본가의 동네 공장에 일하고 있던 직원들로부터는 '대학 같은 곳 가는 게 아니야!'라는 말을 들었어. '머리만 커져서는 안 된다' '기술을 배워'라고. 그런 말에 대해서 나는 '아니 나는 대학에 갈 거야' 하고 실제로 대학에 갔지. 즉 반지성주의의 아성 같은 곳에서 태어나서 거기서부터 지성의 세계로 나간 거야. 그것은 단지 부자가 된다든지 관료가 되는 것과는 거리가 있는 상승 지향이었어. 지성적으로 상승하지 않으면 안 된다는 것이었어.

그래서 당연히 바닥에서 고생을 해서 안정된 생활을 쌓아 온 사람들의 감각과는 떨어지게 되었지. 그 분열된 상태를 다시 한번 새롭게 바라보는 형태로 통속적이고 현장적이기도 한 생활자의 시점과 학자의 감각을 가진 지식인의 시점을 함께 가진 문체로 써나가는 것, 이것이 요시모토가 한 일이야.

'지知'가 무엇인지에 관한 요시모토 다카아키의 가장 훌륭한 분석은 「카를 마르크스」에 쓰여 있는 이야기라고 생각해. 즉, 지식을 쌓아서 지적으로 점점 상승해 가는 것은 이른바 자연스러운 과정이고 누구든지 그렇게 될 수 있다고, 수험 공부처럼 하면 상승한다고 본 거야. 그런데 그렇게 획득한 지식을 현실 세계에 갔고 왔을 때 그것이 과연 판단력이라든지 방향감각과 연결되는가, 요시모토는 그것을 묻고 있지. 그것이야말로 어부 아저씨와 채소 가게 아저씨와 같은 저자거리에 사는 사람들과 한편으로 지식을 쌓아 온 사람들이 판단력과 인간력이라는 점에서는 등가라고 생각해서 그런 말을 한 거야.

이 이야기를 읽었을 때 나는 책에 쫙쫙 줄을 그었어. '말 그대로다'라고 생각했어. '지식 같은 것 도대체 뭐란 말인가?' 하는 식으로 생각했기 때문이지. 하지만 그것은 한편으로는 '지식을 끌어 내리는' 행위이기도 해. 즉 일부러 대학에 간다든지 지식을 몸에 익히려고 한 자신의 행위를 부정하는 게 돼. '지식을 부정한다'는 것은 동시에 '자신의 인생'을 부정하는 것으로 연결되지.

지적으로 상승한다는 것은 일그러진 입신출세주의 같은

거야. 일본 근대화의 역사 속에서 지식인이라면 거의 전원이 입신출세주의형의 상승 지향을 갖고 있었는데, 요시모토는 그것을 부정한 거야. 그 연장선상에서 지식을 익히려고 해서는 안 된다고 말이야. 이런 말에 확 마음이 끌린 거야.

아마도, 요시모토의 배경에 있었던 것은 신란親鸞일 거야. 신란이 말한 '왕상往相, 환상還相'을 요시모토 식으로 표현한 결과라고 생각해. 그리고 그러한 사상 그 자체가 요시모토 문체에도 나타나 있어. 적어도 나는 그렇게 느꼈어. 그런 것에 당시의 나는 굉장한 반응을 보인 거지.

___ 전향론은 일본의 심성사론

우치다: 그렇군. 나는 요시모토의 경우는 「전향론轉向論」부터 읽기 시작했어. 현재 돌이켜 생각해 봐도 나는 요시모토 씨의 작업 중에서 사상사적으로 가장 큰 작업은 「전향론」이라고 생각해. 「전향론」은 전쟁 체험 세대밖에 쓸 수 없는 종류의 사상사론 혹은 '일본인의 심성사心性史론'이야. 요시모토 다카아키는 1924년생으로, 태어났을 때부터 일본이 전쟁을 계속하고 있던 시대에 자랐지. 그는 애국, 황국皇國의 소국민小國民이었고 언젠가 20세가 될 무렵에는 전쟁터에 나가 죽을 각오를 했던 초야草野의 지사志士 같

은 소년이었지. 그런데 어느 날 1억의 힘을 합쳐서 영국과 미국을 타도하자고 본토결전을 외치고 있었던 사람들이 갑자기 '졌습니다' 하고 깃발을 내리고 '지금부터는 민주주의 시대가 되었습니다'라고 말하고 교과서에 먹칠을 하는 것을 목격했지.* 그런 시대였으니까.

요시모토는 소년기를 줄곧 군국주의 분위기 속에서 자랐고 그 안에서 자기 자신의 사상의 기본을 만들어갔어. 사상도 그렇고 감수성도 그렇고 미의식도 그렇고 사생관도 그렇고 군국 일본 속에서 형성되어 온 거야. 그런데 어느 날 전쟁에 진 순간에 '당신이 맡았던 공기는 전부 가짜다' '당신들이 보아 온 경치는 페이크다' '당신들이 믿고 있었던 것은 전부 만들어진 것이다'라는 말을 듣고 만 거야.

이것은 요시모토 세대 고유의 경험이라고 생각해. 요시모토 보다 윗세대인 하니야 유타카埴谷雄高라든지 마루야마 마사오丸山眞男 정도가 되면 전쟁을 시작하기 전의 시대를 알고 있었어. 일본이 점점 군국주의로 기울고 있고 국가가 바뀌어 가는 프로세스를 리얼타임으로 보고 있었던 거지. 그래서 '이 전쟁에는 대의가 없다'는 것은 이성적으로 알고 있었고 실제로 징병되어서 일본 군대의 실정을 알고는

---

* 태평양전쟁 직후 일본의 초등학교에서는 군국주의적 내용에는 먹을 칠해 읽을 수 없게 만든 교과서가 사용되었다.

'이런 비합리적인 일을 하면 전쟁에 이길 수가 없다'는 것도 알고 있었지. 그래서 전쟁에 패배했을 때 발밑이 단숨에 무너지는 듯한 충격을 받지는 않았다고 생각해.

히라카와: 요시모토 씨는 자신을 '군국 청년'이라고 쓰고 있기도 해. 요시모토보다 앞세대는 종전에 이르는 프로세스를 어느 정도 부감俯瞰할 수 있는 여지가 있었다는 거군.

우치다: 그렇지. 시바 료타로司馬遼太郎 같은 사람도 그렇지만, 그 세대에서 보면 어느 정도 제대로 돌아가는 시대로부터 급속하게 무너져 가는 과정을 보았던 거지. 그래서 전쟁이 끝난 뒤에, 비교적 제대로 된 세상으로 돌아왔다는 식으로도 볼 수가 있어. 즉 통사通史적이라고 해야 할까. 비교적 긴 시간적 사정射程 속에서 자신들의 전쟁 경험이라는 것을 파악했지.

이에 비해서 패전했을 때에 10세부터 20세 정도였던 세대 사람들은 그 이상한 시간대밖에 모르는 상태로 청년이 된 거야. 전중파가 가진 '2층에 올라갔는데 사다리를 제거당한' 감각은 이러한 사정으로 형성되었다고 생각해. 그리고 우리와 같은 전후 세대는 전쟁하고는 전혀 관계가 없으니까 거북함이 없어. 전후 민주주의 시스템이 얼추 마련된 곳에 딱 태어났으니까. 전중파가 가진 거북함과는 아무 상관이 없는 거지.

요시모토처럼 전시하에 자기를 형성한 사람들에게 1945년 8월 15일은 갑자기 '지금까지 자네들의 인생에는 의미가 없었다'는 말을 들은 것과 마찬가지야. 그것을 받아들인 사람도 있었어. 하지만, 요시모토는 '아니 이건 아닌데'라고 생각했지. 자기 자신의 전시중의 경험을 완전히 부정할 수는 없다고 생각했지. 자신이 호흡한 군국 일본 안에도 일종의 진실이 있었다고 느꼈을 거라고 생각해.

1억의 일본인이 총단결해서 전쟁을 완수하려고 했던 그런 일종의 광신주의 시대라도, 그런 시대밖에는 존재할 수 없는 종류의 아름다움이 있고, 믿는 데 부족함이 없는 것이 있고, 인간적인 존경이 있었지. 이것을 전부 부정당하면 믿을 수 있는 게 아무것도 없어져 버려. 이러한 감각이 「전향론」의 원점에 있다고 생각해.

태어날 때부터 쭉 격리병동에서 지내온 아이들이 갑자기 '이 격리병동에서 이루어진 치료 방침은 잘못되었기 때문에 오늘부터 이 병동은 폐쇄합니다. 모두 퇴원하세요'라는 말을 들으면 어떻게 될까. 설령 '잘못된 치료 방침'으로 운영되었던 병동이라고 하더라도 거기서 10년이든 15년을 보낸 아이들에게는 사계의 변화를 느끼거나 책을 읽거나 이 세상의 구조에 관해서 생각했을 때의 베이스가 되는 것은 그 병동 안에서의 경험밖에 없는 거지. 자신의 사상이라든지 감수성의 가장 기본이 되는 것은 그 병동 안에서 형성되었는데 '그것을 없었던 거로 하자'라는 말을 들으면 곤란할 수밖에. 요시모토에게 일어난 것은 이와 비슷한 일이었을 거야.

자신의 감수성을 형성해 온 공간을 전면 부정당하면 '잠깐 기다려줘' 하고 말하고 싶어지기도 하지. 그들은 종전의 시점에 실로 어중간한 나이였어. 그들보다 밑 세대인 우리 세대에는 병동의 경험 그 자체가 없고 그 윗세대는 병동에 들어가기 전의 '사바娑婆'의 공기를 기억하고 있지. 그래서 깔끔하게 '자 다음 시대로 가자' 하고 과거를 뿌리칠 수가 있었어.

윗세대는 본질적으로는 그다지 상처를 입지 않았고 밑 세대는 전쟁 같은 건 몰라. 전중戰中 세대만 깊은 트라우마를 입은 거야. 이 사람들 처지에서 보면 '군국 일본에도 어느 정도의 진실이 있다. 어느 정도의 아름다움이 있다'고 생각하지 않으면 뭔가를 해나갈 수가 없는 거지. 그 전중파 사상가의 대표 선수가 요시모토 다카아키와 에토 준 그리고 내 직감으로는 이타미 주조伊丹十三야. 이 세 명이 내가 생각하는 '전중파 세 남자'지.

히라카와: 그렇군. 그 일과 관련해서 생각난 건데 요시모토 씨가 인상적인 문장을 쓴 게 생각났어. 전쟁이 끝나고 귀

환병이 돌아오는 곳에 그가 마침 있었어. 귀환병은 자신의 배낭에 쌀이라든지 이것저것 생필품을 가득 채우고 돌아온 거야. 그 광경을 보고 '일본인은 도대체 어떤 존재일까' 하고 생각했다고 요시모토는 썼어. 그러니까, 전쟁에 지고 조국으로 돌아올 때 '내일의 생활'을 위해서 현지로부터 가져올 수 있을 만큼 물건을 가져오는 것이 요시모토 입장에서 본다면 이해하기 곤란한 감각이었던 거지.

〈포렴暖簾〉이라는 영화에서 모리시게 히사야森繁久弥가 큰 배낭을 메고 전쟁터로부터 돌아오는 장면이 있는데 바로 그거지. 물론 이것은 '늠름하다'라고 할 수 있어. 그런데 소년기, 청년기에 군국 일본에 물든 생활을 하던 사람에게는 '이것은 도대체 무엇인가?' '어제까지 1억 총단결! 이라고 말했던 건 무엇이었나' 같은 심경이 되었을 테지.

___ 지식인들은 '무엇'에 굴복했는가?

우치다: 요시모토의 「전향론」의 직접적인 비판 대상은 실은 전후 민주주의의 깃발을 흔든 이른바 진보적인 지식인들이었어. 사노 마나부佐野學*나 나베야마 사다치카鍋山貞親 같은 옥중에서 전향한 전쟁 전의 마르크스주의 지식인의 전향 프로세스를 검토함으로써, 요시모토는 실은 전후의 진보적인 지식인들도 또한 그런 전향자들과 같은 형태의

사고를 하고 있다는 것을 폭로하려고 했던 거지.

전쟁 전의 좌익 지식인은 지적인 자기 형성 과정에서 유럽에서 건너온 사회학적인 지와 인문학적인 지를 축적해서 일본의 대중을 위에서 내려다보는 경향이 있었어. 그런 사람들이 다이쇼大正 데모크라시와 좌익 운동을 주도했는데 결과적으로는 탄압에 저항하지 못했지. 아니 저항은커녕 지도층에 있던 사람들이 차례차례 옥중 전향을 하고 만 거야.

그들은 왜 그렇게 쉽게 전향할 수 있었을까? 요시모토는 '일본의 좌익 지식인들이 대중 속에 깊게 뿌리 내리고 있는 어떤 종류의 멘탈리티를 제대로 포착하는 데 실패한 것은 아닐까' 하고 생각했어. 천황제, 농본주의, 대가족 제도, 그러한 생활 속에 깊게 뿌리 내리고 있던 일본 사회의 실상은 무시하고 서양에서 건너온 만들어진 틀을 들이대서 일본을 이해했다고 생각하고 사회 변혁과 혁명을 말하고 있었던 게 아닌가 하고. 그런데 실제로는 일본인의 심리의 심층에는 외래의 사상으로 간단하게 설명할 수 없는 타성의 강한 힘이 작동하고 있었어. 그래서 옥중에서 공산주의

---

* 일본 공산당의 중앙집행위원장, 코민테른 상임집행위원 등을 지낸 사회 운동가, 역사학자. 1929년 투옥되었고 옥중에서 전향 성명을 발표해 좌익 진영에 큰 충격을 주었다. 전쟁 후에는 반공 운동을 전개했다.

자들은 일본의 고전이나 종교 서적을 읽고 그 힘에 굴복해서 하루아침에 천황주의자로 바뀌는 일이 일어나고 만 거야.

이런 모던 지식인들은 대체 무엇에 굴복한 것인가? 그것은 요시모토의 용어로 말하자면 '일본 봉건제의 우성 유전자'가 되는 거지. 일본 봉건제 안에도 실은 봐야 할 것이 있다, 인간에게 깊은 진실이 이 '오래된 시스템' 안에도 숨쉬고 있다는 것을 지식인들은 줄곧 간과해 온 거야. 그것이 「전향론」의 가장 중요한 지적이라고 생각하는데, 그 논리를 반전시켜서 요시모토는 전후파 지식인들에도 적용해.

마르크스라든지 사르트르, 발레리, 지드와 같은 이름을 내걸고 이래저래 요란스럽게 떠들고 있는 전후 지식인들도 결국은 전쟁 전의 좌익 지식인들과 똑같이 일본 안에 뿌리 깊게 존재하는 천황제를 핵심으로 하는 일종의 멘탈리티에 대한 분석에 정면으로 대치하지 않았다. 그래서 언젠가 반근대적인 것이 다시 머리를 쳐들었을 때 그들은 전쟁 전의 지식인들과 똑같이 그 앞에서 손쉽게 굴복해서 '전향'할 것이라고 암울한 예언을 하지.

천황제 이데올로기, 초야의 지사의 멘탈리티라든지 농본 파시즘의 뿌리 깊숙이 있는 정념은 시대가 아무리 지나도 쉽게는 죽지 않아. 그것이 어떤 형태로 어떤 식으로 분출하는지 모르겠지만 그 힘을 무시할 수는 없는 거지. 그것을 가장 리얼하게 느꼈던 게 요시모토 세대라고 생각해. 그 토착적인 멘탈리티의 단편들이 지금도 자신 안에 숨 쉬고 있다는 것을 느끼고 있었으니까.

요시모토 다카아키는 1967년의 전공투 운동에서 일종의 아이돌 같은 존재가 되었는데 지금 생각해 보면 전공투 운동은 일면으로 봐서는 틀림없이 전근대로의 회귀 운동이라고 생각해. 그때 활동가들은 예과련予科練*이나 특공대나 본토 결전이 벌어질 때 죽창으로 B29에 맞서려고 했던 아이들의 '아바타'인 거지. 1960년 안보 투쟁도 전공투 운동도 '양이攘夷' 운동이었어. 페리가 일본에 들어오고 나서 시작된 150년에 걸친 미국과의 갈등이 있고 특히 완수되지 못했던 본토 결전을 학생들이 재연했다고 생각해. 전쟁터도 사세보佐世保와 하네다였지. 즉 항구였던 거야.

'흑선黑船이 오니까 그것을 쫓아내자'는 것은 근왕지사勤王志士의 멘탈리티와 거의 똑같아. 헬멧에는 당파명이 쓰여 있었는데 그것은 갑옷 투구의 장식물이야. 실로 놀랄 정도로 기호적인 행위인 거지. 좀 더 말해보자면 깃발과 죽창과 갑옷으로 몸을 장식하고 군함과 비행기에 맞서려고 한

---

* 구일본 해군에 있었던 파일럿 양성 제도에서 배운 소년들을 의미한다. 정식 명칭은 해군 비행 예과연습생海軍飛行予科練習生이다.

것은 '일본 봉건 유제遺制의 에센스'를 응축한 기호였던 거야. 그리고 이런 것은 몇 번이나 모습을 바꾸어서 소생해. 요시모토 같은 사람이 마루야마 마사오 같은 지식인을 향해서 물고 늘어지는 것은 당연한 일이야. 그래서 아마도 요시모토 다카아키는 전공투 운동을 보고 '잘 봐. 일본 봉건제를 깔보면 이런 일을 당한다고' 하고 생각했던 게 아닐까.

히라카와: 지금 이야기를 듣다 보니 일리가 있다는 생각이 들었어. 내가 해온 회사 경영과 요시모토 다카아키의 일은 일견 관계가 없어 보이지만 실은 나는 그런 점에서도 깊은 영향을 받고 있어.

일본에는 이전에 종신 고용과 연공서열이라는 제도가 있었지. 그게 1990년 무렵 하룻밤 사이에 '성과주의다'라고 말하기 시작했어. 그런데 말이야, 연공서열이라든지 종신 고용과 같은 것은 단순한 시스템이 아니라 그 나름으로 뿌리 깊은 일본 봉건제의 우성 유전자가 포함된 시스템이라고 생각해. 그것을 이제 손바닥 뒤집듯이 부정해서 '성과주의'라고 다들 말하고 있지만, 그들은 연공서열과 종신 고용 같은 비합리적인 시스템이 일본에 어떻게 뿌리내렸는가와 같은 문제에 대해서 정말로 제대로 고민했을까 하고 의심이 들었어. 이런 관점은 '스스로 생각했다'고 생각했지만 실은 다름 아닌 요시모토 다카아키로부터 '배웠던' 거야. 그것을 지금 깨달았어.

우치다: 결국 이 문제를 가장 진지하게 생각했던 게 전중파야. 말을 바꾸면「전향론」은 요시모토 자신의 르상티망 ressentiment*을 동기로 해서 쓴 거라고 생각해. 전쟁 전의 좌익 지식인의 전향을 분석함으로써 전후파 지식인을 비판하고 있는데, 그것은 동시에 요시모토와 같은 전중파 세대의 포지션을 어떻게 위치 짓는가 하는 문제이기도 하지. 그런 의미에서는 에토 준과 요시모토 다카아키는 통하는 구석이 있다고 생각해.

에토 준은 여러 일을 했는데 그중에서도 가장 집념을 갖고 몰두한 일은 60년대에 미국에서 유학할 때 공문서관에 틀어박혀서 전후의 연합국총사령부GHQ에 의한 언어 탄압과 검열에 관해서 막대한 자료를 섭렵한 것이지. 그 일을 굉장한 집념을 갖고 했어.

전후 GHQ가 한 검열이라는 것은 실로 철저했어. '검열이 이루어지고 있다는 사실'의 보도 그 자체를 검열했으니까. 그래서 당시의 많은 일본인은 언론이 검열되고 있다는 것

---

* 프리드리히 니체의 용어로서, 약자의 강자에 대한 복수심으로 울적한 심리 상태를 가리킨다.

을 몰랐어.

군국주의의 탄압 시대가 끝나고 지금 우리는 자유와 민주의 세계에 있다. 언론의 자유와 집회결사의 자유, 모든 자유가 보장된 이상의 사회를 향해 가고 있다. 그런 환상을 당시의 '진보적 지식인'들이 확산시키고 있었는데, 그것은 검열에 의해서 미국이 일본에서 수행하고 있는 '부조리한 진실'을 조직적으로 은폐함으로써 가능하게 된 측면이 있어.

따라서 에토 준의 전후 진보적 지식인에 대한 불신감의 양상은 요시모토의 「전향론」의 양상과 비슷해. 거대한 권력에 의해서 검열당하고 조작당하고 있는 언설 속에서 마치 자유롭게 말하고 있는 것 같이 믿고 있는 사람들을 향해서 '그것은 전쟁 전의 언론 상황과 어디가 다른 건가?' 하고 따지는 거지. 패전으로 인해 거대한 절단선이 생겨서 '일본도 일본인도 바뀌었다'고 말하는 사람을 향해서 '거짓말하지 마'라고 말한 거지. 이것은 전중파에게 고유한 분노의 모습이라고 생각해.

히라카와: 요시모토와 하니야 유타카埴谷雄高 간의 꼼데가르송COMME des GARÇONS* 논쟁도 같아. 요시모토가 유행하는 화려한 옷을 입고 소비문화의 옹호자가 되었다고 하니야가 비판했지. 그러한 소비 행동은 노동자의 착취 위에

서 성립한다고 말한 거야. 그러자 '하니야 씨는 뭘 말하고 있는 겁니까? 노동자가 해방되어 노동 시간이 짧아져서 소비 행동을 할 수 있게 된 것은 노동자의 해방이 아닙니까?' 하고 요시모토가 말했지.

지금 다시 읽어보니까 요시모토가 하고 싶었던 말을 아주 잘 알겠어. 한편으로 하니야의 마음도 알겠어. 〈앙앙an an〉이라든지 〈논노non-no〉와 같은 잡지가 나오고, 일본인이 대거 파리의 루이뷔통 가게 앞에서 행렬을 만들고⋯⋯ 이런 광경을 보고 말았을 때에 나도 '뭘 하고 있는 거야 이 작자들은' 하고 씁쓸하게 생각했으니까. 그런데 요시모토는 그런 것을 '노동자의 해방'이라고 파악한 거지.

그런데 실제로는 요시모토 씨는 그렇게 파악하고 있었다라기보다는 그것을 비판하는 언설의 경직성이라고 해야할까 기만성을 비판했다고 생각해. 그의 언설에서 당시의 패션이 예술로서 어떤 도달점을 제시하고 있는지 아닌지

---

* 콤데가르송Comme des garçons은 프랑스어로는 '남자 아이 같은'이라는 의미인데, 디자이너인 가와쿠보 레이川久保玲가 창업한 당시 최첨단의 패션 브랜드 이름이다. 80년대와 90년대에 세계적으로 유명한 브랜드가 되었다. '콤데가르송' 논쟁은 여성의 비키니 차림이나 세미 누드를 찍은 화보가 실려 있는 어떤 패션 잡지의 지면에 철학자 요시모토 타카아키가 콤데가르송 옷을 입고 등장한 것에 관해서 연장자인 철학자이자 작가인 하니야 유타카가 나무란 것이 발단이 되어서 두 사람 사이에 이루어진 논쟁을 의미한다.

와 같은 부분에는 별로 의미가 없는 것처럼 보여. 그것보다는 패션과 같은 구좌익이 싫어할 것 같은 것을 제재로 해서 그것에 트집을 잡는 천박한 '정치적 옳음' 같은 것에 일격을 날린 거지. 그리고 그것은 기본적으로는 「전향론」으로 표현되었지. 머리만 비대할 뿐 생활 실감으로부터 괴리된 지식인에 대한 비판도 같은 게 아닐까 생각해.

우치다: 실은 나는 요시모토가 사용하는 '대중의 원상原像'이라는 말의 뉘앙스를 잘 이해하지 못했어. 지식인과 대중의 이항대립이라는 것은 전쟁 전의 공산당 냄새가 나는 하나의 도식이었지. 그 틀 안에서 '선동하는 지식인'과 '그것에 따라가는 대중'이라는 도식을 비판하는 사람은 있었어. 그런데 요시모토는 그 도식 자체를 역전시켜서 '대중 쪽이야말로 진정한 역사적 사명을 자각하고 있다'고 말한 거야. 확실히 '대중의 직감'은 머리를 짜내서 생각하는 지식인보다도 옳은 선택을 하는 경우가 있다는 것은 경험적으로 사실이고 그것은 비평적으로는 기능하고 있다고 생각해. 하지만 대중 안에 어떤 종류의 지성적인 방향감각이라든지 시대를 이끌어가는 방향성을 가진 '집합적인 예지叡智'가 존재한다는 이야기는 솔직히 말해서 나는 잘 감이 오지 않았어. 이것은 전중파 고유의 사고방식이었다는 느낌이 들어. 요시모토 씨의 '이데올로기'가 아니었을까 하는 느낌

이 들어.

___ 요시모토 다카아키의 거북함

히라카와: 확실히 '대중의 원상'은 요시모토의 이데올로기일
지도 모르겠어. 그렇지만, 나는 그가 말하고 싶은 것은 '신
체성'이 아니었을까 생각해. 신체성은 '이데올로기'가 아
니라 '개인'이지. 개인의 신체성이 뒷받침하지 않은 '지知'
를 비판하고 있었던 게 아닌가 하는 생각이 들어.

당시의 요시모토는 이노우에 기요시井上清*를 굉장히 비판
했지. 해외에 잠시 다녀와서 '지금의 미국은 이렇다. 중국
에서는 이렇다'라고 말하는 것을 '사상의 밀수입密輸入' 같
은 표현으로 요시모토는 비판했지. '거기에는 당신의 신체
성이 없잖아. 입으로는 무엇이든지 말할 수 있다. 그런 것
은 다름 아닌 지식인의 상승 과정에 지나지 않는다. 그런
것은 거품 같은 것이다'라고 비판했어.

요시모토는 학생 시절에는 소매를 걷어붙이고 같은 또래
와 치고받기도 한 모양인데 그런 것도 이전의 지식인에게
는 없었던 거야. 요시모토는 자신의 아버지가 사는 모습을

---

* 전후 일본 근대사 연구의 제일인자로 평가받는 역사학자.

봤기 때문에 자기 자신이 의거해온 지식에 대항하는 것으로서 '신체성'이라는 것에서 강한 의미를 찾아냈다고 생각해. 요시모토는 엄청난 지식인임에는 틀림없는데 어디를 자신의 입각점立脚点으로서 하고 있는가 하면 지식인 쪽에 서지 않아. 배 만드는 목수의 아들 쪽에 서지. 그래서 요시모토의 사상은 '신체성'의 이야기라고 보는 게 좋다고 생각해. '대중의 원상'이라는 것은 오히려 나중에 따라붙은 이데올로기야.

우치다: 나는 요시모토가 섰던 위치는 지식인과 대중 그 중간에 있다고 생각해. 대중도 아니고 지식인도 아니야. 요시모토는 그냥 놔두면 자연적인 과정으로는 지식인이 되고 마는 그런 취향성 안에서 컸을 거로 생각해.

그것은 자네도 마찬가지일 거야. 태어난 환경은 노동자 대중 속이었지. 그런데 거기에는 자동적으로 사회적 상승을 달성하는 진로 선택이 열려 있어서 주위 사람들도 자신들은 중졸의 노동자이지만 사장의 아드님인 히라카와 군에게는 좋은 대학을 나와서 지식 계층에 들어가기를 바라고 있었던 거지. 그것은 자연적인 과정이니까 부정할 수가 없어.

그래서 대중 옆에 머물려고 하면 상당히 의식적인 조작을 하지 않으면 안 돼. 자신을 지식인의 범주에 집어넣으려고 하는 흐름에 맞서서 일부러 대중의 옆에 있지 않으면 안 되는 거니까. 실은 나도 그런 경향이 있기 때문에 이해할 수 있는데, 뭔가 중대한 판단을 해야 할 때에는 '뇌가 아니라 신체성에 의지하지 않으면 안 된다'고 뇌가 생각해. 그런데 그것은 다름 아닌 '정치적 판단'이야.

결국, 그것은 자연스럽게 처음부터 '신체성'이 있는 곳에 서는 것이 아닌 거지. 본적지는 실은 지식인 쪽에 있는데, '이래서는 안 되겠다'고 생각하기 때문에 필사적으로 신체성 가까운 곳에 다가가려고 하지. 애당초 신체가 있는 곳에 서 있는 것이 아니라 '선 위치는 신체가 아니면 곤란하다'는 지성적인 판단을 내려서 그렇게 하는 거지.

거기에는 미묘한 '무리'가 있는 셈인데 그것에 관해서 요시모토는 말하지 않고 있잖아. 자신이 '굳이 지식인이 되지 않는 지식인'이라고 하는 비틀린 모습을 하고 있다는 것에 관한 자기 분석은 없거든. 요시모토 다카아키 집안이 꽤 부르주아였다는 사실을 나중에 듣고 나는 '아 그렇구나' 하고 생각했어. 그렇다고 한다면 그런 분석은 쓸 수가 없지.

히라카와: 나도 나중에 알았어. 가난한 배 목수의 아들이라고 생각했지.

우치다: 지붕에서 물이 새는 가난한 집의 공동주택 같은 곳에서 성장한 사람일 것이라고 쭉 생각했어. 그가 쓴 것을 읽으면 그렇게밖에 생각할 수 없었으니까. 집이 가난해서, 고학苦學을 해 겨우 대학을 나오긴 나왔지만 제대로 된 일자리도 못 얻고 공장 직원이 되어서 눈물 젖은 빵을 삼킨 적이 있는, 그런 가난뱅이라고 생각하고 있었어. 그런데 아무래도 그렇지는 않은 것 같다는 걸 알았을 때 나는 요시모토 씨의 거북함을 조금 알 수 있을 것 같은 느낌이 들었어. 히라카와도 똑같을 거야. '우리 집은 우두머리 한 명인 동네 공장이다'라고 말하지만, 집도 크고 티브이를 집에 들여놓은 것도 우리 집보다 빨랐잖아?(웃음).

히라카와: 하지만 말이야…… 동네 공장의 사장이라는 것은 말이 사장이지 노동자 계급이야. 금전적인 빈부와는 관계가 없어. 아무리 부자가 되었다고 해도 두툼한 손을 보면 알 수 있지. 그런데 자네가 말하고 싶은 것은 잘 이해했어 (웃음).

우치다: 히라카와도 대학에 가서 부모님과는 소속 계급이 다른 지식인이 된다는 추진력이 작동하고 있었어. 그런데 그것과는 별도로 '이대로 막연하게 휩쓸리면 위험하다'는 감각이 자네의 경우도 작동하고 있었지? '나는 늘 노동자 측

에 서 있지 않으면 안 된다'는 그 감각 말이야. 즉 자네가 선 입장은 역시 자네가 스스로 선택한 셈이야. 자네는 가 마타蒲田 근처에서 고도의 수공업을 하는 사람들에 대해 서 과잉이라고 할 정도로 존경심을 보여. 그것은 자네의 미의식이고 어떤 의미에서는 정치적인 판단이지. '이런 곳 에 서지 않으면 안 된다. 그들을 지원하지 않으면 안 된다' 는 윤리와 같은 것이 기능하고 있는 것이 아닐까?

히라카와: 말씀하시는 것은 잘 알겠습니다(웃음). 그런데 이 것은 다분히 양의兩儀적인 이야기야. 그러니까, 이데올로 기적으로 거기에 선다는 것은 아주 알기 쉬운 설명이긴 한 데 거기에는 또 하나, 역시 신체성이 얽혀. 신체성이 없으 면 애당초 그런 곳에 서지 않기 때문에. 성장하면서 점점 싫어했던 아버지를 닮아버리잖아. 아무리 머릿속에서 지 식으로 무장을 해도 신체성은 언제나 노동자 측에 있는 거 지. 이건, 신체에 달라붙어 있는 것이어서 그것을 자네가 말한 것처럼 윤리성이라고 하면 그 말대로지만 오히려 나 자신은 세련된 지식인이 아니라 흙내가 나는 장인 편이라 고 말하는 것이라고 생각해.
자신의 실감으로서 '역시 이쪽이야'와 같은 것이 있고 나 서야 비로소 '이쪽'에 설 수 있는 것이라고 생각해. 나의 경우는 입만 살아 있는 비즈니스맨을 수없이 봐왔기 때문

에 그렇게 생각하게 되었는지도 모르겠어. 꽤 속아왔기 때문에 말이지. 그런 체험을 거침으로써 무엇이 사기인지 한순간에 알 수 있게 되었어.

그러자 자신 안에 있는 것에 대해서도 '이것은 사기다'라는 것을 곧바로 알 수 있게 되었어. 아니, '사기'라고 하면 좀 과언일까? 뭐라고 해야 할까. '그럴듯한 가짜'라면 비슷할까. 여하튼 '이 작자는 가짜다'라는 것은 한순간에 알 수 있어. 그리고 그 '한순간에 안다'는 것은 어떻게 해서 아는가 하면 역시 '신체성'을 통해서 판단하고 있기 때문이라고 말할 수 있을 거야. 신체성 이외의 무엇을 기준으로 하고 있었다면, 어떻게 한순간에 알 수 있을까? 그런 생각을 해.

___ 일상의 상식이라는 이데올로기

우치다: 과연 그렇군. 그런데 좀 전에 자네가 요시모토 다카아키가 집회에서 학생들과 서로 치고받은 적이 있는 것 같다는 에피소드를 소개해 주었는데 당시의 일을 떠올려 보면 그 시대의 치고받음에 정말로 신체성이 있었는가 하면 그런 것은 없었어.

'게발트Gewalt'*라는 것은 철저하게 이데올로기적인 폭력 행위야. 이데올로기가 때리고 이데올로기가 맞는 거지. 그래서 폭력에 절도가 없어. 신체가 신체에 가하는 폭력에는 생물학적인 억제가 작동하는데 게발트에는 그것이 작동하지 않지.

신체성을 잃어버린 인간끼리 서로의 관념을 향해서 관념적인 폭력을 행사하는 거야. 그 결과로서 망가지는 것은 살아 있는 신체지. 즉, 학생 운동 속에서 휘둘러진 폭력에는 신체성이 없었어. 그것은 맞아본 인간으로서 말할 수 있어. 나는 이런 짓은 절대적으로 잘못되었다고 생각해. 단 때때로 그런 폭력 속에서도 신체성을 느끼는 순간이 있어. 예를 들면 누군가가 다른 당파의 녀석을 막 두들겨 패고 있을 때 '잠깐 기다려'라고 말하는 녀석이 있지. '그런 심한 짓은 그만두란 말이야. 이 친구는 우리의 동급생이잖아'처럼 말이야(웃음).

그런 정치 투쟁의 장에 '일상의 논리'를 가져와서 멈추게 하는 녀석이 있어. 그 남자는 '이제 그만 됐어. 그 정도는 용서해줘'라고 말하지. 나는 그런 말을 하는 사람에게 신체성을 느껴. 폭력을 행사하는 신체가 아니라 폭력을 억제

---

* 게발트는 독일어로 '위력, 폭력'을 의미하는데 1960년대 일본 학생운동에서 동일 진영 혹은 동일 당파 등의 내부 간의 폭력을 사용한 항쟁을 가리킨다. 운동이 기대했던 성과를 거두지 못하자 학생운동 내부의 분열이 심해져 아사마 산장 사건 등 극단적인 일들이 잇달아 벌어졌고 이로 인해 대중들의 학생 운동에 대한 지지도 점차로 사라졌다.

하는 신체에 신체성을 강하게 느끼는 거야.

서로 간에 믿을 수 없어서 폭력을 행사하고 있기 때문에 아무래도 '그만둬'라고 말할 수 있는 상황이 아닌 거지. 게다가 말리는 본인에게도 거기에 끼어들 정도의 정치적 주장이 있는 것도 아니야. 그런데 측은지심이라고 해야 할까. 살아 있는 신체를 가진 인간을 향해서 그렇게까지 하는 것은 아무리 봐도 좀 지나치지 않는가 하는……

히라카와: 상식이지. 이데올로기적 폭력에 대항해서 일상의 상식이 나오는 경우지.

우치다: 맞아, 일상의 상식이 나오는 거지. 나는 그런 '일상의 상식'을 말할 수 있는 사람에게 신체성을 느낀 거야. 이 작자의 상식은 '믿을 수 있다'고 생각했지. 자네가 말한 '이것은 사기라는 것을 알 수 있다'는 것도 반전시키면 같은 이야기라고 생각해.

그래서 내가 '신체성'이라는 말을 사용하는 인간에 대해서 '위험한데' 하고 생각하는 경우가 있는 것은 신체성을 가장하는 작자가 있기 때문이야. 그런 작자는 말로도 위장하고 신체로도 위장을 해. 이데올로기도 그렇고 미의식도 그렇고 무엇이든지 위장하는 인간이 있어.

히라카와: 그런데 자네도 자주 '신체성'이라는 말을 사용하고 있잖아(웃음). 오히려 상식이라고 말하는 것이 좋을까. 그런데 상식이라는 것은 설명하기가 참 어려운 거야. 그것은 옳은지 옳지 않은지와 같은 시시비비의 기준과는 다른 것이지. 손익 계산과도 달라. 뭔가 자신도 잘 모르는 역사적인 경험의 축적이고 동시에 직감적인 것이기도 해. 그 직감적인 것을 설명할 때에 '신체성'이라는 말이 나오는 게 아닐까.

이것은 좌익 운동을 경험해 본 사람은 알 거라고 생각하는데 '말하고 있는 것'은 아주 옳아. 그런데 '하고 있는 짓'은 아주 폭력적이고 잔혹해. 사람을 논리로 몰아붙이고 그 정도까지 가혹행위를 하지 않아도 좋지 않을까 생각이 들 정도로 심한 짓을 해. 일종의 사디즘 같은 느낌으로 비대화해 가지. '올바름을 관철하기 위해서는 이 녀석을 어디까지고 추궁하지 않으면 안 돼' 하는 느낌으로.

그런 것을 멈추는 것은 대항하는 이데올로기가 아니야. 이데올로기 대 이데올로기가 되면 섬멸전으로 치달아 버리니까. 이데올로기의 폭주를 저지하는 것은 언제든지 일상의 상식이야. '그 정도까지 하지 않아도 되잖아'와 같은 일상의 상식을 말로 표현하는 것은 몹시 어려워.

요시모토는 그 '일상의 상식'을 매우 강하게 의식한 작가였을 거라고 생각해. 정치성이라든지 당파성 같은 것을 항상 비판했으니까. 정치적으로 이기고 지는 것보다도 상식이 중요하다는 것은 매우 설득력이 있어.

그러면 그 상식이 무엇에 의해서 담보되는가라고 할 때, 신체성이라고 말하고 싶지만, 자네는 그것도 실은 이데올로기가 아닐까 하는 걸 말하고 있는 거지?

우치다: 글쎄, 이데올로기라고 딱 잘라 말할 수는 없겠지만. 애당초 지금 우리도 '일상의 상식'이라는 개념을 사용해서 이야기하고 있잖아. '일상의 상식'이라는 말도 실체가 있는 것은 아니야. 일종의 '구성 개념'으로서 그런 말을 사용하면 편리하니까.

요시모토의 '대중의 원상'이라든지 '일본 봉건제의 우성 유전자'도 같다고 생각해. 이런 것들도 그가 만든 말이잖아. 이러한 '구성 개념'을 사용하면 사상 상황을 들여다보는 시야가 좋아져. 그것을 위해서 만든 말이고, 그것은 그 자신의 신체 실감을 그대로 언어화한 것이라고는 말하기 어렵다고 생각해.

내가 생각하기에는 오히려 요시모토는 이런 말을 발견함으로써 사후적으로 전중의 군국 소년으로서 자신의 신체성을 재발견한 게 아닌가 싶어. 아마도 전후 한때 전중의 시기에 군국 소년이었던 요시모토 세대의 신체는 어떠한 말에도 회수되지 않고 방치되어 있었다고 생각해. 그것이

「전향론」을 쓰는 과정에서 회수되었지. 회수함으로써 일종의 구성 개념이 성립되고 그것을 통해서 그는 그 자신의 과거를 좀 더 잘 들여다볼 수 있는 시야가 대단히 좋아진 거지. 결과적으로 그러고 난 뒤로는 그 구성 개념을 자신의 지적 활동의 축으로 둔 게 아닐까.

콤데가르송 논쟁도 바로 그랬을 텐데 80년대 소비문화의 급격한 활성화 속에서 '플러스'의 것을 보려고 한 것도 그 흐름에 있다고 생각해. 티브이 문화와 서브컬처 안에서 대중의 정치적 달성을 보려고 한 것은 내 눈으로 보면 아무래도 무리가 있다고 생각해. 그런데 요시모토 안에서는 그런 무리가 통한 거지. 그것은 그러한 발상이 요시모토 다카아키 자신의 신체성으로부터 발아했기 때문이 아니라 과거에 자기 자신이 말로 한 것을 토대로 해서 그 위에 구축한 이야기이기 때문이라고 생각해.

실제로 나에게는 콤데가르송 논쟁 같은 건 아무래도 상관없는 일이거든. 나에게는 소비문화가 번창해도 기쁘지도 않고 즐겁지도 않아. 아무리 노동자에게는 기쁜 사태라고 다들 말해도 감이 오지를 않아. 물론 요시모토가 그렇게 말하고 싶으면 말하는 거야 상관없지만 일부러 다른 사람과 논쟁을 벌이면서까지 해야 할 이야기인가 싶어.

히라카와: 실제로 콤데가르송 논쟁 이후에 '요시모토 이탈'이

있었으니까. 요시모토 추종자들이 조금씩 떠나기 시작했지. 그것은 요시모토가 자신의 거북함을 계속 회수하면서 쌓아 왔던 지적 활동에, 그런 배경이 없는 요시모토 추종자들이 따라갈 수 없었기 때문일 거야.

___ 생활 언어와 추상 언어에 가교를 놓는 것

히라카와: 좀 다른 각도에서 이야기를 진행해 볼까. 얼마 전에 어느 인터넷 통신판매 회사의 인재 모집 광고를 읽었어. 읽다가 보니 '베스트 프랙티스를 실천함으로써 글로벌한 오포튜니티를 획득할 수 있는 인재를 구함'이라는 문구가 있더군. 그리고 다이버시티diversity가 어쩌고저쩌고 쓰여 있었어.

결국 무엇을 말하고 싶은 건지 알 수가 없더군. 이 회사는 좀 위태롭겠다고 생각했어. 틀림없이 경영자 자신은 이러한 이념에 관해서도 잘 이해하고 활동하고 있다고 생각해. 하지만 그 경영자의 추종자들은 잘 모르는 채로 '우리 보스는 이런 말을 좋아하는 게 아닐까'라고 미리 넘겨짚고 이런 문장을 쓴 게 아닐까 생각했어. 즉 그 회사 안은 '일본어의 일상의 상식'이 통하지 않는 분위기가 만들어져 있는 게 아닌가 하고 상상한 거지. 의미를 잘 모르는 일본어를 사용해서 '이런 말을 사용하는 회사야말로 글로벌 컴퍼니다'라고 생각하고 있는 사원이 나오는 게 아닌가 하고.

그 뒤에, 이것은 다른 기업 이야기인데, 어느 기업 사장과 '최근에 매니저먼트라든지 모티베이션과 같은 말을 다들 하지? 그런데 말이야, 매니저먼트가 뭔지 알아? 잘 모르지' 같은 이야기를 했어. 그 사장은 '모티베이션'과 '매니저먼트'와 '퍼포먼스'와 같은 말을 사용하면 벌금을 부과하는 규칙을 정하고 회의를 했다고 해. 그런 말을 사용하면 100엔을 접시에 내놓기. 실제로 해 보니까 모두가 한마디도 하지 않았다더군(웃음).

그래서 내가 그 세 가지 말을 대치할 수 있는 말을 제안했어. 그것은 '변통하기(야리쿠리)', '타협하기(오리아이)' '돌려막기(스리아와세)' 세 가지. 이 말을 듣고 그 사장은 감격해서, '야리쿠리' '오리아이' '스리아와세'라고 쓴 배지를 만들었다고 해. 게다가 그 배지를 본 도요타라든지 이스즈의 간부들도 아주 감격했다는 모양이야.

뭘 말하고 싶은가 하면 '변통하기' '타협하기' '돌려막기'라는 것은 들으면 누구라도 알 수 있는 말이고 머릿속에 모두 똑같은 이미지를 그릴 수 있지. '변통하기'라는 말은 다들 가계를 '꾸려가고(야리쿠리)' 있으니까 누구든지 알지.

'타협하기(오리아이)'는 원래 말과 기수와의 관계를 표현한 말이야. 말이 '앞으로 가고 싶다'는 것을 제어하고 적절히 컨트롤한다는 것에서 온 말. 이것도 알 수 있지. '돌려막기(스리아와세)'라는 말은 다름 아닌 일본의 제조업에서 배양되어 온 것으로 어떤 물건을 제대로 활용하는 것의 메타포지. 이 세 가지 말을 금방 알 수 있는 것은 일하고 있는 사람들이 경험하고 자기 신체에 물들게 해 온 말이기 때문이야. 매니저먼트라든지 베스트 프랙티스 같은 의미도 모르는 말을 사용할 필요가 없다는 거지.

실제로 사람들에게 '매니저먼트라는 것은 무슨 의미?'라고 물어보면 재미있을 거야. 다들 다른 말을 할 테니까 말이야. 모티베이션도 그런 종류의 말 중 하나이지. 모두가 각각 다른 의미를 머릿속에 그리고 있을 거야. 즉 그러한 말만을 사용해서 대화하고 있다는 것은 실제로는 통하지 않는 말을 마치 통하고 있는 것처럼 해서 커뮤니케이션을 하는 것이지. 그러고 보면 '커뮤니케이션'이라는 말도 그 '통하지 않는 말' 중 하나이긴 하지만 말이야(웃음).

그래서 내가 말하고 싶은 일상의 상식은 '전달되는 말'이야. '매니저먼트'라든지 '베스트 프랙티스'와 같은 말은 단순한 기호 그 이상도 그 이하도 아니라서 공통 체험이 쌓아온 실감이 없어. 그런데도 작금의 일본의 비즈니스맨은 적당히 그 말들을 사용하고 있지.

물론 한편으로 신체 감각에 뒷받침된 말만으로는 사상을 말할 수가 없어. 추상도가 높은 말을 사용하지 않으면 사상은 형성될 수가 없어. 그래서 추상도가 높은 말을 생활 실감이 있는 말로 받쳐주는 작업이 필요한 거지. 요시모토는 그것에 상당히 뛰어났다고 생각해.

우치다: 그런 점에서 요시모토 다카아키는 일본의 정통파 지식인이야. 일본은 특이한 언어 구조를 가진 나라지. 보통의 언어는 이중 구조의 언어. 즉, 토착의 말이 기본이고 그 위에 외래어가 얹혀 있는 형국인데, 일본어의 경우는 외래어의 경우가 '마나眞名'이고 구어적인 생활언어가 '가나假名'야. 즉 생활 언어가 가假 언어인 거야. 주와 종으로 말하자면 '주'가 외래어이고 토착 언어가 부수적인 거지. 그것이 일본 언어의 특징이고 동시에 일본인의 정치의 특징이야.

말을 바꾸면 야마토大和 언어라든가 토착 언어만으로는 사상을 만들어낼 수가 없어. 토착 언어만으로는 어느 정도 이상의 추상도가 높은 복잡한 관념을 다룰 수가 없어. 하지만 외래어인 추상 언어만으로 말하면 히라카와가 말하는 '사기'가 되고 말지. 외래어로 추상 개념을 구성하긴 하는데 그때마다 토착의 언어를 착상시켜서 뿌리를 내리지 않으면 그냥 빈말에 그치고 말아.

프랑스어나 독일어를 배워보면 알 수 있는 일인데, 프랑스와 독일의 철학 용어는 그야말로 생활 용어야. 생활 용어가 그대로 철학 용어로 사용되고 있어. 하이데거 같은 사람은 자신의 철학 책을 보통의 생활 언어를 마구 사용해서 쓰고 있거든.

히라카와: 아 그렇구나. 하이데거는 원어로는 '난 말이야, 살고 있다는 느낌이 안 든다구' 같은 느낌의 문장이라는 말이야?(웃음).

우치다: 아니. '난 말이야'와 같은 느낌은 아니야. 철학적 사색을 위해서 사용하고 있는 '열쇠가 되는 개념'을 생활 용어로부터 가져온다는 말이지. '도구'라든지 말야. 레비나스도 똑같아서 'visage(얼굴)'라든지 'il y a(있다)'라든지 일상 언어를 철학의 핵심 개념으로 사용하지. 이것은 정말로 부러운 일이야.

생활 언어를 철학 용어로 바꾸어서 사용할 수 있는 것은 생활 언어와 추상 언어가 나뉘어져 있지 않기 때문이야. 언어적으로는 단상單相이라는 거지. 그에 비해서 일본어는 중상重相이야. 느닷없이 '얼굴'이라는 말을 들어도 일본어로는 그 철학적 함의를 알 수가 없어. 일본어의 '얼굴'이라는 것은 어디까지나 생활 언어라서 기껏해야 '생색내다顔を立てる'라든지 '체면을 구기다顔をつぶす' 같은 비유적 용법 정도로밖에 사용 범위가 확대되지 않아. 그런데 프랑

스어라고 하면 visage는 'viser(노리다, 조준을 맞추다)'라는 동사로부터의 파생어이기 때문에 그러한 동작이 이루어지는 모든 상황을 담고서 '얼굴'이라는 말의 깊이를 탐색할 수가 있어.

그런데 일본어로는 그것을 할 수가 없어. 철학 개념을 이해하기 위해서는 그 말이 함의하고 있는 추상적 개념의 전 영역을 한순간에 주사走査할 수 있지 않으면 안 되는데, 외국어 화자에게는 그것이 큰 핸디캡으로 작용하지. 사전에 나와 있는 특정한 단어의 의미를 위에서부터 밑까지 전부 읽고 게다가 그러한 것들을 한마디로 의미할 수 있는 '것'을 리얼하게 파악할 수 없으면 생활 언어로 철학하는 사람을 따라갈 수 없으니까 말이지.

예를 들면 프랑스어의 'ordre'라는 것은 '순서' '질서' '명령' '종류' '동업자 집단'과 같은 의미가 있는데 내가 이 사전적 정의를 전부 암기해도 프랑스인의 머릿속에서 ordre가 어떤 '것'으로서 이미지되고 있는지는 알 수가 없어.

이 말은 우주는 계층 구조로 되어 있어서 가장 위에 조물주가 있고 한가운데쯤 인간이 있고 가장 밑에 무생물이 있다는 기독교적인 우주관을 깊게 신체화시키지 않으면 '어떤 것'으로서 파악할 수가 없어.

프랑스어라든지 이탈리아어라든지 독일어라든지 영어라든지 동족의 언어끼리라고 하면 왠지 '아 그건 이걸 말하는 거지'와 같은 느낌을 가질 수 있을지도 모르겠지만 일본어로는 무리야. 그것은 단순히 외국어이기 때문에 그런 것만은 아니고 일본어가 이중 구조이기 때문에 그래.

'구체적인 것은 토착어, 추상적인 것은 외국어' 이처럼 나누어서 사용하기 때문에 구체이면서 동시에 추상인 '것'을 일본어로는 제대로 표현할 수가 없어. 그래서 일본인 사상가가 세계 수준의 작업을 하려고 하는 경우 아무래도 외래 언어와 토착 언어를 가교할 필요가 있어. 생활 언어이고 게다가 철학 용어로서도 그 용도에 걸맞은 말을 사용해야 할 필요가 있지.

그런데 지식인의 경우 이것은 자연적인 과정으로 반드시 외래어가 선행하게 돼. 토착어와 외래어를 봉합해서 뭔가 두터움이 있는 '것'을 만드는 작업을 지식인은 하지 않아. 그래서 지금 히라카와가 말하고 있는 공소空疏한 '베스드 프랙티스'와 '퍼포먼스'와 '매니저먼트'와 같은 말이 어떠한 생활 실감도 동반하지 않은 채 공허하게 선행해서 급기야는 일정한 사회적 실력을 갖추게 되어버리거나 하지. 그것이 일본어의 비극적 측면이야.

외래의 '공어空語'에 생활 언어의 감각을 착상해서 두터움이 있는 말로서 재편성하는 것은 일본 지식인의 옛날부터 연면히 이어진 작업이야.

히라카와: 그러고 보니 후쿠자와 유키치는 바로 그런 일을 한 사람이군. 그리고 고바야시 히데오도 그런가. 그런데 자네는 고바야시 히데오를 읽지 않았지.

우치다: 맞아, 별로 좋아하지 않아. 하지만 그가 몰두한 일의 의미는 잘 알아. 그리고 소세키의 『나는 고양이로소이다』를 잘 읽어보면, 등장인물들이 당시 서구 인문과학의 첨단 지식에 관해서 이야기하고 있어. 그리고 '그것은 쉽게 풀어서 말하자면 이런 건가?' 하는 식으로 외래의 추상을 에도와 연결된 생활 언어로 바꾸는 일을 모두 하고 있어. 즉 『나는 고양이로소이다』에는 소세키가 메이지 30년대 말에 쓰지 않으면 안 되었던 역사적 필연성이 있었던 거지. 소세키는 세계의 인문과학의 최첨단 지식을 토착의 생활 언어 안에 회수하는 큰일을 한 거야.

히라카와: 아, 그것은 굉장하군.

우치다: 나도 그것을 알았을 때는 감동했어. 소세키의 지성은 대단해. 소세키가 도쿄제국대학의 영문학 선생을 그만두고 전업 작가가 된 것은 외래의 개념에 생활 언어의 뒷받침을 제공하고 일본어를 세계 표준의 지식을 얹을 수 있는 언어로 만들기 위해서였다고 생각해. 그런 두터움이 있는

일본어를 만들지 않으면 일본인의 지성은 앞으로 나아갈 수 없다, 그렇게 느꼈을 거라고 생각해.

당시 대학에서는 수업은 대개는 영어와 독일어로 했잖아. 영문학도 영국인 교사가 영어로 가르쳤지. 소세키는 어떻게 해서든지 일본어로 영문학 강의를 할 수 있을 정도까지 일본어를 단련시키지 않으면 안 된다고 생각했던 거야. 그것이 국책國策이기도 했을 테고. 그래서 문학부터 철학부터 역사학부터 심리학부터 물 건너온 개념을 하나부터 일본어로 바꾸어 본 거지. 소세키의『산시로』에서 'Pity is akin to love'란 말을 어떻게 번역할까 고민하는 대목에서, '동정한다는 것은 반했다는 거다'라고 해. 바로 그 말이지. 그것을 '연민과 사랑은 비슷하다'라고 번역하면 안되는 거야.

그렇게 생각하면 소세키와 모리 오가이森鷗外는 일본 지식인의 가장 중심에 있는 인물이라고 생각해. 오가이도 자신의 업적 중에 양적으로 가장 많은 것은 번역이었으니까. 군의총감軍醫總監으로 제실帝室 박물관의 총장을 하면서 그만큼의 소설을 쓰고 게다가 그 이상의 분량의 번역을 했으니까 말이야.

소세키와 오가이의 작업은 결국 '어떻게 해서 일본어를 풍성하게 만들어 갈 것인가'였어. 외래의 개념을 제대로 받아들일 수 있는, 그리고 거기서부터 혁신적인 아이디어를 끄집어낼 수 있는 풍성하고 두터움이 있는 일본어를 어떻게 해서 만들어낼 것인가에 메이지 시대의 선인先人들은 자신들의 지적 노력을 모두 건 거지. 고바야시 히데오도 그 흐름을 이어받았다고 생각해.

요시모토로 이야기를 돌리자면 '공소한 외래의 개념을 용서하지 않는다' '생활 언어의 뒷받침이 없는 것은 그냥 넘어가지 않는다'는 성실함은 실은 메이지 시대 문호들의 일과 직접 연결되어 있는데, 그 지식인의 정통성에서 요시모토 다카아키가 그 시대에는 특출한 존재였다고 생각해.

히라카와: 나는 이전부터 요시모토 다카아키는 고바야시 히데오의 정통 적자라고 생각하고 있었어.

우치다: 훌륭해!!(웃음). 나는 전혀 자각하지 못했어. 그걸 깨달은 것은 정말로 최근 들어서야.

___ 지식인의 계보

히라카와: '전쟁에 관해서 어떻게 생각하는가'라는 질문을 받았을 때 고바야시는 확실히 '잠자코 일개 병졸로서 전쟁터에 나간다'와 같은 대답을 했던 것 같아. 정확하게는 기억나지는 않지만. 이것은 바로 일상의 상식이라고 생각해.

그리고 '60년대에 가장 위기는 무엇이었는가?'와 같은 질문을 받은 요시모토는 '자신의 처와의 연애 관계였다'고 대답했지. 이것은 고바야시 히데오와 같은 대답의 방식이라고 생각해. 지식과 생활의 실감에 다리를 놓는 일은 어떤 것인가를 그 나름의 언어로 말한 거지. 그것을 최전선에서 했던 것이 비평의 세계에서는 고바야시 히데오이고 사상에서는 요시모토 다카아키였어. 지금은 그런 계보가 끊어진 게 아닌가 하는 느낌이 들어. 요시모토의 다음 세대라고 하면 뉴 아카데미즘New Academism*이라고 해야 할까.

우치다: 뉴 아카데미즘이라고 하면 우리 세대인데 그보다 열 살 정도 위에 또 다른 세대가 있을 것 같은 느낌이 들어. 히로마츠 와타루廣松涉라든지 하스미 시게히토蓮實重彥라든지. 그런데 히로마츠도 하스미도 지금 이야기하고 있는 의미에서의 정통적인 일본 지식인의 계보는 아닌 것 같아. 그들은 어느 쪽인가 하면 일본의 토착어에 착상될 것 같지 않은 외래의 개념을 폭주시킨 유형이잖아?

---

* 1980년대 초반에 인문학, 사회과학에서 일어난 유행과 조류를 가리키는 말. 기존 아카데미즘의 틀을 벗어난 아사다 아키라, 나카자와 신이치 등의 저작이 베스트셀러가 되면서 생겨난 조어이다.

히라카와: 직전 세대에는 양쪽 다 있었다고 생각해. 외래계의 폭주파와 생활 실감에 딱 천착한 토착파.

우치다: 토착파라고 하면 누구일까? 데라야마 슈지寺山修司라든지 가라 주로唐十郎* 정도일까? 데라야마 슈지는 지식인이라고 할 수 없을까?

히라카와: 아니 데라야마 씨는 최고의 지식인이야. 내가 언제나 데라야마 씨에게 감동을 받는 것은 예를 들면 좌담회 등에서 당시 유행하는 해외 작가와 사상가의 이름을 꺼내는데 데라야마 슈지는 항상 그다지 알려지지 않은 마이너시인의 말을 인용하거나 했지. 예를 들면 랭스턴 휴즈 같은 사람. 미국 할렘의 시인인데 많은 사람들은 거기까지 시야가 미치지 못했지. 내가 몰랐을지도 모르겠지만 이러한 시인의 문구를 아무렇지 않은 듯 자신의 이야기를 하는데 인용하는 거야. 그것이 정말로 딱 들어맞는 이야기여

---

* 극작가, 연출가, 배우, 소설가. 극단을 주재하면서 연극계에 큰 족적을 남겼고, 소설로 아쿠타가와상도 수상했다. 70년대 계엄령 치하의 한국에서 보석 중이던 김지하와 합동 공연을 추진해 김지하의 『금관의 예수』와 함께 자신의 『두 도시 이야기』를 당국의 허가 없이 한국어로 무대에 올리기도 했다. 2010년 이병주 국제문학상을 일본인으로는 최초로 수상하기도 했다.

서, 아 이 사람은 머리만 큰 다른 지식인들과는 다르다고 생각했어.

우치다: 다만 어찌됐든 영향력이라는 점에서는 이 세대의 지식인들은 요시모토 다카아키나 고바야시 히데오와 비교할 수 있을 정도는 아닌 것 같아.

히라카와: 아마도 토착과 외래, 어느 한쪽만으로는 방향감각이 나오지를 않는 거겠지. 하스미 시게히코도 그렇고 왜 저렇게 배배 꼬인 말투를 사용하지 않으면 안 되는지 전혀 알 수가 없었어. 어쩐지 일부러 이야기를 복잡하고 까다롭게 하고 있다는 인상을 받았어. 머리가 좋은 것은 알겠지만.

우치다: 이런저런 말을 하다 보면 난처해질 수 있기 때문에 나는 하스미에 관해서는 말하지 않기로 하고 있는데, 그들의 세대로 말하자면 히로마츠 와타루와 하스미 시게히코는 무시할 수 없다고 생각해. 앞에서 '문체에 영향을 받는다'는 말을 했지. 그들이 영향을 받은 것은 요시모토 다카아키인데 그 후에 우리 세대가 문체적으로 가장 영향을 받은 것은 히로마츠 와타루와 하스미 시게히코이지. 기억해? 히로마츠의 문체가 상당히 유행했던 것.

히라카와: '기억해?'라는 말을 들어도 나는 전혀 영향을 받지 않았으니 그다지. 영향을 받은 것은 자네 주변뿐이었던 거 아냐. 그것은 요컨대 의고문擬古文투니까. 한시로 마르크스를 논했다는 거 말이지. 물론 그것은 그 나름으로 굉장한 일이긴 하지만.

우치다: 그것은 그럴지도 모르겠지만 그래도 나는 꽤 좋아했어. 히로마츠 와타루의 책 목차를 펼치면 모든 장의 제목이 빽빽이 한자 포함해서 13자로 딱 일직선을 이루고 있지.

히라카와: 우와, 멋진 것은 틀림없군.

우치다: 맞아, 멋졌지. 그런데 그것은 일본 지식인의 정통적인 화법은 아니었다는 거야. 물론 그런 사람이 나오는 것은 자연스러운 과정이긴 하지만 그것은 정통 계보는 아니야. 그 문체로는 일본인의 혼을 흔들어대는 것은 쓸 수가 없어.

히라카와: 과연 그렇군. 그런데 좀 물어보고 싶은 게 있는데 자네는 고바야시 히데오의 어디가 문제인 거야?

우치다: 글쎄, 고바야시 히데오는 기본적으로 언제나 으스대잖아. 그게 맘에 안 들었어. 하지만 말이야, 일전에 고바야시 히데오와 수학자인 오카 기요시의 대담을 읽고 조금은 그가 좋아졌어. 오카 기요시와의 대담에서는 고바야시 히데오가 으스대고 있지 않았어. 오카 키요시의 자신의 수학에는 일본인의 정서라든지 미의식이라든지 사생관 같은 것들이 관련되어 있다는 이야기도 재미있었고.

나는 수학에 관해서 전혀 모르지만, 수학은 보편성의 극치라고 생각하고 있었어. 세계 공통으로 모든 국민 문화와 나라의 경계를 넘어선 일의一意적인 것이라고 생각했던 거지. 그런데 오카 기요시는 아니라고 말하는 거야. 그래서 '이 수식은 나의 미의식에 맞지 않아' 같은 말을 하더군. 그게 재미있었어.

히라카와: 왜 내가 이렇게 고바야시 히데오에 경도되어 있는가 하면 실은 최근에, 우치다 타츠루는 고바야시 히데오라고 생각하고 있어. 자네가 선 자리는 만년의 고바야시 히데오와 아주 비슷해 보여. 고바야시 히데오는 만년에 골동품, 노能, 수학, 철학과 같은 다양한 장르의 사람들과 대담을 했지. 이것은 그런 사람들이 모두 고바야시 히데오와 이야기를 하고 싶다고 생각했기 때문일 거야. 고바야시 히데오의 안목을 감상하고 싶었다고 해야 할까.

그래서 고바야시 히데오를 자세히 읽어보니 반드시 논리가 통하고 있는 것은 아니야. 비약한 논리로 단언하고 있어. 그래서 인상 비평이라는 비판도 있어. 그런데 읽어보면 '아는 사람은 안다' '아 이것은 나만 알 수 있는 이야기다'라고 생각하게끔 만드는 설득력이 있어. 그래서 당시 많은 사람의 문체에 영향을 주었던 것 같아. 그 부분이 자네와 아주 비슷하다고 생각했어.

우치다: 하지만 나는 고바야시 히데오로부터 전혀 영향을 받지 않았어. 곁에 두고 애독한 경험이 없기 때문이지. 책장에는 전집이 있긴 하지만……

히라카와: 그것도 최근이잖아. 옛날에는 고바야시 히데오의 전집 따위 갖고 있지 않았지.

우치다: 뭐, 내가 고바야시 히데오상을 받았으니까. 아내한테서 '당신 고바야시 히데오는 읽었어요?'라는 말을 듣고 '뭐? 약간은' 하고 대답했어. 그러자 '상을 받았으니까 스피치 할 때에 고바야시 히데오로부터 한 줄 정도 인용하는 게 좋지 않을까요?'라는 말을 듣고 '그렇다면 전집을 구입할게' 해서 사게 된 거지.

그런데 읽어도 역시 딱 와닿지 않았어. 일단 전집의 1권부터 읽기 시작했는데 10페이지 정도에서 벌써 졸리는 거야. 그래도 모두들 '고바야시 히데오는 좋다'고 말하지. '문체가 좋다'라든지. 그런데 나는 실은 '어디가 좋은지 잘 모르겠다'고 생각하고 있었는데 나중에 알게 된 것은 '선 자리가 좋다'는 것이었어. 그래서, 아, 고바야시 히데오는 '일본 지식인의 왕도'에 서 있던 사람이라는 걸 깨달았어.

고바야시 히데오는 구미에서 건너온 학문적 성과와 문학적 지견知見을 어쨌든 일본인의 일상 언어에 용해시켰지. 고바야시 히데오에게는 아주 강인한 치아와 소화기관이 있어서 그것을 이용해 서구의 지식을 잘게 씹었지. 그렇게 해서 만들어진 '죽' 같은 것을 지식인 예비군인 청년들이 읽었다고 생각해.

히라카와: 고바야시 히데오는 그렇게 예술에 관해서는 '가짜다, 진짜다' 하고 혹독하게 비평한 것치고는, 음악에 관해서는 레코드만으로 비평을 했어. 실제 오케스트라의 음악을 듣는 것이 아니라 레코드를 듣고 비평해. 회화도 복제라도 상관없는 거지. 즉, 실물을 보고 말하는 게 아니야. 그것이 고바야시 히데오가 서 있는 위치인 거지. '그런데도 알 수 있는 것은 알 수 있다'는 포지션. 점점 자네와 딱 닮았다고 나는 생각하는데(웃음).

___ 가즈오 이시구로는 영국의 요시모토 다카아키

우치다: 일본의 전통적 지식인은 앞에서 말한 대로 일본 문화 특유의 이중성에 제약을 받고 있는 셈인데 그 안에서 요시모토 다카아키의 모습은 실은 꽤 특수해. 일본은 전쟁에서 지고, '전쟁 전의 사회에는 봐야 할 게 아무것도 없다'는 형태로 청산을 하고 말았어. 그런데 요시모토는 그렇게 생각하지 않았어. 전쟁 전의 대일본제국 신민臣民의 생활 문화 속에도 볼 만한 게 있다고 생각한 거야. 인간으로서 자부심을 느껴야 할 것, 믿음을 가질 만한 것이 있다고 생각한 거지.

전후의 지식인이 모두 전쟁 전의 일본을 전면적으로 부정했을 때 요시모토는 '이것을 전면 부정해서는 안 된다. 구해내야 할 것은 구해내지 않으면 안 된다'고 경고한 거지. 그런데 이러한 입장에서 이야기를 하는 사람은 세계 어디를 찾아봐도 별로 없었어.

어느 나라나 '부끄러워해야 할 역사'라는 것은 있어. 한편 그 시대에 사춘기와 청춘을 보내고 '그 시대야말로 자신의 황금시대였다'고 생각하는 사람도 반드시 있지. 독일이라고 하면 히틀러 유겐트*로서 자라고 더 커서는 친위대원이 된 청년이 있을 거야. 젊었을 때에 친구와 키운 우정이라든지, '죽어도 상관없다'고 용감하게 돌진했던 전우와의 추억 같은 것을 그 후의 인생에서도 무엇보다도 귀중한 기억으로서 간직하고 있는 사람은 있을 테지. 하지만 그것은 입 밖으로 낼 수가 없어. 입 밖으로 내면 형사처벌을 받을 리스크가 있으니까.

프랑스도 마찬가지야. 제2차 세계대전 중의 프랑스는 북쪽은 독일의 직할령이고 남쪽은 꼭두각시의 비시 정권이라는 형태로 전 국토가 독일에 지배당하고 있었어. 그 비시 정권하의 프랑스에서 내건 슬로건이 '노동, 가족, 조국'이었어. 반근대적인 슬로건이었지.

그것은 1, 2차 세계대전 사이에 지식인들이 빠지고 만 다다이즘이나 초현실주의나 미래파나, 혹은 재즈와 할리우드 영화 같은 '퇴락한 문화'에 대한 반동이었어. '역시 시골이 좋아' '농업을 하는 게 뭐가 나빠?'와 같은 주장이었지. 그런 비시 정권하의 반근대적 프랑스 리버럴파와 유대인 사냥을 하고 있었던 소년들이 '그때는 좋았지' '페탱 원수는 꽤 괜찮은 사람이었어' 하고 생각해도 그다지 이상할 게 없어. 그런데 적어도 프랑스 지식인 중에 그 말을 입에 담은 사람은 없었어.

---

* 1933년 아돌프 히틀러가 청소년들에게 나치의 신조를 가르치고 훈련시키기 위해 만든 조직.

히라카와: 그것은 '지식인이 아닌 사람'이면 말할 수 있었다
　는 의미야?

우치다: 음, 그것도 어려울지 모르겠어. 나는 프랑스의 극우
　사상이 전공이었으니까 반유대주의에 관해서는 꽤 연구
　했는데 '비시 정권 시대에도 그 나름으로 봐야 할 게 있다'
　같은 말을 하는 사람은 한 명도 보지 못했어. 레몽 아롱과
　알베르 카뮈가 '지나간 일은 너무 파헤치지 말자'와 같은
　다소 유화적인 태도를 취한 것이 예외적이었을 정도지.
　그런데 말이야, 그중에는 인간으로서 옳게 살려고 선의에
　서 나치스와 비시 정권에 가담한 프랑스인도 있었을 거야.
　그런 인간의 심정을 '없었던 일'로 해버리는 것은 역시 문
　제라고 생각해. 억압된 것은 증상으로서 회귀하니까 말이
　야. 언젠가는 다시 소생하게 마련이거든. 그래서 제대로
　다시 파내서 '이 부분은 좋았지만 이 부분은 좋지 않았다'
　와 같은 식으로 시시비비를 판정해야 한다고 생각해. 그런
　데 프랑스는 그런 일을 아무도 하지 않았어. 프랑스의 역
　사 교과서가 그렇기 때문에. 일본에서는 '일본은 자신들에
　게 불리한 역사에 뚜껑을 닫고 부끄럽다'라고 비판을 받는
　경우가 있는데, 프랑스도 마찬가지야. 프랑스도 제2차 세
　계대전 당시의 자국에 불리한 역사는 억압하고 있어. 사실
　상은 패전국으로 독일의 전쟁을 후방에서 지원했음에도

'연합국 측에서 계속 싸워 왔다. 독일은 우리 군대로 쫓아
냈다. 대독 협력을 한 배반자들은 모두 죽였다' 같은 이야
기를 하지.

전쟁이 끝나고 제4공화정이 성립하는데 관료층은 거의 통
째로 비시 정권의 관료를 모두 받아들였으니까 '청년 때는
대독 협력자였는데 전후에는 실업계와 정계의 엘리트가
되었다'라고 할 수 있는 사람은 많이 있었지. 그런데 그들
은 절대로 자신의 전쟁 중의 활동에 관해서는 커밍아웃 하
지 않아. 그런 일을 하면 사회적으로 말살되고 마니까. 그
렇게 억압해 놓고 싶은 마음은 모르는 바는 아니지만 그렇
게 해서 자국의 떳떳하지 못한 역사를 은폐해 버리면 어딘
가에서 거기서 부상하지 못했던 죽은 이들이 되살아나는
법이지. 이것은 국가로서 큰 리스크라고 생각해.

그런 의미에서는 프랑스나 독일에는 '요시모토 다카아키'
가 없어. '그 시대에 살았던 서민들, 조국을 위해서 죽을
각오를 했던 무지한 대중들의 심정에도 참작해야 할 것은
있는 게 아닐까. 그 토착의 정념은 전후의 우리 안에도 계
속 이어져 오는 것은 아닐까'와 같은 말을 한 사람은 프랑
스에도 독일에도 없어. 자국의 부끄러워해야 할 과거를 올
곧게 직시한 상태에서 '부끄러워해야 할 과거 속에 남은
빛나는 것'을 찾아내는 일을 한 사람은 독일에도 프랑스에
도 없어.

독일 동부 전선에서 독일군 병사의 영웅적인 전투를 그린 영화가 있어. 샘 페킨파 감독이 연출하고 제임스 코번이 주연을 맡은 〈철십자 훈장Cross of Iron〉인데 독일군 병사가 영어로 말하는 할리우드 영화지. 이것은 바로 '동부 전선에서 러시아군과 싸운 독일 병사들 중에도 꽤 괜찮은 녀석이 있었어'라는 이야기인데 독일에서는 만들 수 없는 영화였다고 생각해. 그리고 할리우드에서도 유대인 프로듀서들은 일단 출자하지 않았을 거야. 그 정도로 패전국에서는 전쟁 전과 전쟁 중의 자신들의 행위에 관해서는 억압이 강해.

한편 영국에는 가즈오 이시구로가 있지. 나는 웬지 그가 영국에서 요시모토 다카아키 같은 포지션에 서 있는 게 아닐까 하는 느낌이 들어. 『남아 있는 나날』이라는 소설은 집사執事가 그의 주인이었던 달링턴 백작을 회술하는 이야기인데 백작은 대전 기간에 유럽 엘리트들의 중지衆智를 모아서 제1차 대전 후에 곤경에 빠져 있는 독일을 도우려고 해. '패배한 인간을 몰아붙이는 것은 공정하지fair 않다'는 신사적인 사고로 독일의 부흥을 위해서 유럽적 연합을 만들려고 시도하지.

그런데 그들의 선의가 예상이 틀어져서, 백작이 행한 독일 지원 활동이 결과적으로 나치스의 대두를 초래했다는 비판을 받고, '매국노'라고 매도당하고 말아. 그 주인 옆에 있으면서 그의 뜻이 높았다는 것을 알고 있던 집사가 '여러분은 백작을 나쁘게 말씀하시지만, 그분이야말로 진짜 영국 신사이고 훌륭한 일을 기획했습니다'라고 변명하려 하지. 그런데 집사이기 때문에 그것을 지식인이나 정치가에게 통할 수 있는 말로는 할 수가 없어.

자신의 주인이 체현했던 영국 귀족의 가장 양질의 부분, 페어플레이 정신과 '노블레스 오블리주', 패자에 대한 관용이 정치적으로 이용당해서 단죄된 채로 역사 속으로 매장되고 만 것에 대해서 집사는 '그것은 좀 이상하지 않습니까' 하고 이의 신청을 하는 거야. 그런데 그는 생활 언어밖에 갖고 있지 않아서 사상의 용어는 쓸 수가 없어. 그 안타까움이 『남아 있는 나날』의 하나의 주제라고 생각하는데 그것을 읽고 나는 '아 가즈오 이시구로는 요시모토 다카아키다'라고 생각했어.

히라카와: 아, 아주 재미있네.

우치다: 그래서 나는 가즈오 이시구로의 세상을 보는 이러한 관점은 그가 일본계 작가이기 때문에 가능한 것은 아닌가 하는 생각도 들었어.

히라카와: 확실히 영국에서도 미국에서도 프랑스에서도 요시

모토 책이 번역되어 있지 않다는 것은 결국 그의 문제의식이 그런 나라들의 지식인들 사이에서는 좀처럼 공유되기 어렵기 때문일지도 모르겠군. 게다가 자국의 역사에 대한 억압의 방식이라는 것은 로컬한 형태를 취하지. 각각이 자신들의 역사에 대해서 요시모토처럼 깊게 파고 들어가는 작업을 거치지 않으면 요시모토를 읽어도 이해할 수 없어.

우치다: 한편으로 요시모토의 사상이 로컬하기 때문에 번역되지 않았다고는 생각하지 않아. 독일에도 프랑스에도 영국에도 있었던, 세계성이 있는 깊은 테마를 다루고 있긴 하지만 너무나도 예리해서 그러한 문제의식을 견지할 수 있었던 사상가가 세계적으로는 드물었다고 말하는 게 오히려 진실에 가깝다는 생각이 들어.

예를 들면 마루야마 마사오는 영어로 번역된 책이 많이 있어. 아마 불어 번역도 있을 거야. 그런데 요시모토는 영역도 불역도 전혀 없어. 그것만 보면 요시모토 다카아키가 로컬한 사상가이고 마루야마 마사오가 글로벌한 사상가가 되겠지만 그렇게 간단한 이야기는 아니지.

요시모토 다카아키 같은 문제의식으로 국민 국가의 역사를 지적하는 것은 어려운 일이야. 그 '파고드는 방식'이 너무 예리해서 그와 같은 일을 할 수 있는 사람이 유럽에도 거의 없었어. 일본 이외의 나라는 억압이 너무 강해서 요시모토 다카아키가 자국의 역사에 대해서 한 예리한 파고들기를 할 수 없었어. 즉 요시모토 다카아키의 번역이 존재하지 않는 이유는 '구미의 지역성이 요시모토의 세계성을 따라가지 못하기' 때문인 거야.

히라카와: 그런 의미에서는 가즈오 이시구로라는 작가는 확실히 요시모토가 「전향론」에서 한 것과는 대조적인 형태로 과거에 잘못을 저지른 예술가와 귀족이 갖고 있던 '좋은 것', 의심할 수 없는 것을 전후의 단죄로부터 구하려고 한 것이군.

『남아 있는 나날』도 그렇고 『부유하는 세상의 화가』도 똑같아. 요시모토는 단죄하는 측의 지성의 질을 철저하게 의심하는 방식을 취했는데, 이시구로는 단죄된 측에 있던 인간의 고귀한 부분에 빛을 비추려고 한 것으로 보이는군. 그는 dignity라는 말을 사용하고 있는데 그 dignity를 일본어로 제대로 번역할 수가 없어. '품격'이라고 번역하는 경우가 많은데 좀 다르다고 생각해. 잘 표현하지는 못하겠지만, 굳이 말하자면 사람이 어떤 행동에 나서는 것은 기연機緣이 있어서고, 기연이 없으면 범죄를 저지를 수도 없고 선행을 쌓을 수도 없지.

신란親鸞이 말하는 절대타력絕對他力이라는 것인데 이것을 파고 들어가면 의지를 갖고 움직인다는 의미를 잃어버리고 말지. 요시모토는 신란을 깊이 연구했기 때문에 그 부분에 관해서는 누구보다도 깊게 생각했을 거야. 그렇게 되면 전쟁 전의 전쟁 협력 같은 것도 개인의 죄악이라기보다는 기연이 가져다준 업業이라서 책임의 소재를 개인의 의지에 환원해서 단죄하는 것은 이치에 맞지 않게 되지.

설령 기연에 이끌려서 나중에 죄악에 가담한 것이 아닌가 하고 추궁을 받아도 그들 개인이 갖고 있던 윤리성은 일관된 것이었어. 행동은 역사 속에서 어떻게든 평가받기 마련인데, 개인이 갖고 있었던 윤리 그 자체의 일관성만은 그렇게 간단하게 단죄할 수 있는 게 아니야. 오히려 상황을 잘 살펴서 처신한 경우야말로 윤리가 결여되어 있는 것이 아닌가를 묻지.

그렇다면 어떻게 하면 좋은가 그런 이야기가 나올 것으로 생각하는데 요시모토나 이시구로가 한 것은 긴 시간 축에서 당사자들이 기연에 의해서 이끌리게 된 불행으로부터 어떻게 해서 그들의 개인적인 윤리를 구해낼 수 있을까와 같은 일이 아니었을까 생각해. 그렇게 하는 것에 의해서만이 비로소 국가나 개인이 잘못을 저지르는 과정이 보인다고 생각한 것이 아닐까.

이것은 책임을 져야 할 인간이 책임을 지지 않는다는 이야기가 아니야. 그것과는 차원이 다른 이야기지. 누군가에게 책임을 전가하면 끝나는 이야기가 아닌 거야. 국가라는 환상공동체가 어떻게 개인에게 작용을 해서, 잘못된 것으로 이끌려 가는가와 같은 역사의 잔혹함을 부각시켜 나가는 작업이지.

작가의 일이 단죄하는 데 있는 것은 아니겠지. 기연에 의해서 반은 무의식중에 빠져버리는 곳에서부터 당사자의 인간성을 구해내는 것이라면 가능할지도 몰라. 이것은 꽤 역설적인 화해의 방법이라고 생각하는데, 만약 우리가 앞으로 살아나가지 않으면 안 된다고 하면 그들을 구해내는 것 이외에는 방법이 없어. 왜냐하면, 우리 자신도 기연에 이끌려서 그들과 똑같은 장소에 빠지는 일은 있을 수 있으니까.

그런데 요시모토는 미셸 푸코와 대담을 했지. 푸코는 「전향론」을 읽지 않았다고 생각하는데 푸코라고 하면 요시모토의 사고의 궤적은 이해할 수 있을 거로 생각하는데 말이야.

우치다: 푸코라면 요시모토의 개략 정도는 이해했을지도 몰라. 그런데 푸코라고 해도 일본 지식인의 역사적 사명이라는 문맥을 모르면 핵이 되는 부분까지의 이해는 어려웠을 거라고 생각해. 소세키 그리고 오가이부터 시작해서 고바야시 히데오, 요시모토 다카아키로 연결되는 지식인의 혈맥이 있지. 요시모토의 작업은 그 혈맥 속에 두지 않으면

의미를 잘 알 수 없으니까.

___ 신체성이 닿지 않으면 시가 아니다

히라카와: 잠시 신체성으로 이야기를 돌리면, 요시모토는 무
엇이 시詩가 되고 무엇이 '시'가 되지 않는가라는 논의도
했어. 그래서 요시모토는 아쿠 유阿久悠가 쓴 〈5번가의 마
리〉를 예로 들고 다음과 같이 말했어.

그것은 가요의 가사歌詞로서는 아주 잘 만들어졌다, 하지
만 '시'는 아니다. 어디까지나 〈5번가의 마리〉는 가요곡의
'언言 변에 사司'의 '사詞'라고. 물론 그 가사는 대중가요
의 가사로서는 최고 중 하나지. '어느 날 5번가에 가면 마
리가 거기에 있었는지 아닌지 들러봐 줘'라는 상황 설정도
훌륭했고 레토릭을 구사한 방식도 훌륭해. 그런데 그러한
것들은 훈련하면 가능하게 되는 종류라서 '사詞'라고 한
거야.

그것과 「변소의 창틈으로부터」라는 스즈키 시로야스가 쓴
것을 대치시켜서 이것은 '시'라고 말하지. 어떤 시인가 간
단히 말하면 '나는 언제나 화장실에 간다. 화장실에 창이
있어서 그 너머에 내가 좋아하는 마리의 방이 보인다. 내
가 화장실에 가면, 마리의 방에 불이 켜져 있는 게 보인다.
그것을 보고 있으면 사방이 정적에 싸인 듯한 기분이 든

다. 사람을 사랑한다는 것은 신기한 일이다'라는 식의 시야. 이것은 '사詞'가 아니라 '시詩'라는 거야.

무슨 소리지? 라는 생각이 들지. 〈5번가의 마리〉가 작품으로서 아무리 생각해도 잘 만들어진 것 같잖아. 그런데 '매일 밤 화장실에 갈 때마다 불이 켜져 있다. 마리의 방에 불이 켜져 있는 것을 보는 것만으로 소변을 보면서 뭔가 괴괴한 느낌이 든다'와 같은 것은 다름 아닌 신체성이 뒷받침된 체험의 본질에 다가가 있다고 요시모토는 말한 거야. 개인의 신체성이라는 것은 바로 가장 통속적인 신체성을 의미해. 그러한 가장 통속적이고 미세한 감각을 제대로 길어 올림으로써 '시'가 되는 것이지.

스즈키 시로야스 개인의 신체성이긴 한데 그것이 어떤 종류의 보편에 도달하는 거야. 여기에 시가 시가 되는 연유가 있는 거지. 그것은 수험생이 공부하는 느낌으로 어휘수를 늘여서 레토릭을 단련시키다 보면 가능하게 되는 세계와는 전혀 이질적이라고 나는 생각해. 그런 말을 요시모토가 쓴 것을 읽고 나는 '과연 그렇군' 하고 생각했어. 그런 말을 할 수 있는 요시모토 다카아키는 멋지다고 생각했어. 그래서 나는 시 쓰기를 그만둔 거야.

우치다: 뭐라고! 그래서 그만둔 거야.

히라카와: '내 시는 수험 공부다'라고 생각했기 때문에 딱 그 만둔 거지.

우치다: 자네 시는 훌륭했어. 히라카와 카츠미는 이시자와 겐 이라는 필명을 가진 현대 시인이었어.

히라카와: 맞아, 훌륭했어. 공부했으니까(웃음). 그런데 거기에는 아무것도 없었어. 말의 세계 안에서만 구축된 것이기 때문에 신체성이 없어. 리듬이라든지 레토릭이라든지 이 것저것 생각했지. 음악으로부터 다양한 것을 넣기도 했고 여러 것들을 생각해서 구축적으로 만들어본 거지. 하지만 그런 것들을 아무리 쌓아본들 나 자신이 그때 갖고 있었던 여러 가지 것들, 정신의 소격감疏隔感이든 무엇이든 그런 것들을 제대로 표현할 수 있었던 게 아니었어. 이른바 그 냥 모조 '그림'이었던 거야. 그렇다면 '그림'의 비밀에 관 해서 어디까지나 산문적으로 생각해 보자고 해서 쓴 것이 「회화적 정신」이었어. 그리고 그 작품을 쓰고 난 뒤로는 일절 시를 쓰지 않고 있어. 그전까지는 매일 썼는데 말이 야.

___ 요시모토 다카아키의 지知를
후세에 연결하기 위해서

우치다: 마지막으로 우리가 요시모토 다카아키를 다음 세대에 어떻게 연결해 갈 것인가에 관해서 이야기를 하고 싶어. 최근 몇 년 동안 요시모토뿐만 아니라 전중파가 계속해서 세상을 떠나고 있잖아. 우리 아버지도 돌아가셨고 자네 아버지도 돌아가셨지.

무라카미 하루키가 예루살렘에서 연설했을 때에 돌아가신 아버지에 대해서 말한 것도 인상적이었어. 무라카미 씨의 아버지가 매일 아침 불단 앞에서 중일전쟁 때의 사자死者들을 위해서 독경을 했다는 이야기는 매우 중요한 메시지를 전하고 있다고 생각해.

우리는 전중파 사람들을 부모나 학교 선생님이나 선배로서 가까이서 봐와서 그 사람들로부터 강한 영향력을 받았던 것 같아. 그들이 어떻게든 말로써 하려고 했지만 말로써 할 수 없는 경험을 했다는 것을 가까이서 피부로 느낀 세대는 우리가 마지막일 거야. 그래서 우리의 세대적 책무라면 '전중파 사람들이 실은 무엇을 말하려고 했을까'를 우리 나름으로 계속 이어서 말하는 것이 아닐까 생각해.

그런 것을 생각했기 때문에 이타미 주조상賞을 받을 때 마츠야마에 가서 〈이타미 주조와 전후 정신〉이라는 주제로 이야기를 했지. 이타미 주조는 1933년생으로 에토 준과 한 살 차이야. 전쟁이 끝났을 때는 12, 13세. 그 애국 소년이 종전으로 깊은 상처를 입었으면서도 전후 세계에 적응해서 영리하게 살았다…… 일견 그런 식으로 보이긴 하지. 그런데 거기에는 말하지 못한 르상티망 같은 것이 있는 게 아닌가 하는 생각이 들어.

『유럽의 지루한 일기』라는 그가 28~29세 때 쓴 훌륭한 에세이가 있어. 거기에는 〈북경의 55일〉, 〈로드 짐〉이라는 두 편의 영화에 나온 이야기가 쓰여 있는데. 〈로드 짐〉은 어떤 역할이었는지 어떤 대사였는지를 나름 상세하게 쓰고 있는데 〈북경의 55일〉에 관해서는 자신이 맡은 역할조차 쓰지 않았어. 실제로 〈북경의 55일〉에서 그가 연기한 것은 시바 고로 대장이었어. 그는 이타미 주조가 열두 살로, 패전한 해에 할복자살을 한 사람이었어. 시바 고로는 이타미 주조 세대에게는 일종의 일본인의 이상형이었던 거지. 무사의 풍모가 남아 있는 메이지 사람이었어.

실제로는 시바 고로 포병 중령이 북경 의화단의 난 때 55일의 포위전의 지휘를 했는데, 영화에서는 찰턴 헤스턴이 연기하는 미국인 소령이 대활약을 해서 시바 고로는 할 일이 없어서 주위를 왔다 갔다 하는 것으로 끝나는 아주 굴욕적인 각본이었어. 그것에 관해서 이타미 주조는 한 줄도 쓰지 않았어. 그것을 깨닫고 나서부터 '이타미 주조의 르상티망'이라는 것을 생각하게 되었어. 이타미 주조와 에토 준의 일을 비교해 보면 두 사람은 똑같은 전중 전후 체험으로부터 출발하고 있는 게 아닌가 하고 생각해서 말이지. 그런 식으로 생각하는 사람은 별로 없을 거로 생각하는데 나는 그렇게 느껴. 전후 일본이 부정한 것에 대한 집착이 있는 게 아닌가 하고 말이야.

이타미 주조는 시바 고로의 이름을 가벼운 에세이에는 신고 싶지 않았다는 자제가 있었어. 이것은 그들 세대 사람에게 고유한 윤리관 같은 것이어서, 사람들이 아주 이해하기 어려운 것이지. 그래서 그러한 말로 해서 이 사람들 일 중에는 '빠트린 것이 있다'는 해석을 붙이는 것은 우리 세대가 앞으로 남은 시간 속에서 해야 하는 중대한 일 중 하나가 아닐까 생각해.

히라카와: 지당하신 말씀이라고 생각해. 무코다 쿠니코가 '옛날 남자들은 중요한 것은 하나도 말하지 않고 이 세상을 떠났다'고 썼는데 우리도 그런 나이가 된 거지. 그것은 아주 중요한 일로 지금이라도 바로 착수하지 않으면 안 되는 일임에도 우리는 아직 별로 하지 않고 있지. 그리고 우리는 '하나도 말하지 않고 이 세상을 떠나버릴' 정도로 고뇌를 씹어 온 것은 아니니, 전해야 하는 것은 전하지 않으면 안 되는 것이 말없이 죽어간 아버지와 선배로부터 물려받

은 바통을 건네는 방식이라고 생각해. 아유카와 노부오鮎
川信夫가 말하는 유언 집행인이지.

우치다: 조금 더 말하자면 이 작업에는 보편성이 있다고 생
각해. 무라카미 하루키의 문학적인 영위의 배경에는 그의
아버지가 전쟁 중 중국에서 무엇을 했는지를 한마디도 하
지 않았다는 사실이 있어. '아버지는 그의 기억을 죽음과
함께 갖고 가버렸다'고 예루살렘 강연에서 말했지. '하지
만 자신 안에는 뭔가가 남아 있다'고. 아버지의 세대, 형들
의 세대가 아무 말도 하지 않고, 한마디도 하지 않고 무덤
에 갖고 가버린 경험을 언어적으로 되찾는 것, 그것이 우
리의 세대적인 사명인 거지.
무라카미는 중국에 관해서 여러 가지를 쓰고 있잖아. 하지
만 그것은 아버지가 무언인 채로 무덤에 갖고 가버린 '무
라카미 하루키 자신이 경험하지 않은 경험에 관한 기억의
결락'이 그에게 쓰게 만들고 있다고 생각해.

히라카와: 무라카미 하루키의 『중국행 슬로보트』는 아주 이
상한 소설이지.

우치다: 예루살렘 강연과 『중국행 슬로보트』를 함께 읽으면
무라카미 하루키에게 중국이라는 것은 실로 깊은 테마라

는 것을 알 수 있어. 무라카미 하루키는 라면도 만두도 먹지 못해. 중화요리라는 이름이 붙은 음식은 한 입도 먹을 수가 없어. 그런데 그것은 그 자신의 중국에 관한 트라우마 체험에 의한 것이 아니야. 자신의 곁에 있으면서 '중국'을 소화할 수 없었던 아버지가 있었지. 그 '중국에서의 경험을 소화할 수 없다'는 사실이 아들에게는 '중화요리를 소화할 수 없는' 신체 증상으로 회귀해온 거지. 언어화할 수 없는 경험으로부터 언어적 창조가 태어나. 그런 점에서도 『중국행 슬로보트』는 대단해. 일종의 결락이 쓰게 한 소설이야. 결함'에 관해서' 쓴 것이 아니라 결함'이' 쓰게 만든 거지.

그래서 말이야, 우리 세대의 사명은 상당히 복잡하고 까다로워. 우리 자신이 경험하지도 않았고, 말해지지도 않은 경험을 말로 해나가는 작업이니까. 그런데 그 일을 하지 않으면 어딘가의 타이밍에서 전혀 예상도 하지 못한 곳에서 성불成佛하지 못했던 '망령'들이 폭발하게 될 거라고 생각해.

후기를 대신해서

대립 속에서 화해의 말을 계속 찾는다는 것

이 책을 읽고 있는 여러분은 다들 잘 알고 계실 거로 생각하는데 우치다 타츠루하고는 초등학교 시절 이래 60년간에 걸쳐서 형제와 같은 관계를 지속하고 있다.

실제로 한 교실에서 책상을 나란히 하고 함께 공부한 것은 초등학교 때 1년 반뿐이고 중학교도 고등학교도 대학도 다르고, 1년 중에 하루 이틀밖에 만나지 않는 시기도 있었다.

졸업 후에도 한때 함께 회사를 경영했다(그것도 아주 잠깐 동안). 그 외에는 각자 다른 장소에서 배우고 일을 하고 있었는데, 왠지 줄곧 대화하고, 함께 사고하고, 같은 테마를 생각하고 같은 꿈을 계속 꿔왔다는 인상이 있다.

60년 동안이나 계속 친구로 있을 수 있다는 것은 꽤 드문 일인데, 그것 이상으로 한 번도 싸우거나 사이가 틀어진 기억이 없다는 것은 좀처럼 있을 수 없는 일이라고 생각한다.

친형제와는 태어나서부터 어느 쪽인가가 죽을 때까지 줄곧 친형제이지만, 싸움도 하고 소원하게 되는 일도 있다.

아시겠지만 둘이서 아주 어렸을 때 싸움을 한 경력이 있기 때문에 이것은 꽤 특이한 경우라고 말하지 않을 수가 없다. 나는 오랫동안 바로 곁에 있는 아버지와도 소원했고 그런 예는 굳이 꺼낼 필요가 없을 정도로 흔한 일이기도 하다.

왜 우치다 타츠루와의 희한한 관계가 지속되는가에 관해서 생각한 적이 있긴 한데 나 자신도 잘 모르겠다. 이 책의 교정지를 읽다가 보니 그 이유의 일단이 뜻밖에도 드러나는 곳이 있었기 때문에 그것에 관해서 좀 써보려 한다.

이 책에 수록된 대화 주제는 정치에서 문학, 일상생활에 이르기까지 다방면에 걸쳐 있는데 이러한 광범위한 화제에 관해서 자란 환경도 경력도 다른 두 사람이 항상 같은 의견을 갖는다는 것은 있을 수 없는 일일 것이다.

실제로, 이 책의 대화의 주제들, 예를 들면 프랑스에서 일어난 샤를리 에브도 테러 사건과 그 전말에 대한 해석도, 고바야시 히데오와 무라카미 하루키, 요시모토 다카아키와 같은 작가, 사상가에 대한 입장도 두 사람이 미묘하게 다르다는 것을 독자는 감지했으리라고 생각한다.

때로는 완전히 정반대의 의견을 말하고 있는 곳도 있다. 지식의 총량도 출처도 두 사람은 꽤 다르다. 물론 우치다의 광범

위한 지식에는 혀를 내두르는 경우도 왕왕 있고 나 자신의 기억력의 애매함에는 시큰둥하기도 하는데 똑같은 시간을 전혀 다른 곳에서 보냈고 다른 경험을 쌓아온 것도 있고 해서 그것이 완전히 똑같은 결론에 이르는 일 같은 것 있을 수 없을 것이다.

그런데도 두 사람이 같은 말을 하는 것처럼 느끼리라는 것도 부정하기 어렵다. 실제로 교정지를 읽어보고 나 자신이 말하고 있는 것인지 우치다가 말하고 있는지 알 수 없게 되어 버린 경우도 있을 정도이다.

통상 작가끼리의 대담을 읽다 보면 누구든지 그 차이에 눈이 가게 될 것이고 그래서 대담이라는 것에 의미가 있다고도 말할 수 있을 것이다. 완전히 같은 견해를 '맞아 맞아' 하고 서로 고개를 끄덕이는 것만으로는 애당초 대담 같은 걸 할 필요는 없을 것이고, 거기서부터 새로운 아이디어가 펼쳐지는 일도 없을 것이다.

그 의미에서는 이 우치다와의 대담 내용 중에서 똑같은 결론만을 읽어내려는 것은 별로 고마운 일이 아니다. 오히려 두 사람의 의견이 미묘하게 다른 점에 의미가 있을 것이라고 나는 생각하고 그래서 이만큼이나 긴 시간 동안 대화를 계속할 수 있었다고 생각한다. 실제로 우리는 이미 수십 번, 수백 시간이나 대화를 계속하고 있다.

다른 말을 하고 있는데 두 사람이 똑같은 말을 하는 것처럼 울리는 것은 왜일까? 우리의 대화에 의미가 있다고 하면 서로

가 말하고 있는 것의 차이 안에 있는 것이 아니라 다른 말을 하고 있는데 똑같이 들리고 마는 동질성에 있는 것이 아닐까 생각한다. 물론 오랫동안 함께 이야기를 나누고 있는 셈이니까 말투도 비슷하고 논리의 전개 방법도 비슷한 것은 당연할 것이다. 이른바 문체도 비슷한 것이다.

하지만 내가 여기서 말하고 싶은 동질성은 그런 것이 아니다. 그리고 그것은 매우 중요한 것이라고 생각한다. 이 후기 도입 부분에서 두 사람은 60년이나 되는 오랜 시간 동안 싸움을 한 적도 없고 틀어진 적도 없다고 썼는데 실은 그건 거짓말이다. 어떤 의미에서는 언제나 두 사람은 싸움도 하고 있고 사이가 틀어지기도 했다.

다만 그때, 우리는 스스로도 의식하지 못하는 화해의 말을 끼워 넣음으로써 서로 틀어진 것의 원인이 실은 동조同調의 계기라는 것을 계속 발견하고 있다. 본문 중에 우리 두 사람은 가즈오 이시구로에 관해서 말하고 있는데, 이 작가야말로 화해의 말을 계속 찾고 있는 작가라고 할 수 있을 것이다.

가즈오 이시구로는 NHK의 다큐멘터리 채널에서 작가의 일은 정감情感을 전하는 것에 있다고 말했다. 얼핏 당연한 말을 하고 있는 것처럼 들릴지 모르겠지만 정감에는 이데올로기성도 없을뿐더러 당파성도 없고 단지 거기에는 미루어 헤아려야 할 높은 질의 정감과, 버려야 할 우열愚劣한 정감이 있을 뿐이다.

정감은 감정과도 다르고 정서와도 다르다. 이시구로가 어떠한 영어를 사용했는지 확실하지는 않지만 좀 더 총체적인 인간성의 발로와 같은 것을 가리키고 있었다고 생각한다.

가즈오 이시구로는 정치적으로 잘못된 행동에 이끌린 인물의 내부에서 계속 살아 있는 높은 질의 정념을 건져 올리려고 했다고 생각한다. 상질上質의 정감은 상질의 인간성 안에만 깃든다. 그리고 정치 대립, 당파 대립과는 다른 차원에 내려섬으로써 대립하는 인간 사이에 화해의 말을 계속 찾는다. 그것이 연약하고 비소卑小한 인간이 이 대립의 시대를 살아남기 위해서는 어떤 일이 있어도 필요하다고 생각했기 때문일 것이다.

정치적 논쟁이라는 것은 늘 쌍방이 그 차이를 발견하고 한쪽을 쳐서 지게 하고 한쪽을 깔고 누르려 한다. 때에 따라서는 상대방을 박살내서 두 번 다시 일어나지 못할 정도로 혼내주는 것이 목적이 되는 경우도 있다.

최근 인터넷상의 논쟁과 의회에서의 논쟁을 보고 있으면 이 경향은 점점 강해져서, 우리는 그 서로 양립할 수 없는 차이 앞에서 망연자실하고 있는 상황이 이어지고 있다. 바로 그렇기 때문에 가즈오 이시구로의 말은 사막 속의 수맥처럼 나에게 절실하게 다가온다.

우치다와 내가 나눈 대화에 만약 뭔가 의미가 있다고 한다면, 서로의 차이 속에서 두 사람이 서로의 동질성을 발견해 나가는 것에 있고 그것을 위해서는 어떤 화법이 적절하고 어떻게 상대방의 말을 들을 것인가에 유의할 필요가 있다. 그런 일을 의식적으로 하고 있는 것은 아니지만 우치다라고 하면 자연스럽게 그것을 할 수 있을 것 같은 느낌이 든다.

그것을 담보하고 있는 것은 서로의 서로에 대한 신뢰일 것으로 생각한다. 물론 신뢰 같은 애매한 감정은 제대로 정의할 수 없을 것이고 신뢰가 양성釀成될 때까지는 긴 시간이 걸린다. 우치다와 함께한 60년이라는 시간은 이 신뢰가 발효하고 양성될 때까지의 시간이었을지도 모르겠다.

그렇다면, 정치적인 적대자 안에서조차 신뢰를 찾아내는 것이 가능한 일인가라는 물음이 나올 것이다. 그것은 몹시 어려워 보이는 일일지도 모르겠지만 이 책에서 언급하고 있는 요시모토 다카아키와 에토 준, 두 사람의 대담 속에서 그것을 찾을 수 있을 것으로 생각한다. 정치적인 적대자라고 간주되고 있던 두 논객은 뜨거운 국물이 담긴 냄비를 젓가락으로 저으며 데운 술을 마시면서 표층의 적대 감정과는 다른 회로를 통해서 대화를 즐겼다.

아마도 현재의 이항대립적인 정치 상황, 사회 상황 속에서도 신뢰할 수 있는 것을 적대자 안에서 찾는 것은 가능하고 그 일을 하는 것이 적과 아군 사이에 다리를 놓는 유일한 방법이다.

그러면 구체적으로 어떻게 하면 되는가.

먼저 필요한 것은 서로의 칼을 옆에 내려놓는 일일 것이다.

그리고 이해할 수 없는 상대방의 말에 대해서는 거절이 아니라, 이해할 수 있는 부분까지 듣는 자세를 유지하는 것이고, 이 상대방이 말하는 것이니까 거기에는 자신이 가늠할 수 없는 경험이 잠재해 있을 거라고 믿는 것이리라.

어딘가에 쓴 말이기도 한데 상대방의 말을 읽는 것이 아니라 상대방의 보이스를 듣는 것이 대화할 때의 요령이라고 생각한다. 거기에서 비로소 자신의 사고의 틀에는 수납할 수 없는 상대방의 얼굴이 떠오를 것이다.

왠지 이런 빈약한 예로밖에 말할 수 없는 것이 죄송한 일인데 이 책을 읽어보면 조금 다른 구체적인 이유를 짐작할 수 있지 않을까 생각한다.

우리가 이상적인 독자에게 기대하는 것은 그런 것이다.

히라카와 카츠미

한국어판 저자후기

이 책이 한국어로 번역되어 한국의 독자 여러분들이 우리가 계속해 온 '대화'가 어떤 것이었는가를 알게 되는 일은 각별한 느낌이 든다.

최근에 우치다 군도 그렇고 나도 한국 드라마를 거의 매일 보고 있어서 한국인들이 대화할 때의 발성법과 리듬, 정감 그리고 숨결과 몸짓에 관해서 특별한 인상을 받고 있기 때문이다.

이렇게 말하면 그런 것 어느 나라 사람의 대화도 똑같은 게 아닌가 생각할지도 모르겠다. 하지만 그것은 그렇지가 않다. 미국, 중국, 독일, 러시아, 프랑스 그리고 한국과 일본에는 각각 미세한 차이가 있다. 놀랄 때의 몸동작도 다르고 상대방을 생각하고 배려하는 방식도 화를 내는 방식도 상냥함을 표현하는 방식도 미묘하게 다르다.

그 미세한 차이가 어디서부터 오는지를 말하는 것은 어렵다. 문화 차이일지도 모르고 배경에 있는 역사의 차이일지도 모를 일이다. 한류 드라마에 한정해서 말해보자면 거기에 일본어와 똑같은 의미를 띤 일본어와 닮은 말이 섞여 있는 것은 '일본제국 통치'라는 역사에 의한 이유라고도 할 수 있겠다. 현재의 한일 관계에서는 한국은 '가깝고도 먼 나라'인데 민중 레벨에서는 차이보다도 공통성이 훨씬 많을 것이다.

권위주의적 직계가족이라는 가족 시스템도 같고 식문화도 아주 비슷하다.

내가 보는 한 한국인은 상대방의 마음을 헤아리면서 아주 신중하게 말을 고르는 것처럼 보인다. 때로 감정이 폭발하는 때도 있지만 많은 경우는 상대방이 자신의 감정을 알아차리지 못하도록 위장하고 상대방이 무엇을 말하기를 기다리고 있다는 인상을 받는다. 연애 감정을 교환하는 장면에서는 이 특정은 현저해진다. 아버지와 어머니와 같은 살붙이에 대한 경우도 똑같은 말을 할 수 있다. 이것을 신중함이라고 해도 좋을 것이고 상대방에 대한 겁먹음이라고 해도 좋을 것 같다. 자신이 상처받지 않기 위함뿐 아니라 상대방에게 너무 상처를 주지 않으려는 감각이 아주 비슷하다.

각각의 나라는 대화하는 방법도 표현도 다르다. 물론 그렇다고 해서 거기에 우열이 있을 리는 만무하지만 나는 한국 사람들이 대화를 할 때의 '붙지도 않고 떨어지지도 않는 모호한 거리감'을 중요하게 여긴다는 것에 강한 친근감을 느끼고 있다. 이것이 모두에서 내가 말한 '각별한 느낌'의 연유이다.

저자 후기에서도 잠깐 언급했는데 이 책은 열한 살 때 도쿄 남쪽의 변두리에서 만나서 그 이후 60년간에 걸쳐서 계속 동지로 살아온 우치다 타츠루와 히라카와 카츠미에 의한 '시사방담時事放談'이다. 문득 깨닫고 보니 우리는 이런 이야기를 60년간 계속해 오고 있다.

10년 정도 전부터 한 달에 한 번 한 시간 정도의 대화를 수록해서 인터넷에서 발신도 하고 있다. 대본도 없을뿐더러 메모도 없다. 이런 무계획적인 대화를 10년이나 계속하고 있는 셈이다. 좀 더 정확하게 말하자면 찻집에서 대화할 때 녹음기 스위치를 켠 것을 편집한 것에 지나지 않는다.

이 책은 그 수록된 대화 일부를 정리한 것이다. 당연한 말이지만 똑같은 이야기가 반복되거나 앞에 이야기한 것과 모순된 말을 하거나 이야기가 지리멸렬해지는 때도 있다. 이 책을 읽고 그 내용의 일관성과 논리의 실증성에 관해서 비판을 받아도 곤란하다. 애당초 그러한 종류의 책이 아니기 때문이다.

그런 책을 읽을 가치가 있을까라는 말을 들을지도 모르겠다. 그러나 한류 드라마를 계속 보다 보니 드라마의 줄거리가 재미있다든지 내용의 예술성과 사상성 같은 것과는 별도로 등장인물에 대해서 강한 친근감을 느끼고 있는 나 자신을 발견하는 것은 사실이고, 혹여 이런 것이 귀중한 경험이 아닌가 생각하는 때도 있다.

그 친근감이 어디에서 오는가 하면 반복되는 이야기인데 대화자의 몸짓과 숨결, 상대방과의 거리감 그리고 말에 대한 느낌과 같은 것에서 유래한다.

만약 우치다 타츠루와 히라카와 카츠미의 사상에 관해서 알고 싶다고 한다면 우치다 군은 수십 권, 나도 여섯 권 정도 한국어로 번역되어 있으니 그것을 읽어주시면 될 것이다.

단 두 사람이 상대방의 말을 통해서 생각하고 처음으로 떠올린 아이디어를 팽창시키고 의도하지 않은 공동 작업을 함으로써 어떤 시대에 특유한 대화의 형식을 표현하고 있는 책이 있다고 한다면 이 책이야말로 그러한 책이라고 말하고 싶다.

이 책은 우치다 타츠루의 저작도 아닐뿐더러 히라카와 카츠미의 저작도 아닌 바로 우치다 타츠루·히라카와 카츠미라는 두 개의 얼굴을 가진 하나의 공동적인 개성이 만든 저작이다.

2020년 일본의 한쪽 구석에서 이런 대화가 계속 이루어지고 있다는 것을 여러분이 알아주신다면 매우 기쁠 것이다. 이와 똑같이 한국의 저자거리에서 우리가 모르는 누군가에 의해서 우리의 대화와 비슷한 것이 계속되고 있다고 하면 꼭 그 대화에 귀를 기울이고 싶다.

히라카와 카츠미

옮긴이의 말

다이얼로그를 넘어서서 메탈로그로

내가 존경하는 두 저자의 『침묵하는 지성』이라는 작품은 무엇보다도 다이얼로그Dialogue에 관한 책이라고 말하고 싶다. 그런데 번역 및 번역 교정을 위해 여러 번 이 책을 읽다 보니 두 사람의 다이얼로그는 '다이얼로그는 과연 무엇인가에 관한 다이얼로그'라는 것을 절감하게 되었다.

그들이 나누는 이야기는 언어, 언론, 정치, 종교, 어른, 문학 그리고 과학과 같은 다양한 주제들로 구성되어 있는데 그러한 주제들에 관해 말하고 있다기보다는 그런 주제들을 어떻게 말하면 좋을지에 대한, 즉 '다이얼로그의 방법'에 관해서 두 사람은 시종일관 이야기를 나누고 있다는 느낌을 강하게 받았다. 그레고리 베이트슨은 다이얼로그에 관한 다이얼로그를 '메탈로그Metalogue'라고 정의하였는데, 만약 독자들이 두 사람의 다이얼로그에서 '메탈로그'를 감지하고 길어냈다고 하면 저자들은 만면의 미소를 띠고 기뻐할 것이다(희망적 관측).

미국에서는 자주 홈 파티 같은 것을 연다고 한다. 누가 말했는지 잊어버렸지만, 그들의 파티에서는 금기시되는 대화의 주제가 있는데, 그것은 종교와 정치라고 한다.

'앗 그 새로 산 핸드백 당신에게 너무 잘 어울리는군요!', '자네 회사의 주식이 최근에 많이 올랐다고 하는데 슬슬 자동차 바꿀 때가 된 거 아냐?' 'LA다저스의 그 한국인 투수 잘하고 있던데 올해는 다저스가 월드 시리즈에 진출할 것 같아!'와 같은 이야기를 질리지도 않고 계속하는 것이 미국이라는 나라의 전형적인 파티 풍경인 모양이다.

그런데 파티에서 작동하는 '금기'라는 것이, 정치와 종교에 관해서 말하면 분위기가 가라앉는다든지 상대방에게 상처를 준다든지 개인의 프라이버시를 침해하는 것이 이유가 되어서라고 생각하지 않는다.

그들은 그런 화제에 관해서 말하지 않는 것이 아니라 그런 화제에 관해서 말하는 방법을 모르는 것이다. 아니 애당초 '다이얼로그'라는 것의 의미를 모르는 것은 아닐까. 그것은 미국인들이 아주 좋아하는(한국에서도 교육기관 등에 도입되어 있는) 말로 상대방을 굴복하게 만드는 '디베이트'와도 다르고 무던한 화제를 어떻게 위트 풍부한 말로 응수할 것인가와 같은 파티 토크와도 다르다.

그러면 다이얼로그는 그것들과 어떻게 다른 것일까?

주고받는 말이 '다이얼로그'로 기능하지 않는 것은 '말'을 '도구'와 '무기'로 밖에 생각하지 않을 때이다.

디베이트와 파티 토크에서 그들은 '말'을 일종의 화폐로서 다루다보니 그것을 늘 등가교환의 틀 안에서 생각하고 있다. 즉 말을 하나 던지면 그 대가로서 상대방에게 다른 하나의 말을 요구한다. 만약 상대방이 대가를 지불하지 않으면 그것은 상대방의 패배를 의미한다.

그런데 다이얼로그가 성립하기 위한 최소한의 조건은 자신이 발신한 말은 혹여 수정 아니면 철회할 필요가 있을지도 모르겠다는 '변경 가능성'의 공유이다. 만약 자신의 말이 불변하고 변경의 여지가 없다고 하면 다이얼로그를 하는 의미 같은 것 애당초 없을 것이다. 그래서 티브이만 틀면 나오는 뉴스 프로그램 등에 나오는 패널들이 나누는 이야기는 엄밀한 의미에서 '다이얼로그'라고 할 수 없다. 그런 장면에서는 누구 한 사람 '아 맞아요. 당신 말씀을 듣고 보니 내 생각이 틀렸군요'라고 말하는 사람이 없기 때문이다. 이런 장면에서는 자신의 말이 마치 등가교환의 대상인 듯 그냥 던지고 받을 뿐이다. 나는 이런 말들의 끝없는 주고받기 행진을 '다이얼로그'라고 부르고 싶은 마음이 전혀 없다.

그런데 이 책을 읽어보면 아시겠지만 두 명의 대담자는 자신의 의견을 상대방에게 던지거나 교환하려는 것이 아니라 두

명이 하나의 이야기를 만들기 위해서 두 사람 사이에서 감도는 말이 되기만을 기다리고 있는 관념을 각자 정성스럽게 주섬주섬 끄집어내고 있는 느낌이다. 이것은 아마도 대담자들이 무의식중에 채용한 전략으로 내게 읽힌다.

단, 오해해서는 곤란하기 때문에 급히 첨언하자면 두 사람 각자가 미리 주장하고자 하는 확고부동한 자신의 생각과 사상을 머릿속 어딘가에 넣어두고 있는 것이 아니라 서로가 발신하는 말과 말을 연결하면서 그것이 점점 하나의 이야기가 되어가는 것을 함께 즐기고 있는 듯하다.

혹은 두 사람의 다이얼로그의 방법을 이렇게 표현하는 것은 어떨까 싶다.

60년 전에 같은 초등학교 교정을 날아 오른 두 대의 헬리콥터는 전혀 다른 하늘을 날아왔는데 지금도 가끔 공중에서 조우하는 것 같다(지상에서는 함께 라디오 프로그램 등을 하고 있는 것 같은데……). 항로를 확인하기 위해서 그들은 각각 지상에 확실한 조준 마크를 갖고 있고 그것 이상으로 움직이는 조준점을 공중에 갖고 있다.

교신하면서 자신이 내려 설 곳을 확인하고 있다. 때때로 상대방으로부터 전해져 오는 정보가 있으면 자신이 확인하고 있는 정보를 옆에 두고 그것을 잠시 음미해 본다. 그리고 '오호 아주 전망이 좋은 장소가 아닌가' 하고 중얼거린다. 그리고 거기서부터 다음 항로를 찾기 시작한다. 다른 장소에서 똑같은

험한 곳에 부딪히는 때도 있다. 그러면 '이런가? 아니 이런 건가?' 하고 계속 거기서부터 보이는 광경을 서로에게 전하고 그리고 지도도 교환한다.

그 말의 제대로 된 의미에서 이것은 틀림없는 다이얼로그이다. 다이얼로그는 의견의 일치를 기대하는 '대화'가 아니다. 하물며 상대방의 입을 다물게 하는 디베이트도 아니다. 언제 낙하할지 방심할 수 없는 공중에 있기 때문에 이런 일들이 가능할 리가 없다.

공중에서의 말의 캐치볼. 거기에는 상호 점화가 있다. 지도를 다시 고쳐 쓰는 것도 그렇지만 무엇보다도 상대방의 공을 받은 그 감촉으로부터 아직 열리지 않은 미지의 체감으로 스스로를 이행시키는 그런 모험을 펼칠 수 있는 것은 공중에서 풍선을 터뜨리듯이 상대방 앞에서 스스로를 재구축할 수 있는 그런 신뢰가 두 사람 사이에서 오랜 세월을 거쳐 구축되었기 때문일 것이다.

이 책의 저자 중 한 분인 우치다 선생은 이런 역동적인 다이얼로그를 '테니스의 랠리' 메타포를 사용해 훌륭하게 묘파하고 있다.

우리의 다이얼로그는 마음이 맞는 사람끼리 하는 테니스의 랠리처럼 이야기가 탕탕하고 코드 안을 왔다 갔다 하는 것과 다릅니다. 테니스의 경우는 코트 바깥에 볼은 나가지 않습니다만 우리

대화에서는 볼이 바로 '코트 바깥'으로 흘러가 버리기 때문이지요.

그런데 리시브를 하는 쪽도 그런 것 신경 쓰지 않고 이쪽저쪽으로 볼을 막 보냅니다. 그렇게 두 사람이 랠리를 계속하면서 코트를 나와서 구릉을 넘어 강을 넘어 계곡을 넘어 점점 멀리 갑니다. 그러다 보면 이야기가 시작점과는 전혀 다른 경치가 있는 곳까지 오게 되고 '좀 피곤하니까 오늘은 여기까지'하고 헤어집니다.

그래서 그들 사이에서는 망설임과 머뭇거림, 조심스러운 허풍도 전언철회도 모두 허용된다. 이 대담집을 읽으면서 그 여유로움과 유유자적을 꼭 느껴 보시기 바란다.

박동섭

옮긴이 | 박동섭

학문 간 지역 간 그리고 연령 간 경계를 가끔씩 쉬어가면서 이동하는 '이동연구소' 소장이자 자율계 통역자다. 한국 사회에서 여전히 제대로 이해되지 못하고 있는 논리실증주의와 교육만능주의 그리고 반지성주의라는 프로크루스테스의 침대에 갇혀 있는 '비고츠키 구하기'에 전념하고 있다. '일상'과 '보통', '당연' 그리고 '물론'을 비판적으로 응시하고 조준하고 해독하는 사람들의 사회학(에스노메소돌로지) 연구자의 입장에서 '트위스트 교육학', '일상의 자명성·복잡성·일리성의 해부학', '침대에서 읽는 비고츠키', '어른학' 강좌 시리즈를 이동하면서 수행하고 있다. 지적 괴물인 우치다 타츠루의 임상철학과 무사적 글쓰기의 대가 김영민의 '일리의 철학'에 깊은 영향을 받고 인간, 사회, 심리, 교육 그리고 배움에 대한 새로운 밑그림 그리기를 시도하고 있다. 지은 책으로『회화 분석』『해럴드 가핑클』『레프 비고츠키』『비고츠키 불협화음의 미학』이 있고, 옮긴 책으로『망설임의 윤리학』『완벽하지 않을 용기』『단단한 삶』『아이들이 있는 곳에서부터』『보이스 오브 마인드』『14세 아이를 가진 부모들에게』『스승은 있다』『기업적인 사회 테라피적인 사회』『심리학은 아이들 편인가』등이 있다.

침묵하는 지성

초판 1쇄 발행 2021년 4월 15일

지은이 우치다 타츠루·히라카와 카츠미
옮긴이 박동섭

펴낸곳 서커스출판상회
주소 경기도 파주시 광인사길 68 202-1호(문발동)
전화번호 031-946-1666
전자우편 rigolo@hanmail.net
출판등록 2015년 1월 2일(제2015-000002호)

ISBN 979-11-87295-56-3 03150